生きづらさの民俗学

日常の中の差別・排除を捉える

及川祥平
川松あかり
辻本侑生　編著

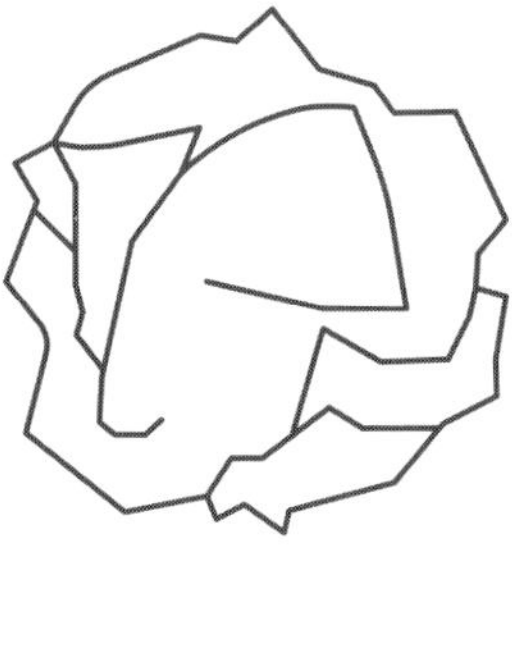

まえがき　本書の読み方

及川祥平・川松あかり・辻本侑生

わたしの／誰かの「弱さ」「苦しさ」の民俗学へ

本書は、民俗学に初めて触れる読者を想定した「入門書」であると同時に、「生きづらさ」というテーマを民俗学の立場から考えるための「手引き」である。わたしたちの社会には、いたるところに差別や排除がみられ、日々、様々なかたちで衝突や軋轢《あつれき》が生じている。読者のなかには、程度やかたちは様々であっても、権利の侵害に直面している人、文化的・社会的な抑圧を感じている人、それに起因する不自由さ、生きづらさを抱えながら暮らしている人も少なくないと思う。この世界で、怒ったり、悲しんだり、憎んだり、恨んだりすることなく暮らすことは、なかなか難しい。悔しい思い、後味の悪い思いを抱えながら、日々を暮らさざるを得ない。本書では、そのようなわたしたちの日常の中にある生きづらさを考えるための、一つの手がかりを提示したいと考えている。

「生きづらさ」のような現代的な課題を「民俗学」の視点から考えると聞くと、首をかしげる人もいるだろう。民俗学は文化財などの伝統文化や、前近代の生活習慣を明らかにする分野であると捉えている人は、今日もなお多い。しかし、日本における民俗学の組織者の一人である柳田國男は、人びとの貧困問題を解決する手段として民俗学を構想していた。「自己内省」の学とも称された民俗学を人びと自身が実践することで、それぞれが生活のなかの諸問題に向き合い、より良い生活、より良い社会の実現に貢献することを理想としていたのである。実は民俗学は、わたしたちの生活や人生を苦しめる社会や文化に、わたしたち自身が立ち向かう社会変革の可能性を有している。そして、そのような社会や文化に拘束されているわたしたち自身の価値観を突き崩す自己変革の可能性をも秘めているのである。本書の目的は、こうした社会変革・自己変革の可能性を有する民俗学的実践への入り口を読者に開くことである。言い換えるなら、本書は、この社会／この時代をともに生きるわたしたちが、わたしたち自身の「弱さ」や「苦しさ」から問いを立てるための、起点となる「道具」なのである。

本書の読み方

本書は、差別・排除、または生きづらさの問題に民俗学の視点からせまるために、3部構成で、計18の章を配置している。第Ⅰ部「生きづらさと民俗学」は、多様に発生し体験される差別・排除・生きづらさの問題を理解するうえで前提となる三つの章を配置した。第1章「生きづらさと差別」（川松あかり）は、本書でいう「差別」や「生きづらさ」とはどのようなものか、そこから何を考えることができるか、問題の見取り図を整理している。第2章「民俗学と生きづらさ」（及川祥平）は、それらの差別や排除、生きづらさに向き合う民俗学のかたちを、学史の検討を通して位置づけるものである。第3章「生きづらさとインターセクショナリティ」（辻本侑生）は複雑に生起する差別・排除の様態を理解するうえで欠かせない交差性（インターセクショナリティ）について解説を行っている。

第Ⅱ部「生きづらさを民俗学する」では、より具体的な切り口から多様な生きづらさにせまるための各章を配置している。ただし、注意してほしいのは、第Ⅰ部第3章で述べるように、各章で取り上げられる事象は個々の人間に別個に発生するのではなく、一人の人間の上に重層的に生起することも珍しくない点である。

第1章「選べない出自と阻まれる職業選択」（岡田伊代）は、出自と職業をめぐる差別について概説している。現代社会においては職業を比較的自由に選択できるようになったが、かつての社会では、差別される人びとと、そのような人びとの従事する職業は強固に関連づいていた。こうした出自と職業の問題は、日本国内の外国人労働者の問題にも接続している。第2章「「多文化共生社会」の中の生きづらさ」（川松あかり）は日本国内における多文化化を称揚する傾向それ自体がはらむ問題に民俗学の観点からせまる。

第3章「ジェンダーとセクシュアリティ」（辻本侑生）ではジェンダー・セクシュアリティをめぐる生きづらさを、お祭りや婚姻など、「民俗学」にとってお馴染みのテーマを取り上げながら考える。

ジェンダーやセクシュアリティを取り巻く状況が多くの人を拘束しているように、第4章「エイジズム」（及川祥平）では、同様に誰しもをからめとる年齢差別の問題を取り上げる。

第5章「病気と差別」（今野大輔）、第6章「差別に対する患者たちの抵抗と紐帯」（桜木真理子）では病をめぐる人びとの対応を取り上げている。第5章は病者に向けられる眼差しに、第6章では患者たちの生き方に焦点があてられる。第7章「暮らしと障害」（入山頌）もまた障害をもつ人びとに向けられる眼差し、障害者をめぐる自立と包摂という課題について問いかけている。また、第8章「ケガレ」（今野大輔）は、病や障害と関わり、かつ民俗学の研究の厚い「ケガレ」の観念について解説するものである。

以上のような各種の差別・排除、または暮らしの中にある障壁とそれに起因する生きづらさは、日常の中で発生するといえるが、災害によってもたらされることや、普段不可視になっているものが災害によって可視的になることもある。第9章「災害と生きづらさ」（及川祥平）は「分断」というキーワードでこの点を検討している。なお、以上の第Ⅱ部には、個別のテーマを補足するものとして、4本のコラムを配置した。

第Ⅱ部で取り上げた諸課題のいくつかについて、本書の執筆者たちはそれぞれの研究のなかで直面し、悩みつつも考察を続けてきた。第Ⅲ部「生きづらさにせまる」は、そのような具体的な研究のあり方を紹介している。各章の体験記は手本でも模範でもあり得ないが、それぞれの執筆者が、なぜ、何に悩まねばならなかったかを知ることはできる。本書を契機に「生きづらさの民俗学」を実践する際のなんらかの手がかりを示すことができればと構想されている。加えて、第Ⅲ部にも2本のコラムを設け、調査・研究にともなう悩みについて論じている。

以上の各章は、第Ⅰ部から順を追って読むことで、総論、各論、研究体験の順に議論に触れることができるように構成しているが、各章は独立した内容となっているため、読者の関心に応じて、好きな章から読み始めても構わない。関心のある章のみに注目して読むことも可能である。また、第Ⅲ部は論文であるというよりは、調査・研究の体験に基づくエッセイとしても読んでいただけるだろう。

考察をさらに深める

本書は民俗学の総論的な入門書ではなく、「生きづらさ」という特定の問題関心に基づいた導入の書である。本書をきっかけとして民俗学に関心を持った読者は、ぜひ民俗学という学問の基礎的な概説書にも触れてほしい。近年刊行されたものの中では、『みんなの民俗学』（２０２０）、『民俗学の思考法』（２０２１）、『民俗学入門』（２０２２）が手に取りやすく、現代社会に対応した研究の状況と重要な理論をコンパクトに整理している。伝統的なテーマも含めての総論的な概説書としては『民俗学事典』（２０１４）の参照を薦めたい。同書は学術的読み物として優れたものであるが、文字通りの辞典としては『日本民俗大辞典』（１９９９）なども活用するとよいだろう。

さらに、本書の各章の末尾に示される参考文献リストには、民俗学以外にも、社会学、人類学、ジェンダー・セクシュアリティ研究、障害学など、「生きづらさ」を扱う様々な学問分野の書籍や論文が示されている。各章が扱う「生きづらさ」に関心を持った読者は、分野にこだわらず、引用されているそれぞれの文献を紐解いていただければ幸いである。

こうした学びに加えて、この書籍を手に取ってくださった読者の皆様には、ぜひそれぞれの生活・人生の中にある障壁やつまずき、心の引っ掛かりや「もやもや」に向き合いつつ、自分自身を取り巻く社会や文化に関する探究を進めていただきたいと考えている。民俗学の醍醐味は、身近な生活そのものを研究対象とするが故に「研究者」と「生活者」の二つの立場が明確に分離せず、むしろ研究と生活が否応なく密接に交じり合ってしまうところにあるのではないだろうか。本書は、日々の悲しさや悔しさ、うしろめたさや後味の悪さ、罪の意識を解消する手助けには必ずしもならないかもしれない。しかし、本書を手掛かりに、わたしたちを取り巻く「生きづらさ」について研究と生活を行き来しながら探究を進めていけば、少しでも生きやすい社会に、ともに近づいていくことができると、信じている。

参考文献

岩本通弥・門田岳久・及川祥平・田村和彦・川松あかり編『民俗学の思考法――〈いま・ここ〉の日常と文化を捉える』慶應義塾大学出版会、2021年。

菊地暁『民俗学入門』岩波書店、2022年。

島村恭則『みんなの民俗学――ヴァナキュラーってなんだ?』平凡社、2020年。

福田アジオ・神田より子・新谷尚紀・中込睦子・湯川洋司・渡邊欣雄編『日本民俗大辞典』(上・下)吉川弘文館、1999年。

民俗学事典編集委員会編『民俗学事典』丸善出版、2014年。

目次

第Ⅰ部　生きづらさと民俗学

第1章　生きづらさと差別

川松あかり

はじめに――「生きづらさ」に満ちた現代

なんだかこの世の中、生きづらい！

冒頭から暗い話でごめんなさい。でもそう思わずにはいられないのだ。ちょっと注意深くニュースや新聞、ＳＮＳをのぞいてみてほしい。日々配信される世の中の出来事をながめているだけで、平凡な人生を全《まっと》うすることが、どんなに大変なことなのか思い知らされるはずだ。

試みに、実際にあったある日の新聞の社会面を見てみよう（『西日本新聞』２０２３年1月18日）。まず目に入るのは、顔に怒りマークが付された大勢の友だちに取り囲まれて一人泣く子の絵だ。小学校３年生の児童が描いたという。記事のタイトルは「教諭指導でＰＴＳＤ」。描き手の児童が、クラスで騒いでいたまわりの児童を注意したところ、反対に自分が教師から叱《しか》られた。その児童は教師に同調する同級生からも暴言を受けるようになり、自傷するようになってしまう。すると今度は、教師が児童を教卓の下に入れた。市の教育委員会によれば、これは興奮した児童を落ち着かせるためだったというが、その後児童は学校を休むことが増え、ついにはＰＴＳＤと診断されたという。児童と教師の主張がかみ合わず、この記事から実際に何が起きたのかはわからない。しかし、児童にとって周囲の言動から受けた苦痛が、教師には児童自身の問題と映ったのだろう。

その下の記事は、「技能実習生妊娠退職「不利益に声上げた」地裁小倉で初弁論」。特別養護老人ホームで技能実習生として働いていたフィリピン人女性が、妊娠を理由に退職を強制されたことに対して訴訟を起こしたというものである。単身で外国まで稼ぎに来たのに、妊娠を理由に罰金を取られて帰国まで強いられたという彼女が被った心理的・身体的・経済的苦痛は、いかばかりであっただろう。続いて「長崎の女子中学生誘拐容疑で男逮捕　ＳＮＳで知り合う」という記事。22歳の容疑者が、ＳＮＳで知り合った中学生を誘拐し、１か月にわたって自宅に寝泊まりさせていたという。自宅に居場所がない10代の少女たちがＳＮＳで知り合った男性の家へ行き性被害などにあうケースは、近年社会問題化している。あるいはこの事件の中学生も、自宅を逃げ出したかったのかもしれない。だが、男性のもとでさらに深く傷つけられはしなかっただろうか。

そしてこの紙面で最も大きな記事が、旧優生保護法の現在まで及ぼし続ける影響を考えるシリーズ「旧優生保護法の陰で」の最終回だ。旧優生保護法は、遺伝性疾患やハンセン病、障害のある人などに対し本人の承諾なしに不妊手術を行うことができると規定していた法律である。１９９６年まで施行されていた。最終回のこの記事では、障害がある人も支援があれば子育てはできるという具体的な希望を提示する。ただし、車いすを利用する女性の「1歳の長男と一緒に公園デビューする」というささやかな夢は、自治体による現行のベビーシッター支援では叶えられない。また、かつて「障害児が産まれるリスクが高い」と中絶を勧められた視覚障害の女性は、エコー検査で「異常ありませんよ」と言われたとき、「わたしは「異常」なのかな」と、「とても痛くさびしく」感じたという。

教室に馴染めない児童とクラスを制御できない教員、不利な契約を飲まされる外国人労働者、居場所のない少女たちと少女を連れ込んでしまう男性、障害が阻む「当たり前」の子育てや、障害者が親になることへの周囲の眼差し……それぞれが抱えているものは全く異なるだろうが、みな「普通」の枠におさまることのできなかったがゆえの「生きづらさ」を抱えているように思える。ただ、言われてみれば、「普通」におさまっているように見える人たちだって「生きづらさ」を免れているわけではない。新型コロナウイルス感染症流行以後の日常生活の変化や地球規模の環境汚染、日本で特に加速する少子高齢化の問題など、わたしたちを取り囲む社会状況は過酷だ。ああ、誰にとっても、平穏に生き抜くことは容易ではない。

ここまで読んで、「いや、自分は生きづらくなんかないぞ」と眉をひそめている方もいらっしゃるだろう。「生きづらい」なんて、気の持ちようではないか。生きていくうえでは誰しも困難に直面するものだし、それを乗り越えてこそ一人前だ、実際様々な困難に負けず努力して活躍している人もいるではないか、などと叱られそうだ。確かに、筆者に関して言えば臆病者の怠け者ではある。ただ、ことはそう単純ではない。「生きづらさ」は気の持ち方次第で誰もが感じうるものである一方、先の新聞記事からもわかるとおり、社会の中でより弱い立場に追いやられている人びと、差別的処遇を受けている人びとこそ、「生きづらさ」を――それは「生きづらさ」などという言葉にはおさまりきらないくらいずっと深刻なものではあるかもしれないが――抱えていると言えるからだ。

実は、わたしたちはこれまで民俗学の立場から、「生きづらさ」ではなく「差別」に注目して研究を行ってきた。そして、差別という重大な社会問題に民俗学の視点を活かして向き合うためには、現代社会に蔓延《まんえん》していて、ふとした拍子に〈わたし〉自身のものとしても感じられうる、「生きづらい」という心情を出発点とすることが有意義ではないかと考えるにいたった。筆者は、「生きづらさ」を切り口にすることで、「差別」に関わる問題を読者のみなさんとともに自分事として考えられるようになると信じている。そこで本章では、「生きづらさ」と「差別」がどんな関係にあるのか、民俗学の立場から「生きづらさ」や「差別」に取り組むためには、両者の関係をどう考えることができるのかを論じてみたいと思う。

1．現代日本における「生きづらさ」とは何か

実際、「生きづらい」とか、「生きにくい」などという言い回しは、現代社会や現代人を論じる際に

多用されている感じがする。みなさんもどこかしらで見聞きしたことがあるのではないだろうか。そんななかで、「生きづらさ」を自分事として実感している人も、少なからずいよう。

日本民俗学を体系化した柳田國男が、民俗学の根本問題を、「何ゆえに農民は貧なりや（なぜ農民は貧しいのか）」という問いに答えることだとしていたというエピソードは、民俗学者の間ではよく知られている。貧困は「生きづらさ」を生む原因として誰にとっても想像しやすいものだろうから、「生きづらさ」は極めて民俗学的な問題だと言える。

だが、この柳田の問いに立ち返って考えるとき、現代の日本社会が格別に生きづらいのかと問われると、どうも疑わしい。生きることが難しいかどうかを考えれば、むしろ当然、現代の日本社会は歴史上最も「死にづらい」社会だと言える。厚生労働省の統計によれば、第二次世界大戦後間もない1947年の日本人の平均寿命は、男性50・06歳、女性53・96歳。2021年の男性81・47歳、女性87・57歳とは大違いだ。また、ユニセフ（国連児童基金）による『世界子供白書2021』を見ると、開発途上国の5歳未満児死亡率は6・3％、これに対して日本はわずか0・2％とある。わたしたちは今、歴史的に見ても世界的に見ても、圧倒的に死なずに生きながらえやすい社会にいる。

それにもかかわらず、「生きづらさ」は、現代に近づくほどますます多くの人びとの心を蝕みつつあるようだ。「死にづらい」現代日本における「生きづらさ」とはいったい何なのだろうか。

全国紙の新聞記事データベースを使って、「生きづらさ」を調査した藤川奈月によると、1980

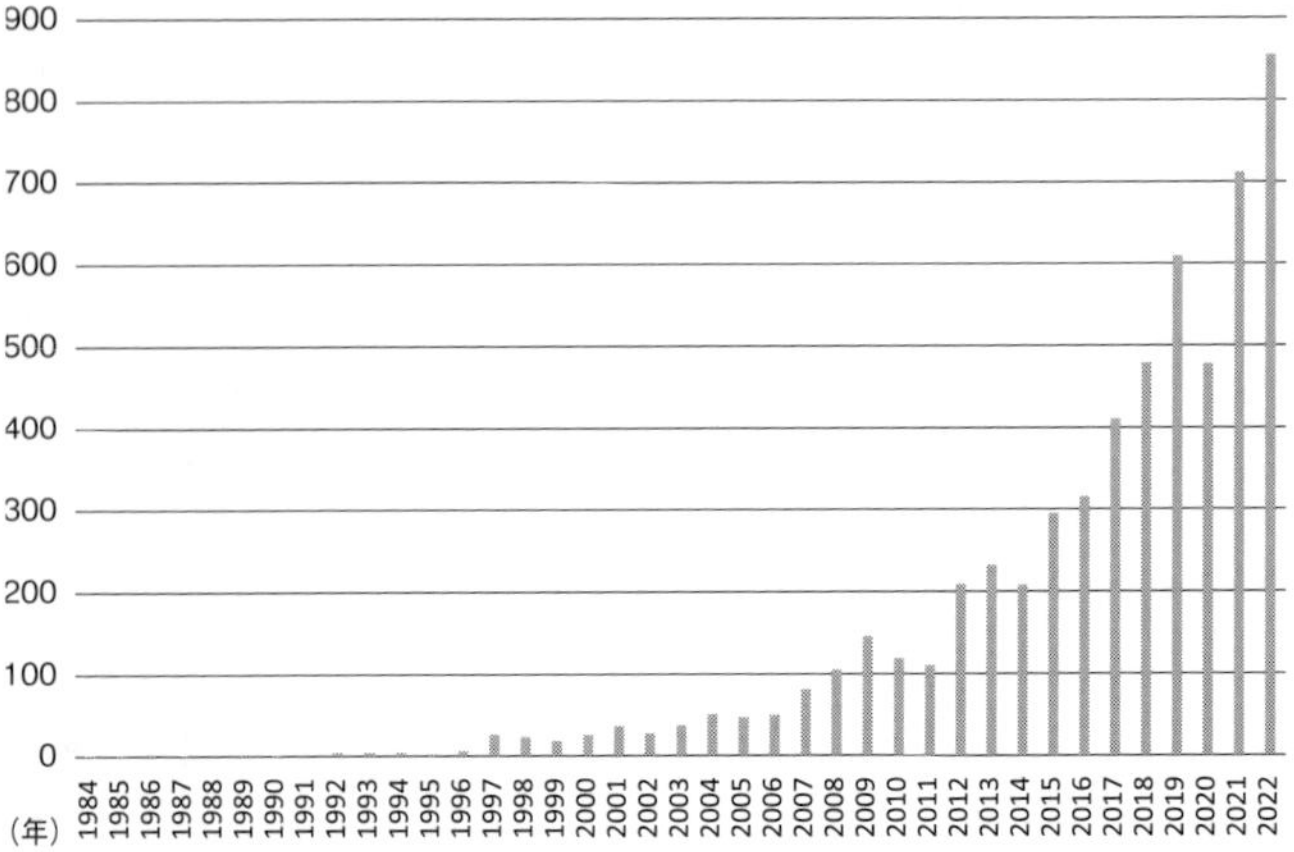

図１　主要全国紙における「生きづらさ」・「生きづらい」という語の使用件数の推移

* 朝日新聞、日経新聞、毎日新聞、読売新聞の記事検索データベースを利用した。藤川（2021）に従い、主要全国紙以外の媒体は検索対象から除外した。また、記事の全文検索が可能なのは、朝日新聞は 1985 年以降、日経新聞は 1981 年 10 月以降、毎日新聞が 1987 年 1 月 1 日以降、読売新聞が 1986 年 9 月 1 日以降である。さらに、各紙データベースは徐々に地方版などを追加しており、同一記事が重複してヒットしている場合もあるため、このグラフの推移は必ずしも厳密ではない。しかし、おおよその傾向はうかがうことができる。

年代には「生きづらい」とか「生きづらさ」という言葉は、まだそれほど用いられることがなかったという。学術雑誌にこの言葉を最初に認められるのは、１９８１年の『精神神経学雑誌』83巻12号だ。ここでは、退院して地域に暮らす精神障害者への障害と抑圧を指して「生きづらさ」という言葉が用いられている。２０１２年の段階でそれまでの「生きづらさ」という用語をめぐる議論を整理した家族社会学者の山下美紀は、「生きづらさ」はもともと医療や福祉の分野で、従来の障害概念の枠組みには馴染みにくく、目に見えにくい、精神障害や発達障害を包摂するために用いられるようになった用語だったと述べている。

山下によれば、その後「生きづらさ」は教育現場でも注目されるようになり、さらに社会学者や運動家・実践家によっても用いられるようになっていった。前述の藤川も、「生きづらい」・「生きづらさ」という表現は、1990年代後半から徐々に新聞紙面上への登場回数を増やし、2000年代後半に大幅に増加したという。その後の動向を追ってみると、一時減少する時期もあるものの、全体としては、2022年現在に向かってこれらの言葉の使用頻度は増加し続けてきたことがわかる（図1）。

特に、2000年代後半は「生きづらさ」を掲げた書籍が目立って多く出版された。これらの書籍の多くは、日本が奇跡の経済発展を成し遂げた1970年代を起源として「生きづらさ」の来歴を語る。たとえば、1975年生まれで、「現代の病理のデパート」のような人生を送ってきたという活動家の雨宮処凛の人生は、文学者小森陽一や哲学者萱野稔人との対談の中で以下のように振り返られる。

70年代、日本では受験競争が激化し、雨宮の先輩世代で校内暴力が増加した。80年代になると、これを管理教育によって押さえつける一方、いじめが社会問題化する。この頃中学生となった雨宮は、所属するバレー部で過酷ないじめを受ける。親にだけは見放されたくないという一心で勉強に打ち込んだ中学生の雨宮は、学校でも親の前でもずっと緊張状態にあった。しかし、高校に入学していじめの緊張から解き放たれた途端、押し殺されていた怒りの感情が噴出して自分に向かい、リストカットしたり、家に帰らずビジュアル系バンドを追っかけたりするようになる。人間関係に怯え、学校で下手に友達をつくるとまた裏切られていじめられると考えた雨宮の友達は、もっぱら追っかけ仲間だった。雨宮によれば、当時ビジュアル系バンドのライブハウスは「うまく生きられない人ばっかりふきだまっているような感じ」だったという。

こうしてサブカルチャーの世界に居場所を見つけるも、家にも居づらかった雨宮は、93年、高校を卒業すると単身家を出て東京へ。美大を目指して二度浪人したのち、フリーターとして生活していくことになる。当初「フリーター」には自由人の魅力もあったというが、この間、バブル崩壊により日本経済は急激に悪化し、「就職氷河期」と呼ばれる時代になっていた。雨宮はロスジェネと呼ばれる就職氷河期世代ど真ん中でもある。そのときの雨宮は知らなかったが、日本経営者団体連盟は95年、「新時代の「日本的経営」」という報告で、労働者を企業幹部候補生として正規採用される「長期蓄積能力活用型」、「高度専門能力活用型」、そして派遣社員などの非正規雇用に当たる「雇用柔軟型」の3類型に分けた。「雇用柔軟型」に組み込まれたフリーターや非正規雇用層が増加するとともに、その雇用条件は悪化した。雨宮も、雇用主から「明日から来なくていいよ」と言われ解雇されるなど、生活の不安がのしかかるなかで、自傷行為で病院に運ばれたりするほど不安定な精神状態に追い込まれていった。子どもの頃から大人たちの「頑張れば必ず報われる」という価値観の中で頑張ってきたにもかかわらず梯子《はしご》を外され、生きていくことさえ苦しい中で、雨宮は一時、物質主義や拝金主義を批判する右翼団体に拠《よ》り所を見つけた。

さらに雨宮は、就活浪人のすえなんとか正社員になった弟が、1日17時間の労働を強いられ、家族から「死ぬから辞めろ」と言われても他に就職先がないために辞められないという状況に陥る姿を目の当たりにする。このようななか、2006年、自らをプレカリアート＝不安定な労働者と名乗り、「生きることはよい」というスローガンを掲げるフリーターメーデーに参加したことをきっかけに、雨宮は自分と同様に生きづらさを抱えた若い不安定労働者の権利を求めて、社会運動の先頭に立つようになっていくのである。

「現代の病理のデパート」と言う雨宮とその周囲の若者たちの人生史からも見えてくるように、2000年代後半の「生きづらさ」をめぐる著名人の議論は、戦後日本の経済成長とその後の不況を背景として、生きることへの精神的・社会的困難を抱える人びとを次々に発見し、それらに様々な名前をつけてきた。いじめ、受験競争からの敗北、アダルトチルドレン、毒親、不登校、ひきこもり、自殺、非正規雇用やフリーター・ニート、そしてパラサイトシングルや高齢者の孤独死まで……。今日では、子どもが母親の胎内に宿った瞬間から高齢者が亡くなるまで、人生の過程をどこで切り取っても「生きづらさ」を指摘することができる。「生きづらさ」とは、ポスト産業社会、新自由主義的な社会の中で起きている人びとの経済的・政治的であると同時に極めて精神的な問題を照射するのだ。

ただし、たくさんの新しいカテゴリーを列挙し数え上げる以上に重要なのは、「生きづらさ」とともに顕在化してきたこれらの新しいカテゴリーは、既存のカテゴリーのどれにも当てはまらず、これまでは見えにくかった困難・不利益に対してわたしたちの目を開かせた、という点だ。たとえば、社会学者の土方由紀子は２０１０年の論文で、不登校の児童が被る「生きづらさ」を「入れ子式の生きづらさ」と定義している。不登校の児童にとって、不登校であることそれ自体が「生きづらい」という以上に、時に自分でも学校へ行けない理由が説明できず、その見えない苦しさをまわりから理解されないつらさが「生きづらい」という心情を生み出してしまうのだという。また、「生きづらさ」を抱える人びとによる「当事者研究会」の場をコーディネートしながら研究してきた社会学者の貴戸理恵は、『「生きづらさ」を聴く――不登校・ひきこもりと当事者研究のエスノグラフィ』という書籍において、「「生きづらさ」は、社会構造に根を持つ問題を個人的に抱え込まされてしまう現代の困難を、本人の主観において表現する言葉だった」、と結論付けている。既存の枠組みでは捉えることができなかった、複雑で個人化された生きるうえでの困難を言い表すのに、「生きづらい」という言葉がマッチしたのだと言える。

2.「生きづらさ」と「差別」

以上のような性質を持つ現代社会の「生きづらさ」について言及する際、社会学者の草柳千早が

『「曖昧な生きづらさ」と社会』という書籍で論じたように、それは実のところ「生きづらさ」を感じる個人の問題なのか、それとも「生きづらさ」を感じさせる社会の問題なのか、ということが問われることになる。それはいわば、「生きづらさ」が病理化される過程と、社会問題化される過程と言えるだろう。

草柳は、「生きづらさ」をうまく「社会問題」として語ることができるようになると、それをこれまで「差別」や「暴力」という言葉で議論されてきた問題に接続することができるようになるという。たとえば、「生きづらさ」に関する議論でよく登場するのは、非正規労働者である。高度経済成長期以降、日本型の企業社会が築かれていくなかで、家庭を任された女性たちが非正規労働部門を担うようになった。内閣府の男女共同参画局の統計では、2020年において男性の非正規雇用労働者が22・2％なのに対し、女性は54・4％だ。これが今日でも女性の社会進出が遅れているとされる日本の、男女の処遇上の差別という社会問題だということに、多くの人が賛成するだろう。だから、今日のように「女性管理職を増やせ」とか「男性の産休・育休制度の取得を促進せよ」などといった議論が、政府や経営者、マスコミ等も巻き込んで進展することになる。「生きづらさ」は、その背景をしっかりと見つめることで、不当な社会的差別として告発することが可能になるのである。

一方、先述の小森陽一との対談で、雨宮は自分たちのような生きづらさを抱えた人びとは、それまで「言い返せない」「黙らされてしまう」という時期を送ってきたことを語っている。「生きづらさ」

が個人の問題に帰せられると、批判の矛先は自分に向けられ、生きづらい人びとを沈黙させてしまう。再び今日の非正規労働者に関する問題を考えてみよう。作家の橘玲は、『上級国民／下級国民』という書籍において、95年以降の労働改革がもたらした最大の変化は、実は若い男性の非正規労働者の増加なのだと指摘する。しかし、先に見たとおり全体的に見れば依然として男性が正規雇用を得やすい状況は続いているから、男性非正規労働者の場合、女性非正規労働者に比べてそれを本人の努力不足や能力の低さの問題に帰されやすく、その立場の不当性を主張しにくくなっていると考えられる。同じ非正規労働者の「生きづらさ」であっても、うまく社会問題として表明・言語化されない場合、そのあいまいな生きづらさは、自己責任に帰される危険性があるのだ。この場合、男性の非正規労働者は女性の非正規労働者に対して、より団結しづらく、孤立化させられ、その「生きづらさ」もさらに入り組んだ語り難い苦しみになっていくと思われる。

このようななかでこそ、雨宮や貴戸らが主張する、あいまいで個別化されたままの「生きづらさ」を中心に据えた問題形成や、「生きづらさ」を抱える当事者同士の連帯を促す運動は、重要な意味を持つのである。しかし、「生きづらさ」は今のところ、万能な共同と連帯のカテゴリーとまでは言えない。なかには、深刻な差別や、「生きづらさ」という言葉によって初めてその特性が社会的に認知されるようになった発達障害などが、より一般的な「生きづらさ」と同一視されることを危惧する考えもあるからだ。確かに、現代人の誰もが感じうる「生きづらさ」と、冒頭の記事の例で言えば、視覚障害を持つ女性が子を持つにあたって被った困難とを、単に同じ「生きづらさ」としてひとくくりにしてしまうのは、あまりに乱暴であろう。

3. 〝普通〟の中にある「差別」とわたしたちの「生きづらさ」

しかしそれでも、「生きづらさ」というあまねくこの社会に生きる人びとに主観的に感知されうる感覚を通して、わたしたちが自分にも身のまわりの人にも、そして直接接することのできない多数の人びとにも気を配り、互いに「生きやすい」社会を目指すことは可能なのではないだろうか。そのためには、まず「差別」と「生きづらさ」の違いに目を向けることが必要だろう。社会学者の佐藤裕はその著書『差別論』において、「差別」とは「社会問題」を構成し、「不当性」を「告発」するための言葉であるとする。「差別」においては、「差別する側」と「差別される側」が分けられる。こうすると、問題の解決を政治的かつ具体的に模索できるようになる。米国のアファーマティヴ・アクションや日本の同和対策基本法が、この具体例である。

「差別」という言葉で問題を告発できるようになることは、社会の中で不当な「生きづらさ」を抱える人びとと、あるいは差別される側にとって極めて重要である。今まで社会の中で弱い立場に立たされているのは自分が悪いからだ、自分のせいなのだと思い込んできた人たちにとって、「差別」という言葉を手にしたことはとても力になったはずだ。筆者は、差別の最も残酷な点は、差別される人が自分の被る不当な仕打ちを自分のせいだと捉え、さらに自分で自分の属するカテゴリーを嫌悪し、差別するようにさせられる点にあると感じている。たとえば、筆者の調査フィールドである福岡県筑豊の炭鉱では、かつて女性坑内労働者が男性以上に過酷とも言われる肉体労働をしなければならなかった。誰かが、なぜそのような労働を他でもなく女のわたしが担わなければならないのかと問うと、先輩の女坑夫たちから「おなごの「ご」は「業」の「ご」と言うだろう」と諭されたものだという。女性が男性よりつらい思いをするのは、前世から引き継いだ罪悪の因縁なのだと、自らの過酷な労働を自分のせいとして納得させられたのである。自分がつらい思いをするのは、自分が業の深い女であるせいだと思えば、そのつらさを不当なものとして訴えようとは思わないし、告発のための言葉があるとは考えもしないだろう。もし今、女坑夫たちのところに行って「女の「業」など存在しない。それは単に男性による女性への「差別」というものだ」と伝えたら、彼女たちにどれほど大きな力を与えるだろうか。

こう考えると、確かに「生きづらさ」という言葉が持つ告発の力は、「差別」に比べればずいぶん弱いことがわかる。現実に、恐らく当時多くの女坑夫たちは「生きづらい」などと言う暇もなく自らの逆境を力強く乗り越えざるを得なかっただろうし、もし「つらい」と訴え続ける女坑夫がいれば、それは周囲から個人の弱さとみなされただろう。社会学者の好井裕明は、最近「差別」という言葉があまり使われなくなり、代わりに「生きづらさ」や「不寛容」という言葉が頻繁に用いられるようになったと『差別と排除の社会学』という書籍で指摘し、これに危機感を示している。今日「生きづらさ」や「不寛容」が言われる多くの現実の核心には、実は差別や排除が息づいているからだという。

しかし、好井が構想する「排除と差別の社会学」が目指すのは、加害者と被害者を明確に分けて「告発」を試みるものとは少し異なる。彼が提案するのはむしろ、誰からも告発されなくても、自分の中に宿る差別する可能性を、自分で意識化することである。同書の中で好井は、たとえばバラエティ番組やニュースなどでわたしたちが日常的に触れ、〝普通〟だと考えている物事や知識には、すでに差別を成り立たせる過剰な決めつけや歪められた思い込みが仕組まれていると述べる。わたしたちの多くは〝普通〟でありたいと思うものである。だから、わたしたちが〝普通〟であろうと日々身に付けつくり上げていく知識もまた、差別する可能性をはらんだものになってしまうというのである。

だが、〝普通であること〟がすでに差別する可能性を含んでいるとは、どういうことだろうか。これについて、歴史学の視点から「生きづらさ」について論じてきた松沢裕作の議論からさらに考えてみよう。松沢はその名も『生きづらい明治社会』という本で、民衆思想史で有名な安丸良夫が提唱した「通俗道徳」という言葉を用いて議論を展開している。「通俗道徳」とは、「人が貧困に陥るのは、その人の努力がたりないからだ、という考え方」のことである。逆に言えば、わたしたちが勤勉に働き、倹約して貯蓄し、親孝行するという、誰もが普通に「良いこと」だと感じるようなことをしていれば、お金に困ることもないし家族円満になるはずだ、というわけだ。そして、実際にある程度まで人は努力すれば富や権力を得ることができるため、この主張を真っ向から否定することは難しいのだという。

しかし、松沢によればこれは「わな」である。現実には、いくら真面目に努力しても人は何かの拍子に貧困に陥ったり、貯蓄するほどの収入が得られなかったりするものだ。そもそも、競争社会の中で経済的な勝者となることは容易ではない。ところが、「通俗道徳」にはまり込んでいた明治時代の人びとは、貧困な人がいればそれはその人の努力が足りなかったからだ、当人が悪いのだ、と考えた。このように、競争への敗者や「通俗道徳」からの脱落者に冷たかった明治社会は、「生きづらい」社会だったというのである。

「通俗道徳のわな」にかかっていたのは、明治時代の人たちだけだろうか。松沢はそうではないという。現代社会にも、「努力すれば成功する」「競争の勝者は優れている」という「通俗道徳」的な思考法がはびこっている。この「通俗」すなわち〝普通〟を当たり前に受け止めることこそが、わたしたちを「生きづらさ」へといざなうのである。

柳田國男は、人びとの平凡な幸福への願いの切実さを説き、〝普通〟な幸福が人びとに訪れることを願っていたかもしれない。だが、その幸福イメージはすでに「通俗道徳のわな」にとらわれていた。わたしたちは「通俗道徳」にしたがって正しくあろうとし、それによって謙虚にも〝平凡〟で〝普通〟な幸福をつかみたいと願う。好井の議論に戻れば、そのとき、同時にわたしたちは〝普通〟から排除される他者を差別する可能性をはらむ。そしてまた松沢の言うように、容易には〝普通〟を手にできないわたしたち自身もまた、自己自身によって差別され、「生きづらさ」を感じるのである。

4．わたしの被っている「生きづらさ」から問い始める——加害者vs.被害者の二項対立を超えて

好井や松沢の議論を踏まえるなら、「差別」と「生きづらさ」を乗り越えるにあたって、わたしたちの持つ〝普通〟を見つめ直し問い直すことが求められているとわかる。次章で及川が詳しく論じるように、これこそ民俗学が得意とする学問的姿勢である。本書もまさに、〝普通〟を見つめ直す視点を読者のみなさんに提供することを企図している。

この本の各章は、「へえ、こういう差別問題があるのか」と第三者的な立場から読むだけだと、得られるものが減ってしまうだろう。第三者の視点から「やっぱり差別してはいけない」という常套句に落ち着くことは、むしろ危険でさえある。これに対し、社会学者である好井は、わたしたちの〝普通〟や日ごろ当たり前だと思っていることを見直すことで、凝り固まった他者理解のあり方を批判

し、わたしたちがより楽に生きることができる日常文化を構想していこうと、「差別する」者としてのわたしたちの日常を問い直すことを呼びかける。もちろん、このような姿勢は極めて重要だ。だが、自分が「差別する」側であることを認識し見つめ直すのはなかなか難しい。わたしたちは、それこそこれまでの人生で〝普通〟のこととして「差別してはいけない」という常識を身に付けてきている。そのいけないことを自分がしていたと自覚していくのは、皆さんがまじめで良い人であればあるほど苦痛をともなうだろう。

そのとき、あなたがまだ言語化して社会に訴えることができず、それに対して社会からの応答を得ることにも成功していない、あいまいな「生きづらさ」は、手掛かりになるかもしれない。そこで筆者は、本書を通して自分の「差別する」可能性を見つめ直すのとは正反対の思考実験をしていただきたいと考えている。つまり、本書の各章に書かれている差別の背景にある様々な「当たり前」で〝普通〟で「良い」とされる物事や考え方のせいで、〈わたし〉が生きづらくなっている部分はないか、〈わたし〉が何らかの不便や不快感、寂しさ、悲しさ、つらさ、そしてもやもやなどを被っている部分がないか、と問うてみてほしいのである。大したことでなくても構わない。しょうもない、取るに足らないことで構わない。それは自分のせいだ、自分が悪いのだ、自分の頑張りが足りなかったのだ、などと感じることで構わない。自分がもっと努力家だったら、やさしかったら、コミュニケーション能力があったら、機転の利く人だったら、だらしない人間でなかったら、そんな「生きづらさ」はそもそも抱える必要がなかったのだ、と思う人もいるだろう。それこそが、現代人の「生きづらさ」とセットで社会に蔓延してきたとされる、「通俗道徳」、自己責任論のわなである。競争社会は自己責任の原理に基づいて、うまくそのレールに乗れない自分を社会から排除してしまう。でも、本当にそれは〈わたし〉のせいなんだろうか？　いったん〈わたし〉の罪悪感を棚に上げて、〈わたし〉の被っている不快やもやもやにきちんと向き合ってあげてほしいのである。

これは、決して「差別する」側としてのわたしたちの責任を放棄してよいと主張するためではない。むしろ、「差別する」自分の責任を適切に負えるようになるためのステップとなるからである。

これについて考える際、臨床心理学者信田さよ子と哲学者国分功一郎の議論を結び付けて「加害者」対「被害者」の二項対立関係を問い直そうとした、岸本崇の議論は参考になる。信田はアルコール依存症やDV、アダルトチルドレンなどの臨床に関わるなかで、早い段階から「生きづらさ」という言葉を用いてきた人物でもある。彼女は「被害を認める」ことと「被害者意識をもつ」ことの違いを明示したうえで、自分が受けた「被害を認める」ことの重要性を強調する。「被害を認める」とは「わたしは〈してはいけないこと〉をされた。そのことについて、わたしに責任はない」と自覚することである。他方、「被害者意識をもつ」とは、「わたしの期待通り物事が運んでいないのは（わたしがつらいのは）、わたしではなくて○○のせいだ」と自分自身に対する責任を放棄することである。信田によれば、DVや虐待の加害者はたいてい「お前が自分を怒らせたんだ！」という被害者意識を持っており、逆に被害者のほうが、「あの人があんなに怒り狂うのはわたしのせいなのかも」と加害者意識・罪悪感を持っているという。被害者が適切に自分の「被害を認める」ことができないと、暴力と支配の関係から抜け出すことができない。そればかりか、たとえば夫からDVを受けている母親が我が子に虐待をするように、暴力と支配の構造を再生産することにもつながってしまうという。

信田は、受刑者同士の語り合いを中心に据えた更生プログラムを取材したドキュメンタリー映画『プリズン・サークル』についても言及する。監督の坂上香は同名の書籍の中で、犯罪により何もかも失って「自分はなんでこんなつらいめにあわなきゃいけないんだ」と話す受刑者を紹介しながら、このように罪悪感が低く、むしろ被害者意識が強い受刑者は珍しくないとも述べている。しかし、プログラムの中で、受刑者たちは自らの行った犯罪や暴力だけでなく、これまで自分の心に蓋をして向き合わないようにしてきた虐待やいじめなどの被害体験を語り始める。信田は自分の被害体験を認めることができてこそ、人は初めて自分が他者に与えた痛みに共感し、贖罪意識も生まれるのだという。哲学者の國分功一郎が「中動態から考える利他――責任と帰責性」という論考の中で言うように、被害者／加害者の両方の側面を併せ持つ者として自分を肯定することは大切である。自分を加害するにいたらしめた経験を客観的に見つめられるようになれば、自分のしたことの責任を「被害者意識」で他者に押し付ける態度から抜け出し、自分がされたことにもしてしまったことにも責任を持って応えることができるようになるのである。

おわりに――「生きづらさ」を他者との結び目に

以上のことは、「差別」についても同様だろう。わたしたちが〝普通〟に日々より良く、より幸せに生きようとするなかで「生きづらさ」を感じることがあるのなら、その「被害を認める」ことにはとても積極的な価値がある。〈わたし〉の「生きづらさ」は、〈わたし〉のせいで生じているわけではないのかもしれないのだ。

では、他方で、誰かの「生きづらさ」を、〈わたし〉がその人の自己責任として切り捨ててきたことはないだろうか。頑張れば、努力すれば、より良く生きられるはずだと、「通俗道徳」に基づいて判断していることはないだろうか。だが、もしかしたらその意識は〈わたし〉自身への排除にも、つながっているかもしれない。本章第２節でも紹介した社会学者の貴戸理恵は、自身が不登校・ひきこもりの問題から出発しながら、「生きづらさの当事者」という枠組みで実践の場と研究を構想してきたことについて、次のように述べている。かつてはあった「学校にさえ行っていれば問題なく大人になって自活できる」という前提が揺らいでいる現代社会では、「不登校でも問題なく働いて自活できる」と主張するのではなくて、「不登校経験があり、その後働いて自活するのが難しい状態にある人もいる、けれども不登校経験がなくても、すべての人にとっても、働いて自活するのは難しいプロジェクトになりつつあるのではないか」と、一段掘り下げた視点から問うていく必要があるのではないか。そのうえで足元にある「わたし」の人生の困難さと他者の困難さ、「わたし」と「あなた」をともに〈普通〉から漏れおちた存在にしていく、社会の前提のほうを問い直していきたいのだ、と。

貴戸の言うように、他者の「生きづらさ」と他者に「生きづらさ」を強いている社会的背景を紐解いていくうちに、わたしたちが今まで〝普通〟に受け止めてきたことが、ひょっとしたらもうすでに〈わたし〉にも「生きづらさ」を与えていることが見えてくることもあるのではないだろうか。こうなれば、誰かの「生きづらさ」の背後にある〝普通〟を自分事として問い直すことは、わたしにとっても必然になるはずだ。

〈わたし〉自身の「生きづらさ」を認めることは、〈わたし〉の弱さや負けを認めることでも、〈わたし〉の生きづらさを他の誰かのせいにすることでもなく、〈わたし〉自身が身につけさせられてきた〝普通〟が〈わたし〉と同時に〈わたし〉以外の様々に異なる「生きづらさ」を抱えた人びとを疎外する可能性に気が付くことである。そしてそのとき、〈わたし〉の「生きづらさ」は、たくさんの他者とつながっていく結び目となりうるのである。

〈わたし〉の「生きづらさ」やあの人の「生きづらさ」の背景に何があるのか。その背景にある構造的な問題や、わたしたちの中に染みついた〝普通〟や当たり前、良いものや悪いものへの感性によって、最も苛烈に生きることを脅かされているのは誰だろうか。そのように考えていくことができれば、「生きづらさ」は、差別や排除をめぐる問題を、〈わたし〉自身の主観的な感覚から問い始めながら、社会問題への責任ある認識と応答につないでいく、足掛かりになるのである。

本書は、多様な人びとが被る「生きづらさ」と「差別」について紹介していく。それが読者のみなさんにとって〈わたし〉自身の「生きづらさ」を認め、〈わたし〉自身が他者にもたらす「生きづらさ」を自覚して、それらを多様な人びとと共有したり、一緒になって取り除いたり、息苦しい〝普通〟から解放されたりする助けになることを願っている。

参考文献

雨宮処凛・小森陽一『生きさせる思想――記憶の解析、生存の肯定』新日本出版社、２００８年。

雨宮処凛・萱野稔人『「生きづらさ」について――貧困、アイデンティティ、ナショナリズム』光文社、２００８年。

Allison, Anne. *Precarious Japan*. Duke University Press, 2013.

岸本崇「被害者意識と中動態」『哲学・思想論叢』39、２０２１年。

貴戸理恵『「生きづらさ」を聴く――不登校・ひきこもりと当事者研究のエスノグラフィ』日本評論社、２０２２年。

草柳千早『「曖昧な生きづらさ」と社会――クレイム申し立ての社会学』世界思想社、2004年。

國分功一郎「中動態から考える利他――責任と帰責性」伊藤亜紗他『「利他」とは何か』集英社、2021年。

坂上香『プリズン・サークル』岩波書店、2022年。

信田さよ子「なぜ被害と加害が逆転するのか」『季刊Be!』138、2020年。

信田さよ子「「被害者」は敗北ではなく連帯の言葉――当事者の声を聞き続けて――インタビュー信田さよ子さん原宿カウンセリングセンター・顧問」『くらしと教育をつなぐwe』236、2022年。

佐藤裕『差別論――偏見理論批判』明石書店、2005年。

橘玲『上級国民／下級国民』小学館、2019年。

土方由紀子「子どもの生きづらさとは何か――リスク社会における不登校」『奈良女子大学社会学論集』17、2010年。

藤川奈月「「生きづらさ」を論じる前に――「生きづらさ」という言葉の日常語的系譜」『北海道大学大学院教育学研究院紀要』138、2021年。

松沢裕作『生きづらい明治社会――不安と競争の時代』岩波書店、2018年。

安丸良夫『日本の近代化と民衆思想』平凡社、1999年。

山下美紀『子どもの「生きづらさ」――子ども主体の生活システム論的アプローチ』学文社、2012年。

好井裕明編『排除と差別の社会学新版』有斐閣、2016年。

第2章　民俗学と生きづらさ

及川祥平

はじめに

民俗学の立場から、各種の差別や排除、または生きづらさの問題を考えるための手がかりを提供することが本書の目的である。

では、その立場とはどのようなものだろうか。民俗学といえば、各地域の伝承や昔の生活の研究を専門とする分野と考えられがちである。事実として、文化財指定されるようなローカルで歴史のある「文化」の研究は充実している。しかし、学問の基本的な思考法としては、民俗学を「文化財学」として位置づけることはできない。もちろん、民俗学の捉え方も立場によって様々であるが、多くの研究者において共有されていると考えられるのは、人びとの「日常」や「生活」を考える学問である、という点であろう。わたしたちが日々何を食べ、何を着て、どのような住まいにどのように住まっているのか、わたしたちはどのように働き、休み、何を怖れ、何を信じながら、どのような人生をたどっていくのかを民俗学は考えてきた。そのような様々なテーマの中に、本書で取り上げる差別や排除の問題、そして、生活の中で直面する障壁やそれによってもたらされる生きづらさが存在している。

本章では民俗学という学問の思考法としての特質を探りつつ、これまでの研究成果を俯瞰しながら、民俗学が差別・排除・生きづらさを取り扱うことで見えてくるものについて考えてみたい。

1．民俗学は何をどのように考えるか

民俗学の思考法

「民俗学といえばフィールドワーク」である。長らくの間、そのように考えられてきたように思うし、確かに大学教育の場では筆者も調査論に力をいれている。学史的にもフィールドワークを重視する妥当な理由がある。民俗学は歴史学が「記録に残らないような人びとの生き方」を扱ってこなかったことを批判しながら自己形成してきたため、調査を通して得られる情報を重視するわけである。記録の存在しないものについては、自らが現実に働きかけることによって資料を生成し、それを分析の対象とする。しかし、フィールドワークそれ自体は、社会学や文化人類学、その他の隣接分野でも実施されており、民俗学の独自の方法であるわけではない。また、フィールドワークは手段であって目的ではない。目的に応じて、妥当なデータ獲得の手段が検討されなくてはならない。つまり、民俗学

では、人びとの「日常」や「生活」を考えるうえで妥当と判断される一切の手法を採用することになる。公文書や随筆・日記といった文献史料、映像民俗誌や自身の撮影した画像、または各家庭の家族写真、生活道具などの造形物の収集・分析もまた、民俗学の方法なのである。

では、人びとの「日常」や「生活」を多様な資料を駆使して考えれば、それはただちに民俗学になるのだろうか。「日常」や「生活」は歴史学や社会学でも研究されていることを考えると、これも民俗学の唯一の特徴にはなり得ない。結局のところ、民俗学を民俗学たらしめる思考法とはどのようなものなのだろうか。本節では民俗学を特徴づける思考法の一つとして、柳田國男の考え方をみていくことにしよう。

写真１　柳田國男
（成城大学民俗学研究所蔵）

柳田國男（１８７５〜１９６２）は日本における民俗学を組織した人物である（写真１）。柳田の民俗学は、のちに経世済民の学と称されるなど、高い実践性や社会貢献性を志向していた。彼は『郷土生活の研究法』という書籍の中で、自身の学問の初発の動機は「何故に農民は貧なりや」という根本問題にあったと述べている。幼少期の体験が柳田にこのような課題を抱かせたのだが、やがて農政学への関心を経て、人びとの直面する生活の困難を解決することのできる学問を目指していく。その結実が民俗学だった。柳田國男の構想において、民俗学は好事家的で趣味的な「役に立たない学問」であってはならなかった。むしろ、同書の中で「学問が実用の僕《しもべ》となることを恥としてゐない」とまで述べている。

これには、彼の構想した民俗学が「自文化研究」の学問であることも関わっている。自文化研究という言葉は、彼が性急な国外調査や国際比較を抑制し、一国民俗学の完成を経た世界民俗学への展開を目指したために、日本研究と同義であると理解される傾向があった。民族学（文化人類学）との対照が、そのような理解を容易にした面もある。しかし、柳田國男の民俗学の特徴は、日本研究として置き換えるよりも、問題を「我が事」として捉えることを起点として成立する学問として理解したほうが妥当である。つまり、人びとが自分の置かれた状況や直面する事態を考えるための学問、ということである。

たとえば、名著と名高い『明治大正史世相篇』において、柳田は「世相の渦巻きの全き姿を知るということは、同じ流に浮かぶ者にとって、そう簡単なる努力ではなかった」と述べている。世の中の流れは、自らがその中に生きているからこそ、つかみ取ることが難しいというのである。自己や自文化を、またはわたしというものが生きてある「いま・ここ」を評価するには、したがって工夫が必要である。そこで柳田が提案するのは、「最近に過去の部に編入せられた今までの状態と、各自が直接に比較することのできる事実」との対比であった。これによって「毎日われわれの眼前に出ては消える事実」から「歴史」を描くことを彼は試みようとしたのである。このことからは、当事者として世の中を捉えることの難しさと、当事者であるままに世の中を捉えるための方法を、柳田が述べようとしていることがわかる。

柳田は「歴史は他人の家の事蹟を説くものだ、といふ考を止めなければなるまい。人は問題によつて他人にもなれば、また仲間の一人にもなるので、しかも疑惑と好奇心とが我々に属する限り、純然たる彼等の事件といふものは、実際は非常に少ないのである。時代が現世に接近するとともに、この問題の共同は弘くなり又濃厚になつて来る」という。つまり、柳田は人びとが問題を共有することを提案している。そして、歴史は「他人事」ではなく、一人ひとりの生き方と関わっているという。「同じ流に浮かぶ者」であるがために見極めがたい日常の変化は、体験の記憶を持ち寄ることで可視的にすることができる。このような民俗学の関心を、柳田は「実験の史学」と呼んだ。

柳田國男と生きづらさ

さて、『明治大正史世相篇』を引用したのは、同書の中で柳田が人びとの生きづらさを考えようとしているように読めるからである。問題を共有することを柳田が提案するのには、もう一つの意味を想定することができる。生活の中で、または人生の中で直面する問題を深刻なものに変えるものは「孤立」である、と柳田は考えていたようなのである。たとえば、彼は次のように述べている（以下、柳田を引用するときは一部の繰り返し記号を文字に置き換えた）。

我々の生活ぶりが思ひ思ひになつて、衣でも食住でも又其《その》生産でも、個人の考へ次第に区々に分れるやうな時代が来ると、災害には共通のものが追々と少なく、貧は孤立であり、従つて其防禦《ぼうぎょ》も独力でなければならぬやうに、傾いて来ることは致し方が無い。それに共同の敵と目ざすべきものがあつて、之《これ》を征服すれば一時に幸福になるやうに、経済の方では主張する人が多くなつたが、それへ進むまでには、まだ我々の利害は糾合せられて居ない。一方にせめて自分の家の一群だけは、先づ済《すく》はれたいと希《こひね》ふ者が多いと共に、他の一方から困苦は我一人に集まつて居るかの如く、考へて世を恨んで居る者も非常に多いのである。異郷他人の知識が今少し精確になり、屢々《しばしば》実情の相似て居る貧窮が、地をかへ時を前後して発現して居ることを学ぶのが、今では自己救済の第一着の順序となつて居るかと思ふ。

前半部分において、柳田が生活の個人化を予測していることがまず目を引く。また、自分以外の人びとの実情を知ることが、貧窮の不幸の中で孤立することを回避し、自分で自分の問題状況を打破する解決策になるのだと柳田は見ている。もちろん、民俗学を実践すればただちに貧困から救われるわけではない。しかし、学問を通して柳田がどのような貢献を実現しようとしたのかがこの引用からは知られる。

柳田の述べようとすることをもう少し検討してみよう。柳田は文化の歴史の問題として人の不幸を考えようとしている。たとえば、「貧に対する我々の態度の変つて来たことも、亦《また》一つの時代相」と述べるとき、柳田は貧困の問題を人びとの貧困観から理解しようとしている。柳田の同時代に、貧困の様態、または貧困観が新たな様相を見せ始めたというのである。「貧窮を忍び能《あた》はざる心、次には之と闘はうといふ勇猛心と、先づ其根原を突留めようとする念慮」が生じているという。「貧苦の本式に忍び難くなつたのは、零落といふことから始まつて居る」と柳田はみる。柳田が実際に研究活動を行っていた明治大正時代の社会変動は、武士階級の没落と、そこからの上昇の試み、そしてその失敗による「零落」を無数に生み出した。農村の人びとは新たな仕事に取り組もうとするが、それがうまくいかない経験は「貧しさ」を認識させた。つまり、これはこの時代の人びとがどのように働き得たか、また、生きようとせねばならなかったか、という問題とも関連している。

また、柳田は「日本人だから免れなかつた惰性、人も気づかぬ故につい巻込まれた不注意、考へてしたことでも人の真似、世の流行といふもの」が人びとの不幸の「眼に見えぬ原因になつて居る」という。民俗学は過去の文化を良きものとして記述する学問のように誤解されるが、ここでの柳田は文化を相対化すべきものとして認識している。多くの人びとの実情を知ることで、わたしたちはわたしたちを拘束してしまう文化の所在やわたしたちを押し流してしまう流行の力を知ることになり、そうではないあり方を思い描けるようになる。「其不幸が此世《このよ》に普《あまね》きものの一端であつて、一つの新らしい知識と方法とが、総括して之を救ひ得るといふことを、覚らしめる」ことが、それを解決する可能性があるという。貧乏や不幸は個人的な出来事であるかのようである。しかし、なぜ貧しくならねばならなかったか、貧しくあることを自他の人びとがどう捉えるかは、個人の問題である以上に、文化や社会の問題と密接につながっている。民俗学は、不幸に苦しむ人と人とを、問題の共有によってつなぎ、その解決や改良への道を自ら探っていくための学問であり得たといえる。

他方、柳田の民俗学は差別を正面から捉えなかったと評価されることがある。たとえば、初期の柳田は漂泊者に関心をもっていた。そういった移動生活をする人びとは、平地に定住する農耕生活者から他者化されていた。また、1913年の「所謂特殊部落ノ種類」等、差別される人びとに関する論考が大正期に立て続けに執筆されるが、柳田の議論はそうした対象からやがて離れていくかのようである。加えて、政岡伸洋は「所謂特殊部落ノ種類」は、民俗調査をふまえた成果ではなく、差別される当事者の声をすくい取ったものではないと批判している。

ただし、柳田の目は人びとが直面する障壁から必ずしも離れていったわけではないようである。たとえば、柳田は学問における女性の役割を重視し、多くの女性研究者を養成した。1930年代以降、家庭における女性の働きをめぐる主婦論の執筆が増加し（倉石あつ子『柳田国男と女性観』）、また、この時期から講演等の機会に女性に学問を勧めるようになっていく（倉石あつ子「家と女性」）。これによって女の会（現・女性民俗学研究会）という女性の民俗学団体が結成されてもいる。瀬川清子は柳田を「女性の不遇、女性の悲しみに、これほど深い理解を示された人もまれ」と回想している。

とはいえ、柳田に、ジェンダー・スタディーズやフェミニズムの視点が存在していたわけではない。女性に期待される役割・女性ならではの視点を評価しこそすれ、相対化することのなかった柳田民俗学は、のちに批判的検討の対象ともなる（靍理恵子「日本民俗学とフェミニズムの「距離」」、加賀谷真梨「民俗学におけるジェンダー研究の現状と今後の展望」）。女性学の先駆者として語られる柳田であるが、その功績は、自身には感得し得ない同時代の女性の不遇や悲しみに、当の女性が自ら考え、「問題の共同」を通して向き合う場を創ろうとしたという点にあるだろう。総じて、このような「わたし」という一個の人間の苦しみや悲しみにこそ民俗学の立脚点があるという点は、民俗学の立場から「生きづらさ」を考えるうえで重要であると考えられる。

2. 民俗学の差別研究の展開と展望

民俗学の複数性

柳田國男以降の民俗学において、差別や排除に関わる研究は１９８０年代までは必ずしも盛んではなかったが、それでも個々のトピックについてのデータ集積と分析・考察は進められてきた。もっとも、それ以前から、柳田國男とは別系統の民俗学においても差別の問題は注目されていく。聞き取り調査の成果をまとめて『被差別部落の伝承と生活』を著した柴田道子は社会運動にも関わった児童文学作家である。また、民俗作家を称する小林初枝もまた被差別部落であった居住地における「生活に根づいた話」の聞き書き集を出版している。『被差別部落の世間ばなし――武州児玉の聞き書』である。小林は同書執筆の動機を、「ふとしたことから、私は柳田国男に魅せられ、伝承文化の価値を認識した。ところが、読み進むにつれて、柳田国男は被差別民を文化の担い手として高く評価しながらも、何故か避けて通ったことに気づいた。と同時に、柳田国男が捨てた主題を、私たち被差別部落民の手で補う必要があるのではないかと思った」と語っている。柳田以後の民俗学が調査研究の立脚点から「わたし」という自己を切り離し、自身の生活圏の外側で調査をすることに傾いていく一方で、このような記録実践も生まれていくわけである。

柳田民俗学への批判的意識のもとで構想される赤松啓介（1909~2000）の民俗学もまた、自己をめぐる憤りをそのモチベーションとして明言する。『非常民の民俗文化』において、赤松は次のように述べている。

　私のような育ちの者は、民衆、市民、常民の端にも加えてもらえないのではなかろうか。それが長い間の、私の疑問であった。世間でいう民衆、市民、あるいは柳田の常民には、どこかで切り捨てている部分がある。てめえらは人間でねえ、犬畜生にも劣る屑だという感覚が、どこかにあるのだ。私は、いわゆる部落出身ではない。私も部落差別の強い地方で育ったから、子供の頃から部落差別をする方の体験をしている。長じて、いわゆる世間に出てみると、てめえは人間の屑だと、どこかで頭を押さえつける部分があった。しかし、ここから、ここまでが民衆、市民、常民であり、これ以下はそれに入れない人間の屑だという、そのラインがわからない。（略）なるほどわれわれは人間の屑であった。そうして気がついてみると、俺と同じような人間の屑もぎょうさん居るわい、とわかる。

岩田重則は「社会的にみれば疎外されている階層からの赤松民俗学」を評価し、記述対象を「常民」という言葉で切り取っていった柳田民俗学を批判する。人びとの「貧困」を救おうとした柳田は、しかし、差別される人びとを視野の外においてしまったというのである。赤松の批判の中にある「常民」とは、「ある時期まで」の民俗学が研究対象とする人びとを呼称するために用いてきたタームである。庶民や平民という言葉が、すでに使用されているがために独特の含意があること、また、これが指し示す人間を下にみるニュアンスがあることを忌避し、造語されたものであった。柳田は、既存の学問分野を担うアカデミック・エリートが研究対象とする人びとを「見下す」ことを忌避していた。そして、「常民」というタームは「普通としてやっていたこと」と理解され、ありふれたこと、すなわち「日常」の俗なる生活、またはその実施者という点に重きがおかれていた。そのため、柳田は皇族も常民にあたると理解している（「日本文化の伝統について」）。ただし、初期の柳田は中層の農民をこれに想定するなど、階層的実態として常民を捉えていた時期もみられた。赤松や岩田の批判では常民が階層的に理解されていることに注意したい。

もっとも、前節の検討をふまえてみると、認識の起点としての当事者性を重視する赤松の姿勢と柳田の姿勢とは必ずしも背反するものとも見えない。相容れないかのようにみえる赤松と柳田の学問は、人びとが自ら民俗学を実践することに期待を寄せていたという点ではむしろ一致している。赤松は栗山一夫名義で執筆された「『旅と伝説』の任務に関して」において、同誌の読者層を小市民等中間層から労働者農民に拡張すべきことを主張しつつ、労働者農民から「資料を搾取するより彼等自身をしてその価値を認識せしめ報告せしめることが、これ以上民俗学を進展せしめるのに不可欠のもの」としている。非柳田的であることを銘打ちつつも、当事者による／からの民俗学が提唱されていたということに、民俗学という学問分野がもつ基本的性格が表れているのである。

しかしながら、柳田や赤松以後の民俗学において、研究者と研究対象の距離は離れていく。またば、高等教育を受け、学術的トレーニングを受け得た人びとによる研究が定着していく。この背景には、民俗学が歴史学や文化人類学、社会学等の、アカデミズムの中で制度化されている巨大な隣接分野との競合に巻き込まれていったことも関わっていよう。「野の学問」という言葉は、アイデンティティの表明としては機能したが、十分に方法化されることはなかった。誰もが自らを知るための学問としての民俗学ではなく、いわゆる民俗文化の調査研究が学界の主流となっていく。先述の『明治大正史世相篇』は民俗学の中でも応用的な成果という位置づけにとどまり、また、赤松啓介も一部で再評価されるにとどまる。

現代民俗学の差別研究

戦後の民俗学的な差別研究の展開にも目を向けてみよう。1980〜90年代には宮田登などを主要な論者として民俗学の差別研究はケガレへの関心のもとで一つの大きな盛り上がりを見せた（第Ⅱ部第8章「ケガレ」も参照）。もっとも、ケガレという観念やそれとも関わる「白」の象徴性に注目するこうした議論は、必ずしも差別する／される具体的な人間の生を捉えたものではなかった。

他方、政岡伸洋、宮本袈裟雄《けさお》、森栗茂一らによる被差別部落でのインテンシブな民俗調査や、多文化主義民俗学を掲げる島村恭則による在日朝鮮人の調査も行われていく。また、桜木真理子、原田寿真によるハンセン病療養施設での調査、岡田伊代の皮革産業地域での調査研究などの成果も相次いでいる。こうした蓄積からは、民俗学のインテンシブな調査が、差別される当事者への肉薄に相応に成功してきたということができる。

被差別部落の民俗調査からは、特殊な生活文化に関する成果を得られなかった。もちろん、生活環境の改善や差別の解消のために行われてきた同和対策事業以前の生活の貧しさに起因する差異や、差別の悲惨さに関わる困苦の経験は聞き取りうるが、外部から幻視されるような特殊性は確認できない。ここからは差別する側がされる側にそそぐ眼差しが虚妄なものであることが確認されてきたといえる。もっとも、この点を伊東久之は「ほとんど変わりませんでしたという報告は事実であり必要ではあるが、それを積み重ねたところで、差別の根源にせまろうとする資料にはなりえない」と批判する。差別は、差別を受ける側への調査のみならず、差別を行う側への接近が必須であることが確認されてきたともいえる（篠原徹「特集にあたって」）。こうしたとき、今野大輔の行うようなハンセン病をめぐる民俗事例の分析、辻本侑生が行う性的マイノリティをめぐる表象史の研究が大きな意味をもつ。差別する側の人びとが行う意味づけや認識に接近する成果だからである。

また、一歩進めて考えてみるべきことは、差別は「行う者」と「行われる者」という固定的な関係の中で発生するのか、という問題である。または、そのような「する／される関係」のどこに、研究者は立っているのかということである。差別を誘発するような人間関係は、常に顕示的に存在するわけではなく、また、必ずしも固定されてあるわけではない場合がある。実際、わたしたちは日常的に差別を「する／される関係」の中を生きているということも痛感される。帰属する社会を移動するとき、それまでマジョリティであった人たちはマイノリティになる。社会生活の中でマジョリティとしての属性をもち、構造的権力を行使しているある人は、差別をする側としてふるまいつつも、私生活における指向／嗜好の点でマイノリティであり、それを隠しているかもしれない。災害によって住む場所を失い、他地域に移動した人びとに誹謗《ひぼう》や排除が行われることもあるし、日常においては可視的ではなかった差別的構造が、災害時に尖鋭的なかたちで現出するケースも存在する（第Ⅱ部第9章「災害と生きづらさ」も参照）。何かのきっかけで、わたしたちはマジョリティとしてもマイノリティとしても分節されうる。実は常にそのように分節されうるような日常の中をわたしたちは生きているといっても過言ではない。差別をする／される可能性は反転し合い、ときに重層するものでもある。

以上のことから考えれば、特定の地域や集団を対象とするフィールドワークが必ずしも万能薬ではないことも見えてくる。差別される人びとへの調査は、差別を助長したり協力者に不利益を及ぼすことのないよう倫理意識や情報公開をめぐる細心の注意を要するが、同様に、差別をする側への調査も困難である。そもそも、インフォーマント自身が差別する当事者であるという事実を調査においてさらけ出すとはかぎらない。差別は恒常的に観察可能な事象や、常に聴取可能な情報としてあるよりは、文脈依存的で一回的な出来事として現出する側面をもっている。顕在的ではない意識や構造がどのように日常の中に潜んでいるのかを調査者は観察する必要があるといえるだろう。

では、なぜ／どのように差別が起きてしまうのか、差別をする／される関係はどのように生きられているのか、それを歴史次元化（何かの変遷のプロセスの横断面として現実を理解する見方）するにはどうすればよいのだろうか。フィールドワークの嗅覚とノウハウによって現実に肉薄することを最大限に重視しつつも、自己を調査研究の立脚点にするという「方法」、そしてアプローチの多方法性がここにおいて大きな意味をもつ。自己の日常や自身の生きる同時代の世相を問いの起点とする自文化研究の史学としての民俗学は、文書史料やメディア上の情報とフィールドとを往還し、支配的なイメージの構築過程を明らかにしたり、誤認をともなう社会通念を相対化したりすることに長けている。日常の中でわたしたちや周囲の人びとが差別的発想に陥ってしまう瞬間、そのような発想がどこからどのようにもたらされたものであるかを問うこともできる。それが誤りに満ちたものであるとして、そうではなくどのようにものを見たり感じたりすることができるのかを考えることもできるだろう。

近年の民俗学は「日常学」としてのポテンシャルをより豊かにするすべを模索しつつある。差別の根源は、そのような日常における自己内省と、社会に遍満する自明化した発想の絶えざる相対化によっても明らかにすることができるのである。

3．生きづらさの民俗学へ

「生きづらさ」を問う

ここまでみてきたように、初期の民俗学は貧困や生活の困難をも視野に含めていた。それはあまねく全ての人びとが、生活や人生の中で直面する障壁を乗り越えるための学問としての可能性を備えていた。しかし、当事者が自らを知るための学問としての可能性は必ずしも豊かには展開しなかった。

他方、民俗学は深刻な社会的課題として認識される諸問題に、具体的な調査を通して貢献することを試みてきた。それら成果の価値は疑うべくもないが、それらの研究が事象を特殊なものとして他者化する効果を果たしてしまうことにも注意が必要である。差別は、「わたし」とは無関係な、どこかで起きている出来事として捉えられてしまうこともあっただろう。むしろ、差別は、人が単一の属性を生きるのではなく、また、そのような属性が階層化され、そこに偏在する権力が作動することによって、「わたし」やわたしの家族、わたしの友人知人も含めて、常に「する／される」日常を生きているような関係の不均等への名づけであると考えられる。

現代の民俗学は、文化研究としての性格を堅持しつつも、「民俗」の記述から「人」の記述へと重心を移しつつあり（門田岳久「民俗から人間へ」）、必ずしも「日常」の構成物ではなくなってしまった伝統的な文化の態様よりも、「日常」の生きられ方、新旧の文化が「日常」化したり非「日常」化していくプロセスへの関心が強まっている。また、「民俗」は人の自由な考え方や生き方を拘束するものであり、それを相対化することを課題とする立場も現れている（室井康成『柳田国男の民俗学構想』）。

そうした問題意識のもとで注目されるのが、現代を生きる多くの人びとが多様な程度で認識する「生きづらさ」の感覚である。この言葉は当初は医療や福祉の文脈で、既存の枠組ではすくい上げづらい障害当事者の困難を表現する言葉として使用され始めた。やがて、「いわゆる「普通」の人びと」の「生きづらさ」（山下美紀『子どもの「生きづらさ」』）を包摂する社会学的概念に拡張されて、今日にいたる。草柳千早は生きづらさを「自分の生をよりよく生きたい、より快く、より楽しく生きたいという願い、欲望の表現」とみている。つまり、望ましく生きようとして生き得ないことから生じる感覚である。草柳自身はそこから社会問題として構成されることのない生きづらさに注目していく。

以上のように「生きづらさ」という言葉は多様な生の困難を包括する言葉として期待されたためか、その輪郭はきわめてゆるやかである。こうしたゆるやかさがマジックワード化することへの警戒を怠ってはならないが、加害と被害の間を変転しつつ、軽重の程度も様々な生活の苦痛を捉えるうえで、望ましく生きられないという生活者の認識は、民俗学にとっては問いの起点として重視すべきものと考えられる。社会的基準や客観的指標による分節ではなく、「生きられてある場」において、または生きてある「わたし」や「あなた」や「彼女／彼」らから問いを立てていくことができるからである。そこで問われるのは、バリアフルな日常のあり方のみではなく、何事かを障壁として現出させるような生活者の願いや欲望の所在でもあるかもしれない。

「何故に我々は……」

岩田重則は「人の一生」の中で、近代国家が要請してきた国民としてのライフコースと、必ずしもそれとは重ならない「民俗社会」またはムラのライフコースを対比させ、ムラの人生は「出身・属性・性別などに左右され、本人の選択肢が少な」いのに対し、国民としてのライフコースは「平等であるが単線的」で、それゆえに「おちこぼれ」として排除される人間を生み出すものであるとしている。出自によって生き方を決められ、したがって差別され、そこから脱することはできない社会にも「生きづらさ」はあり得ようが、フラットなところから始まった競争であるにもかかわらず、なんらかの理由で、時には自己の責任において、落伍していかねばならない社会にも「生きづらさ」がある。岩田は民俗社会の生き方から国民としての生き方への移行を議論しているが、いわゆる「親ガチャ」や文化資本による教育格差の問題がたびたび議論の俎上にのせられる今日の社会にも、出身・属性・性別などに左右される格差が存在する。このような競争社会の中の人の生き方と生きづらさを描くことも、これからの民俗学の重要な課題であるといえる。こうした問題については、地域やコミュニティを定めたフィールドワークはもちろん、前項でおさえたように、同時代の個々人の体験、またその集合性に注目することも可能である。たとえば、母という属性のもとで形成される「ママ友」という人間関係は必ずしも明確で恒常的なコミュニティのかたちをとらないが、同時代の人びとが心を悩ませる集合的な経験として調査することもできるだろう（「座談会：ママ友とはなにか」）。

　また、個々人が一生活者としてイヤだなと感じたり、つらいなと感じたこと、人から言われて不愉快だったこと、為そうとして為せなかったこと、そのような体験を持ち寄って打ち明け合うことも、問題発見の契機として重要な機会となる。それは愚痴の花が咲くストレス発散の機会にもなりうるだろうし、自分が孤独な懊悩《おうのう》に陥っていたわけではないことに気づき、心が救われる機会にもなる。そして、それのみならず、そのような体験の交換から「生きづらさ」の民俗学を立ち上げていくこともできるのである。その問題が「此世に普きもの」ではない場合があるにせよ、幾人かの人びとと共有しうるとき、わたしたちは人や自分や環境を責めることを越えて、そのような眼前の事実から問いを起こすことができる。

本章前半でみたように、柳田の研究動機は「何故に農民は貧なりや」というものであった。本書の読者は農業従事者ではないかもしれない。だとすれば、「何故に我々は……なりや」と読み替えて、彼の言葉を引き受ける必要があるだろう。「何故に我々は……」の疑問から始まる日常の史的把握は、わたしたち自身がより良い人生を選択していくうえでも重要であるように思われるのである。

むすびに

本章では民俗学という学問の特徴を日常学としての姿勢に求め、柳田國男の民俗学観、民俗学の差別・排除研究の経過、生きづらさの民俗学の可能性をおさえてきた。差別・排除という人権侵害は解決すべき明確な課題である。つまり、焦点としての性格を持つ言葉である。他方、生きづらさはファジーである分、誰しもがこの言葉を手がかりに、体験を持ち寄りうる、言わば「開く」性格の言葉であるともいえるだろう。もちろん、差別・排除に起因する生きづらさも存在し、また、差別・排除に起因して生命や人生を暴力的に奪い取られることは、生きづらさという言葉にはそぐわない。あえてこれらを総合して論じることは本書の一つの試みであるが、差別や排除をすること／されることの根源も、わたしたちが生活を送るこの日常の中にある、という実感がその動機である。

いずれにせよ、本章で見てきたように民俗学は「わたし（たち）」から問いを起こすこと、身近なところから問題を考える姿勢に、学問の特徴がある。あらゆる生活者が自身の生活上の疑問やつまずきから問いを立てられることに、その魅力があるのである。

本書の以下の各章にも、わたしたちの社会が抱える差別や排除といった課題、生きづらさなどの暮らしの中の困難について考えるための手がかりがちりばめられている。差別・排除・生きづらさという問題を、「語りづらいもの」として他者化せずに考える機会を提供することができるなら、本書もまた「問題の共同」の一つの試みとして、位置づけうるものになるであろう。

参考文献

赤松啓介『非常民の民俗文化――生活民俗と差別昔話』（ちくま学芸文庫）筑摩書房、２００６年。

伊東久之「「内なるもの」と「外なるもの」」佐野賢治他編『現代民俗学入門』吉川弘文館、１９９６年。

岩田重則「人の一生」常光徹編『妖怪変化』（民俗学の冒険３）筑摩書房、１９９９年。

岩田重則「民俗学と差別――柳田民俗学の形成および「常民」概念をめぐって」『日本民俗学』２５２、２００７年。

岡田伊代「「部落産業」をとりまく変化――東京都墨田区の皮鞣し業を事例に」『現代民俗学研究』12、２０２０年。

加賀谷真梨「民俗学におけるジェンダー研究の現状と今後の展望――「女性化」したジェンダー概念からの脱却に向けて」『日本民俗学』２６２、２０１０年。

門田岳久「民俗から人間へ」門田岳久・室井康成編『〈人〉に向きあう民俗学』森話社、２０１４年。

川北稔「若者の「生きづらさ」と障害構造論――ひきこもり経験者への支援から考える」『愛知教育大学教育実践総合センター紀要』12、２００９年。

草柳千早『「曖昧な生きづらさ」と社会――クレイム申し立ての社会学』世界思想社、２００４年。

倉石あつ子「家と女性」野村純一・三浦佑之・宮田登・吉川祐子編『柳田國男事典』勉誠出版、１９９８年。

倉石あつ子『柳田国男と女性観――主婦権を中心として』三一書房、１９９５年。

栗山一夫「『旅と伝説』の任務に関して」『旅と伝説』６（3）、１９３３年。

現在学研究会「座談会：ママ友とはなにか」『現在学研究』10、２０２２年。

小林初枝『被差別部落の世間ばなし――武州児玉の聞き書』筑摩書房、１９７９年。

今野大輔『ハンセン病と民俗学――内在する差別論理を読み解くために』皓星社、２０１４年。

桜木真理子「国立ハンセン病療養所栗生楽泉園の患者作業運営に見る制度的交渉」『現代民俗学研究』11、２０１９年。

篠原徹「特集にあたって」『日本民俗学』２５２、２００７年。

柴田道子『被差別部落の伝承と生活――信州の部落・古老聞き書き』三一書房、１９７２年。

島村恭則『〈生きる方法〉の民俗誌――朝鮮系住民集住地域の民俗学的研究』関西学院大学出版会、２０１０年。

瀬川清子「女性の分野」臼井吉見『柳田國男回想』筑摩書房、１９７２年。

辻本侑生「いかにして「男性同性愛」は「当たり前」でなくなったのか――近現代鹿児島の事例分析」『現代民俗学研究』12、２０２０年。

靍理恵子「日本民俗学とフェミニズムの「距離」――ジェンダー視点の導入がもたらすもの」『女性と経験』34、２００９年。

原田寿真「縁を結ぶ人々――国立ハンセン病療養所菊池恵楓園の弔い慣行から」『日本民俗学』２９６、２０１８年。

政岡伸洋「差別と人権の民俗」『日本民俗学』２５２、２００７年。

政岡伸洋「差別問題・被差別民と民俗学――その学問的意義と課題」八木透編『新・民俗学を学ぶ――現代を知るために』昭和堂、２０１３年。

宮田登『ケガレの民俗誌――差別の文化的要因』人文書院、１９９６年。

宮本袈裟雄『被差別部落の民俗』岩田書院、２０１０年。

室井康成『柳田国男の民俗学構想』森話社、２０１０年。

森栗茂一『河原町の民俗地理論』弘文堂、１９９０年。

柳田國男「郷土生活の研究法」『柳田國男全集』８　筑摩書房、１９９８年。

柳田國男「明治大正史世相篇」『柳田國男全集』５　筑摩書房、１９９８年。

柳田國男・荒正男他「日本文化の伝統について」『近代文学』12（1）、１９５７年。

山下美紀『子どもの「生きづらさ」――子ども主体の生活システム論的アプローチ』学文社、２０１２年。

第3章　生きづらさとインターセクショナリティ

辻本侑生

1. 生きづらさの個別性を理解するために

ある出来事があったとき、それがどれくらい「つらくて苦しいと感じるか」は、人によって様々である。もしかしたら読者のみなさんは、これまでの日常生活の中で、「自分はこれくらいの出来事は我慢できるのに、なんであの人は我慢できないのだろう」と疑問に思った経験もあるかもしれない。反対に、「自分はこんなにつらく感じるのに、どうして周囲の人たちは我慢できるのだろう」と思った経験もあるかもしれない。

本書が扱う、日常生活において経験される様々な生きづらさについて、全人類共通の指標を作ることはほぼ不可能であろう。どのような事象を「生きづらい」と感じるかは、各個人の感じ方や、各個人が置かれた社会・文化的背景などによって異なるからである。しかし、「生きづらさは人それぞれなのだから、その解決策は考えなくてもよい」というわけでは決してない。

毎日、自宅を出発して大学のキャンパスや職場に向かう道のりを考えてみよう。日々当たり前のように繰り返し歩く道のりに思えるかもしれないが、たとえば駅の雑踏は、身体や精神に障がいのある人にとっては、毎日、命がけで潜り抜ける難所のように感じられることもある。満員電車の中では、過去、性犯罪の被害にあった経験を思い出してしまう人もいるだろう。様々な理由によって長く不登校だった人にとっては、久しぶりの登校で、今にも引き返したくなっているかもしれない。自宅から大学や職場に向かう道のりにおいて、あなたが仮に生きづらさを感じないとしても、同じ道のりをたどる人の中には、日々生きづらさを感じている人が必ずいるだろう。そして、その背景には、障がい、ジェンダーなど、多様な要因が関わっているかもしれないのである。

このように生きづらさとは、個々人の多様な背景や経験に根差した、個別的なものである。こうした生きづらさの個別性を分析・理解し、少しでもその軽減に向けた解決策を議論していくうえで有用な視点が、本章で紹介するインターセクショナリティの視点である。

2. インターセクショナリティとは何か

インターセクショナリティ（交差性）は、生きづらさを生み出す様々な属性（section）が、複雑に交差（inter）している状況を理解するための概念であり、現代社会における差別や排除、そして生きづらさの問題を考えるうえで、欠かすことのできない重要な用語である。コリンズとビルゲによれば、インターセクショナリティの定義は多岐にわたるが、一般的な定義としては次のようなものとして示される。

インターセクショナリティとは、交差する権力関係が、様々な社会にまたがる社会的関係や個人の日常的経験にどのように影響を及ぼすのかについて検討する概念である。分析ツールとしてのインターセクショナリティは、とりわけ人種、階級、ジェンダー、セクシュアリティ、階級〔原文ママ〕、ネイション、アビリティ、エスニシティ、そして年齢など数々のカテゴリーを、相互に関係し、形成し合っているものとして捉える。インターセクショナリティは、世界や人びと、そして人間経験における複雑さを理解し、説明する方法である。

インターセクショナリティの考え方は、世界各地の様々な社会運動や研究が重なり合って生まれてきたものである。特に強い影響を与えたのは、黒人女性たちによる反差別運動、いわゆるブラック・フェミニズム運動である。近代以降、アメリカにおける女性の権利獲得運動は、フェミニズムという思想を形成しながら展開してきたが、当初フェミニズムを担った女性たちのほとんどは白人であった。そのため、フェミニズムは、男女差別の是正を訴えつつも、人種差別の解消はその射程に入っていなかったのである。１９７０年代以降、人種差別と男女差別の双方の抑圧を受ける黒人女性たちは、人種差別を射程に入れないフェミニズムの動向に抗し、自らに固有の経験をもとにブラック・フェミニズム運動に乗り出した。こうした動きに加え、たとえば性的マイノリティと障がい者の交差性を問う「クリップ・セオリー」と呼ばれる理論など、多様な観点から議論が積み重ねられて発展してきたのが、このインターセクショナリティの考え方である。

コリンズとビルゲの定義から読み取ることができるように、インターセクショナリティは人びとの日常的な経験に着目し、交差する様々な属性によってもたらされる経験の複雑さを理解しようとする考え方である。このことを理解するための一例として、ごく卑近《ひきん》な例ではあるが、筆者自身の事例を入り口として考えてみたい。

筆者は2022年1月から青森県の地方都市で暮らしているが、自動車の運転免許を所持していない。そのため、引っ越した直後から「運転免許がないと暮らしていけないよ」とあらゆる人に、数えきれないほど言われてきた。また、「男なら自動車を持っていないとね」という前提の会話が交わされることも少なくはない。運転免許証を取得するつもりのない筆者の場合は、徒歩や公共交通機関での移動等で対応できているが、たとえば都市部等からスキルや意欲を持った人材を任期付きで採用する「地域おこし協力隊」の募集要項をみても、「普通運転免許証を有していること」が応募の必須条件となっている場合も多い。一民俗学者としては、日本の農山漁村地域において自動車が「必須」となったのは、たかだかここ数十年のことであるようにも思うのであるが、「免許がないと暮らしていけないよ」というメッセージは、移住人材を迎え入れる自治体から公式に発されるものとなっているのである。

しかし、たとえば「運転免許がないと暮らしていけないよ」という声がけにおいては、視覚障がいがあって運転が難しい人の存在は想定されていない。また、たとえば精神疾患を有している人の場合、向精神薬を服薬していれば、眠気のため、やはり自動車を運転することは難しいだろう。精神疾患が原因の場合、「免許を取らないの?」と会うたびに声をかけられても、「実は精神疾患があるので……」とは答えにくく、「そうですね、そのうち取ります……」と苦笑いすることしかできないかもしれない。さらにたとえを重ねれば、性的マイノリティはストレスによる自殺リスクが高いと複数の研究によって指摘されており、精神疾患を有していることは、セクシュアリティなど、他の属性と関連している可能性もある。

このように、「自動車の運転」という日常生活の当たり前に見える営みにも、インターセクショナリティの考え方を踏まえれば、障がいや疾患、ジェンダー、セクシュアリティなどが複雑に交差し、生きづらさが出現していることが浮かび上がってくるのである。

3.「1＋1」ではない生きづらさの経験を理解する

インターセクショナリティの考え方のポイントの一つは「生きづらさの経験は、1＋1＝2ではない」という点にある。たとえばある属性Aを有していることによって受ける生きづらさを「1」とし、また属性Bを有していることによる生きづらさを「1」とすれば、属性Aと属性Bの双方を有している人は、足し合わせて「2」の分量の生きづらさを経験している、と考えたくなるかもしれない。しかし、インターセクショナリティの考え方はそのようなものではなく、属性A・属性Bの双方を有している人にしか経験し得ない、固有の差別や抑圧がある、と捉えるのである。

このことを理解する具体例として、「被差別部落出身」と「性的マイノリティ」という二つの属性を有している人が、「結婚」という事象を通して、どのような経験をするのかをみてみよう。現代日本では、原則として異性同士であれば、双方の合意によって好きな人と結婚することができる制度になっている。しかしながら現代日本においては、依然として、被差別部落出身者に対する結婚差別があることが知られている。結婚相手が被差別部落出身であると判明した場合、家族等がその結婚に反対し、最悪の場合は破談になるケースは、今でも少なくない。こうしたことから、部落解放に関わる多くの当事者・支援団体は、結婚差別の根絶を掲げ、普及啓発活動を続けてきている。

結婚差別に反対する部落解放団体等は部落差別を乗り越え、好き合った人と結婚できる社会を目指しているが、この目標においては基本的に異性同士の結婚が想定されている。そのため、被差別部落出身であり、かつ現行制度において結婚することのできない同性愛者にとって、事態はより複雑である。たとえば、雑誌『部落解放』には、被差別部落出身者であり、かつトランスジェンダー当事者である田中一歩による、次のような文章が掲載されている。

ぼくの生まれ育ったコミュニティはとてもつながりが強かったんですね。その強いつながりは、厳しい部落差別と闘うために、自然とできたものだと思っています。たとえば学校の帰り道、「おかえり」「気ぃつけて帰りや」「ごはん食べたんか?」とだれもが声をかけてくれる地域でした（中略）。そしてそんな温かい言葉かけのなかには「彼氏できたんか?」「彼女おるんか?」「久しぶりに帰ってきたんやなあ、おかえり。結婚せえへんのか?」「子どもできたんか?　おめでとう!」という言葉がありました。部落に対する差別のなかに、結婚差別があります。ぼくのムラのなかにも結婚差別にあった人たちがいます。そんなムラの人たちにとって自分の子供や孫が好きな人と結婚できるっていうのは、本当に幸せなことなんですよね。だから、そういった言葉かけが多くなるんだと思います（中略）。日常的な温かい言葉かけのなかで、ぼくはどうしても自分が性について悩んでいることを言うことができなかったんじゃないかと思っています。

ここでは、結婚差別と闘ってきた被差別部落のコミュニティだからこそ、彼女はいるのか、結婚はしないのか、といった仲間内での言葉がけが大きな意味を持ち、「結婚すること」こそ「本当に幸せなこと」であると捉えられている。しかし、被差別部落の出身者であることに加え、性的マイノリティ当事者でもある場合には、「彼女はいるのか、結婚はしないのか」という言葉がけを受けることは、コミュニティにおける理想の価値観と自身のセクシュアリティとの矛盾を突き付けられる、非常につらい体験となるだろう。被差別部落出身かつゲイ当事者である森雅寛も次のように述べている。

解放教育の実践の中で、「差別に負けない仲間づくりをしよう」というスローガンが掲げられ、実践として「しんどいことをなんでも仲間に話し合う」ということが行われていました。しかし、このことが逆に僕を苦しめました。仲間に自分の性的指向のことを話すことができず、それが仲間を裏切っているような気持ちになっていったのです。

もちろん、既存の部落解放運動や解放教育の実践は、固有の歴史的文脈に基づく長い蓄積があり、ここで紹介している事例をもって、直ちに外部の立場から批判できるようなものではない。とはいえ、「被差別部落への差別」と「性的マイノリティへの差別」は、「1＋1＝2」ではなく、双方の生きづらさが複雑に交差し、「被差別部落出身者かつ性的マイノリティ当事者」にしか経験されない固有の生きづらさを生み出していることも確かである。差別や排除をめぐる問題においては、しばしば「差別を受けている者同士であれば、無条件で連帯できる」というような考えも聞かれるが、インターセクショナリティの考え方を踏まえれば、現実はそう単純なものではないと理解できるだろう。インターセクショナリティは、一つの属性に着目するだけでは光を当てることのできない生きづらさを理解するために、不可欠な視点なのである。

4. 異なる属性が交差する状況を理解し、自分事として捉えること

さきほど筆者は、インターセクショナリティの考え方に基づけば、「差別を受けている者同士であれば、無条件で連帯できる」といった考え方はあまりにも単純すぎると述べた。他方で、インターセクショナリティの考え方を踏まえると、一見対立している異なる属性同士が、交わり、時に連帯していくような状況をも理解することができる。

このことを、沖縄の米軍基地の問題から考えてみよう。第二次世界大戦における悲惨な地上戦を経て、沖縄は米軍によって軍事占領され、１９７２年の返還後も米軍基地が置かれている。そして、駐留する米兵によって、沖縄に暮らす女性への性加害、さらには殺人といった行為がみられることが、深刻な社会問題となってきた。

しかしながら、沖縄に駐在する米軍の内部にも、深刻な人種差別が存在してきた。歴史学者の高内悠貴は、戦後に発生した米兵による沖縄女性への加害事件の裁判記録を分析し、アメリカ政府が、黒人米兵に対して白人米兵よりも過大な刑罰を科してきたことを明らかにした。この事実から高内は、アメリカの軍事主義が、沖縄の人びと、女性、そして黒人という、複数の属性の人びとの命を同時に軽視してきたと指摘している。そして2020年5月にアメリカ合衆国において、黒人男性のジョージ・フロイドが白人警察官に頸部を押さえつけられて殺害された事件を機に、黒人男性の命を軽視する人種主義に立ち向かおうとする「ブラック・ライヴズ・マター」の運動が世界各地に広まった。高内が紹介しているとおり、ブラック・ライヴズ・マターへの連帯は沖縄にも広がり、沖縄の人びとは「米軍＝加害者／沖縄の人びと＝被害者」という対立構造を超えて、アメリカとの悲惨な地上戦を経て形成されてきた反戦思想である「命《ぬち》どぅ宝」（命こそ宝）に加え、「ブラック・ライヴズ・マター」のサインを持って、集ったのであった。

この沖縄の事例は、人種差別と女性差別、そして沖縄への差別が交差し、命を軽視する軍事主義に対抗している事例であると理解することができる。しかし、やはり単純に「差別を受けている者同士が連帯した好事例」と理解することは不適切であろう。高内が警鐘を鳴らすとおり、基地の隣で暮らしているわけではなく、日常的に人種差別の被害にもあうことのない大多数の日本人にとって、「命どぅ宝」と「ブラック・ライヴズ・マター」の連帯を他人事の美談として捉えるべきではない。

軍隊にみられるような制度的な権力が有する暴力性、そして命の軽視は、決してわたしたちの日常から縁遠いものではない。たとえば現代日本では、行政機関の窓口において、「生活保護を受けたい」という住民を前にして、担当者が威圧的な態度をとったり、追い返してしまったりする事象が、しばしばニュース等で報道されている。生活保護にいたる背景は多くの場合、本人の怠惰ではなく、貧困、疾患、障がい、依存症、暴力など、差別や抑圧が連鎖する、まさにインターセクショナリティの視点から理解すべき複合的な背景に満ちている。にもかかわらず、生活保護行政はそうした複雑な背景を無視し、命の危険にさらされた住民を「怠惰な人びと」として単純化し、追い返しているケースがみられるのである。しかし、そうした行政職員のみを責めることもできない。なぜなら、窓口業務を担当する行政職員自身も、非正規や長時間労働、低賃金といった過酷な労働条件にあることが多いからである。

こうした複雑な状況において、インターセクショナリティの視点を踏まえた新たな考え方として、近年の福祉行政で着目されているのが、坂本いづみらが紹介する「反抑圧的ソーシャルワーク（AOP：Anti-Oppressive Socialwork Practice）」である。坂本らによれば、反抑圧的ソーシャルワークの先進地であるカナダでは、先住民や移民が多く、行政実務上、マイノリティが受けてきた抑圧の歴史を理解することが欠かせない。そうしたカナダの社会・文化的環境のもとで発展してきた反抑圧的ソーシャルワークの考え方においては、福祉行政の現場で生じる貧困、疾患、障がい、依存症、暴力などの多様な事象を、インターセクショナリティの視点を踏まえ、マイノリティへの歴史的な抑圧の文脈を無視することなく、それぞれの固有の経験として理解し、支援しようとする。そして、支援を行う行政職員自身も、自らがどのような抑圧を受けている当事者であるのかを認識し、自らの苦しみの矛先を支援の対象者に向けるのではなく、生きづらさをもたらす社会構造全体の批判へと向ける必要性が説かれている。

沖縄の米軍基地と生活保護行政の二つの例からは、現代日本においても深刻に生じている「命への軽視」に対抗するうえで、複数のマイノリティの交差性に基づく連帯が重要であるということ、そして、そうした交差性を他人事として捉えるのではなく、自分事として捉える必要性が見えてくる。冒頭述べたように、生きづらさは統一の指標で測ることのできない、個別的なものである。個別的なものであるからこそ、「他人の生きづらさは、自らに関係ない」と捉えるのではなく、自らの生きづらさをもたらす交差性と、他者の生きづらさを取り巻く交差性のいずれをも理解したうえで、自他の連帯によって、生きづらさをもたらす要因を解消していく必要があるのではないだろうか。

5. これからの民俗学とインターセクショナリティ

本章では、インターセクショナリティという概念を切り口として、通学路や自動車の運転といったごく日常的な場面に始まり、「結婚」をめぐる複数のマイノリティ属性の交差による葛藤、そして軍事主義や生活保護といった「命」をめぐる社会問題まで、様々なテーマを取り上げてきた。ただし、いずれのテーマにおいても「民俗学」による研究成果が紹介されていないことに、違和感を持った読者もいるのではないだろうか。最後に、これからの民俗学におけるインターセクショナリティ概念の可能性について触れておきたい。

現代の人文社会科学においてインターセクショナリティの視点は徐々に浸透してきており、たとえばドイツの民俗学においては、ベアーテ・ビンダーが述べているように、インターセクショナリティの視点からのジェンダー研究が盛んに行われている。日本の民俗学も、これまでインターセクショナリティという概念を用いて議論を蓄積してきたわけではないが、これまでの研究蓄積の中には、インターセクショナリティの視点から読み解くことのできる研究蓄積が数多くある。たとえば民俗学者の戸邉優美は、宮城県牡鹿半島において「女講中」とよばれる伝統的女性集団について、詳細なフィールドワークに基づいた民俗誌を執筆しているが、その中には、日本人男性との結婚のためにフィリピンから牡鹿半島に移り住んできた女性たちの姿が描かれている。伝統的な集団の残る地域社会の中で外国人女性がいかに暮らし、そして２０１１年の東日本大震災を経験したのかを見据える民俗誌の記述は、女性、外国人、そして被災者という複数の属性の交差を問う、インターセクショナリティの視点と通じ合うものであろう。

ハンセン病療養所において長くフィールドワークを続けてきた人類学者・民俗学者の桜木真理子は2020年の論文の中で、「私たちがフィールドについて知れば知るほど、不当な扱いをされている人びとや、他者化されたカテゴリ、不可視化された女性、性的マイノリティ、若年層、老年層、障害者、よそ者、あるいはこのようなカテゴリにも属さない人びとの存在が顕在化してくる」と述べている。桜木が指摘しているとおり、民俗学を学ぶわたしたちが向き合うフィールドや、民俗学者たちが働く博物館や行政機関、教育現場、企業の現場は、単純な理解を許さない、複数の属性が交差した人びとの複雑な経験に満ちているといえよう。

こうした問題意識を踏まえて、本書『生きづらさの民俗学』では、出自・職業、エスニシティ、ジェンダー・セクシュアリティ、エイジズム、病気、障がいなど、様々なテーマを取り上げている。まずはそれぞれの章を読んで、個別のテーマについて理解を深めてもらうことが必要であるが、できればインターセクショナリティの視点を踏まえ、各章の内容を交差させながら、どのテーマとどのテーマが重なり合うのか、読者のみなさんの中で議論をさらに深めていただきたいと考えている。なぜなら、インターセクショナリティの考え方を、民俗学を学ぶわたしたち自身が血肉化し、自分事として研究や実践の中で考えていくことは、まさにこれから取り組んでいくべき、現在進行形の大きな課題だからである。

参考文献

コリンズ、パトリシア・ヒル＆ビルゲ、スルマ『インターセクショナリティ』（小原理乃訳、下地ローレンス吉孝監訳）人文書院、2021年。

坂本いづみ・茨木尚子・竹端寛・二木泉・市川ヴィヴェカ『脱「いい子」のソーシャルワーク――反抑圧的な実践と理論』現代書館、2021年。

桜木真理子「「日常」は何を照らすのか」『現代民俗学研究』12、2020年。

髙内悠貴「ブラック・ライヴズ・マターと命どぅ宝」『現代思想（特集号）ブラック・ライヴズ・マター』、2020年。

田中一歩「知ること、そして出会うこと――トランスジェンダーであり、被差別部落出身の立場から」『部落解放』774、2019年。

戸邉優美『女講中の民俗誌――牡鹿半島における女性同士のつながり』岩田書院、2019年。

ビンダー、ベアーテ「(Un) Doing Gender――ヨーロッパ民族学・文化人類学における交差性ジェンダー研究」（金城ハウプトマン朱美訳）『日本民俗学』299、2019年。

森雅寛「自分を取り戻す営み――ゲイとして生きるまでの僕の半生」『部落解放』711、2015年。

第Ⅱ部　生きづらさを民俗学する

第1章　選べない出自と阻まれる職業選択

部落差別の事例から

岡田伊代

はじめに

子どもの頃、将来の夢を作文に書いた人は多いだろう。その夢は非常に自由で、金銭的な事情にも、身体能力や学力にもあまりとらわれないものだったかもしれない。しかし、その選択が生まれた家や地域によって決まっていたらどうだろうか。

江戸時代まで日本には身分制度があり、基本的には身分によってどのように生きていくのかが決まっていた。身分と職業は紐づいていて、身分・職業・居住地の三位一体によって当時の人びとの地位は固定化されていた。なかでも、賤視《せんし》されてきた人びとが担ってきた職業は、近代に入っても侮蔑《ぶべつ》的なうわさをされたり、偏見の目にさらされることも少なくなかった。そして、現在もそれは完全になくなったわけではなく、時折その仕事を担う人たちを不快な気持ちにしたり、脅迫などにより生命を脅かしたりしている。

この根本的な問題として、部落差別、または同和問題とよばれる人権問題がある。部落差別とは、法務省によると

日本社会の歴史的過程で作られた身分差別により、日本国民の一部の人びとが長い間、経済的、社会的、文化的に低い状況に置かれることを強いられ、同和地区と呼ばれる地域の出身者であることを理由に就職などの日常生活の上で差別を受けたりするなどしているわが国固有の人権問題

と定義されている。そもそも「部落」とは集落を指す言葉であり、広く一般的に用いられている。ここで言う部落差別とは、「被差別部落差別」の略称であり、特定の集落の居住者、出身者、血縁者であることを理由に、様々な場面で一方的に不利な状況にされてしまう差別を指している。部落問題は近世以前に起源を持ち、現代になった今でも当事者たちの人生に様々な影響を与えている。

と、ここまで読んで、読者の中には「いやいや、昔の話でしょ」とか、場合によっては何のことかわからないという人もいるかもしれないので、ここでわたしの体験を一つ紹介しよう。2015年、大学4年のわたしは一人で巡検のために関西地方を訪れていた。その途中、関西の大学へ進学した同い年の友人と久々に再会し旅程を伝えたところ、とある地名を聞いた友人が「そこ、ヤバいところなんでしょ？　わたしたちが肝試しに行く場所だよ」と言った。わたしの旅程は関西の被差別部落にあ

る色々な博物館をめぐるもので、行先のうちの一つの地名を聞いた友人に、そのような反応をされてしまったのだった。わたしや友人は東京都出身で同和教育を受けた経験がない。一方で、その友人の進学した関西地方では小・中・高校や大学でも同和教育がなされている。同和教育による効果は様々認められるが、長い時間をかけて教育を施し、倫理観を身に付けさせることができたかのように見えても、それは人前での教科書的な立ちふるまいを身に付けさせただけで、無意識に抱いている差別意識を払拭することは難しいのだ、という現実をそのとき垣間見たような気がした。被差別部落に対する悪いイメージを植え付けられた友人が、人目もはばからず、なんの疑問もなくそのような言葉を発する人になっているというのは大きな衝撃だった。これはたった8年前の話である。

人が誰かを差別をするとき、一方的なイメージの中に特定の人びとを位置づけ、認識し、排除している。法律によってハード面が改善される一方、肝心のソフト面における差別は続き、今ではオンライン上などの非対面による差別問題が発生している。表面的に減ったように見える部落差別だが、このように残念ながら依然存在しているのが現状だ。今でもなお封建的な身分制度と仕事との間に差別的な相関関係が見出されることも少なくない。また、年々状況が悪化している経済的な格差問題においても、生まれによってその後の人生選択が左右される人びとが少なからずいるのが現状である。

日本ではどのように出自と職業が結びついて社会が構築されてきたのか。それにより何が問題となってきたのか。部落差別は昔の話として処理することはできない。それを今を生きるわたしたちの問題として一緒に考えてみよう。

1．歴史的背景――被差別部落と仕事

太平洋戦争後に民法が大きく改正されるまでは、人びとは家単位で代々受け継がれてきた仕事をして、生計を成り立たせ、そしてそれぞれの家を永続させることを重視していた。身分も原則として世襲制であり、家名とともに代々同じ身分を継いできた。江戸時代には武士などの支配層の下に、町人や百姓などの市民層がおり、そしてこれらとは異なる個別の身分としてエタ・非人などと呼ばれた賤民身分が置かれ、勝手に身分を変更することは許されなかった。古代から人びとを区別する身分制度は存在したが、この江戸時代における身分制度が現在の差別問題につながっている。

人びとの所在や身分は寺請制度により地域の寺によって記録・管理されていた。奉公による転居、商売のための移動といった理由や、寺社参拝など認められた理由を除くと、移動には常に藩への厳しい申請・許可を必要とした。このように、制度上、自由な移動は難しく、人びとと土地・身分とが密接に結びついていた。

では、そのような管理下において、賤民身分の人びとは何を生業としていたのか。かつては、「部落産業」などと言って、賤民身分特有の仕事をしてきたことに焦点があてられがちだったが、歴史学

や民俗学などの研究成果によって近年その認識は現実とは異なることが指摘されてきた。つまり、彼らは、周辺地域と同じような仕事と特有の仕事とを組み合わせていたのである。たとえば、農村の中にあれば農業、漁村の中にあれば漁業が生業のメインとなる。ただし、土地が痩せているまたは狭いために収穫量が少なかったり、居住地が水害などの自然災害にあいやすかったり、漁場や漁業権に制限があったりと身分に伴う様々な悪条件がともなった。そのため専業とすることは難しく、いくつもの仕事を組み合わせて生活を成り立たせてきたことが宮本袈裟雄《けさお》の調査でわかっている。また、身分特有の仕事としては、農耕で使役した斃《へい》牛馬の処理、皮細工、死体の火葬、堰《せき》の番、川の渡しなどがあげられる。２０１６年に関東の被差別部落の農村でお話をうかがった際、「いつまで牛馬の処理をされていたのか」とたずねたところ、「ヤンマー（大手農機メーカーおよびその農機）が出てくるまでだよ」と回答を得たことがある。大型の農耕機械が日本で広く使用され始めたのは昭和40年代で、今から約50年前となる。当時は戦後復興から経済が成長していく時代であった。新たな素材の登場、工業の発展により、大量消費社会へと人びとの生活が大きく変わった。それまでは、江戸時代と同様に農業における動力として牛や馬は欠かせなかった。死んだ牛や馬の処理をする役割を、農業機械が登場するまでは担っていた、ということがうかがえる。

では、都市ではどのような仕事があったのだろうか。彼らは江戸時代、公的な仕事を負担することがあった。たとえば、警護として犯罪人の捕縛、仕置場と呼ばれる処刑場における死体の処理、都市以外の場所と同様に斃牛馬の処理と、武具や生活用品としての皮革の加工や流通などがあげられる。これらは特権化された仕事で、彼らのみが就業を許されていた。その他にも、紙くず買いをはじめとしたリサイクル業者、民間宗教者、芸能者などもあり、都市における賤民身分の仕事は都市機能を支えるものから信仰や娯楽に関わるものまで多様であった。

このように、近世における封建的な身分制度においては、身分の変更は難しく、仕事は身分によってある程度決まっており、生まれた地域を移動することも難しかった。それぞれの生まれに基づく身分とそれに準ずる上下関係は、切り離せないものだったと言えるだろう。

2. 近代と職業選択――法整備と日常のギャップ

明治時代になり、いわゆる解放令が発令されたことで江戸時代の身分制度は解体された。支配層・被支配層が平等となる「四民平等」がうたわれたが、最終的には士族・華族といった身分が残り、市民層・賤民層は平民という階級へならされたにすぎず、被差別部落の人びとの差別はなくならなかった。

一方、大日本帝国憲法では、職業選択の自由について直接的な規定はなかったものの、特別な制度もなかったため制度上全ての人びとは自由に仕事を選べるようになった。結果として、賤民身分が担った仕事のあり方も大きく変化した。たとえば、警護の仕事は士族による邏卒《らそつ》（現在の警察の前身）という職業となり、被差別部落の人びとは市場からはじき出された。皮革産業にも資本が潤沢な士族が参入したことで、結果的に資本が乏しい被差別部落の人びとは丸腰同然で競争市場に投げ出された。このような差別による経済的困窮や差別そのものを改善すべく、1922年全国水平社が結成された。

また、従来の業種だけでなく、新たな仕事へ就労しようとするときにも、法律上の問題はなかったが、それでも被差別部落出身であるという出自のために実際はうまくはいかなかった。たとえば1926年、福井県小浜市の病院では薬剤師資格を持つ被差別部落出身者が採用ののち1日も出勤せずに解雇になった。病院は、水平社からの批判を回避するために一度は採用したものの、被差別部落の者を採用するなら辞職する、と言い出す者が出たり、組合会議員が総辞職の意を示したりしたため採用を取り消している。それに対して交渉が行われたが、再度採用されることはなかった。

このように、明治時代以降、制度上では自由に仕事を選べるようになったが、被差別部落は代々担っていた仕事の独占権を取り上げられて経済的に不安定になり、また就労においても出自を理由に希望の職に就けないなどの問題が浮上することとなった。つまり、人びとの被差別部落を忌避する慣習や意識が、憲法や法律の理念よりも強固に、社会のあり方に作用していたという現実があったのである。

3．晒される被差別部落と顔の見えない関係

戦後、日本国憲法が新たに制定され、誰でも公共の福祉に反しない限り、居住、移転及び職業選択の自由は保障されることが明記された。被差別部落の人びとも、1950年代以降、集団就職により別の地域で就職をすることもあった。1960年代以降は、同和問題解消のための運動も高まり、社会的にも被差別部落の人びとをあからさまに差別することが許されなくなっていった。具体的には、1968年に江戸時代の身分がわかる壬申《じんしん》戸籍の他人による閲覧が禁止されたり、入社希望者の身辺調査が難しくなったりした。しかし、被差別部落出身者を排除しようとする企業は依然として存在し、その需要にこたえるように『部落地名総鑑』が作られ、極秘に流通していった。同書は約5300か所の被差別部落の名前、所在地、戸数、主な職業等が自治体別に記載された、辞書のような本であった。こうした書籍が最初に発見された1975年から調査が行われ、8種類の『部落地名総鑑』が販売されていたことや、作成・販売者が興信所や探偵社などの調査業者であったことが発覚した。購入者は企業の採用担当にとどまらず、子どもの結婚相手の身辺調査のために個人が購入する場合もあった。発見されるたびに回収された『部落地名総鑑』は、時代に合わせて形状を変え、フロッピーやCDになって繰り返し流通してきた。その後、インターネットの登場により、被差別部落の情報はネット掲示板などを通して不特定多数の人びとに共有されるようになる。2016年には被差別部落

のまとめサイトを作っていた人物が『部落地名総鑑』を書籍として復刻・販売しようとし、加えてネット上で情報を公開したことで、人権団体や当事者から提訴された。2021年には書籍の再販が差し止めされ違法性を指摘する地裁判決が出ている。ネットの普及以前でも、被差別部落と関連する仕事の事業者へ差別的な文言や脅迫を示唆するような内容のはがきが送られる、差別発言をする電話がかかって来るなど、顔の見えない人たちからの出自・仕事を理由とした差別問題はあった。そのため、被差別部落の情報が開示されることは、そこに暮らす、あるいは被差別部落と関係のある仕事に就労する人びとの人生や生活を脅かすことにつながることから、2016年には「部落差別の解消の推進に関する法律」が施行され、ネット上での出自のアウティングにつながるような行為についても言及がなされた。しかし、現在も不動産業者の口コミサイトには被差別部落への差別的な書き込みがあったり、奇妙な場所としてかたよった意見を発信するブログを公開したり、地域を撮影して動画サイトに載せるなどの行為がみうけられる。たとえば、皮鞣《なめ》しを地場産業とするある地域もネット上で好奇の目に晒されている。

第Ⅲ部第1章「話者と見つける研究視点」でも紹介している地域では、皮革加工のうち、皮鞣し業を担っていることから、町のあちこちで生の動物の皮が保管されている様子や、それらを加工している工場を見ることができる。また、長屋や工場の建物も地域特有の風景として認識され、ネットには写真が掲載されたり、町の様子や工場からの薬品などのにおいが、書き手の感性を交えて紹介されてたりしている。不動産サイトの口コミ欄などでは、被差別部落についての言及や、皮鞣し業と被差別部落との歴史的関係をもって差別的に表象し、「住むところではない」などという書き込みも見受けられる。このような書き込みはサーバー提供元やサイトの管理者によって削除されることなく、コンテンツの一つとして不特定多数の閲覧者たちへ提供されている。ネットにより大量の情報が一瞬で拡散され、顔の見えない関係における差別問題が増加している。

このような顔の見えない関係性は、地域社会においても発生している。先述の地域では、近代以降、町中の人びとが皮革産業に従事してきたが、昭和末期頃から工場が少しずつ廃業し始め、跡地に住宅が建つようになった。地域で就労している新たな住民と従来の住民や地域内の就労者たちとの関わりはとても少ない。日常的な交流がなく、出会うことのないまま、時に工場従業員へ暴言がはかれることもあった。匿名の嫌がらせの電話がかかってきたり、臭気や騒音への不満を役所を経由して報告されるなど、発言者と皮革産業従事者が直接対話することができなくなってもいるという。従来であれば、こうした状況に対して、皮革産業への無理解の表れという部落差別の問題として捉え、対話することで相互理解を深めるよう取り組んできた。しかし、現在では交流もなく、発信者も特定できないため、従来の方法で解決することは難しくなってきた。加えて、同和問題を知らない人びとの増加によって顔が見えている人同士であってもこれまでどおりの理解を求めることも難しく、皮革産業への職業差別の理由のあり方が多様になりつつある。

このように、戦後は、被差別部落の場所が特定されることで本来自由に就労できるはずの人びとの人生が阻害されてきた。従来のように対面の関係性において、露骨な差別意識や、差別をすることへの抵抗の無さが見受けられれば、差別をした人や団体、差別の理由や構造をつきとめ、問題点を整理して直接的な対話をすることができた。しかし差別問題の舞台がインターネットという水面下へ移りゆくなかで、直接交渉ができないままに今までのように特定の職業と被差別部落との関連性から差別にあうだけでなく、該当する職業そのものへの差別がネットを通じて再生産され拡散されている。出自によって就労を阻害される可能性が減っても、どこかで出自を悪用されるリスクは増えていると言えよう。好奇心を駆り立てる情報の渦の中で、誰もが差別し、差別をされている可能性があるのかもしれない。

おわりに

本章では出自と職業の関係性に歴史的な経緯があったこと、法整備をしても職業選択が自由になることは難しいこと、出自と職業にまつわる差別問題は表面化しづらくなっただけで消滅はしておらず、むしろ今まで以上に不特定多数の人たちにコンテンツとして消費されて拡散されていることを紹介してきた。代表的な事例として部落問題を取り上げてきたが、出自による職業選択の不自由、または職業への差別の理由はそれだけだろうか。

家族構成や世帯収入、家族の職業や、住んでいる環境など様々な要因によって人生の選択肢は増えたり減ったりする。子どもの頃に制限なく夢見た職業を実際には選べない、望めない理由は一体どこにあるのだろう。

また、仕事について、あなたは友達との会話の中でどのような評価をしているだろうか。どうしてそのその仕事に就きたいのか、または就きたくないと思うのか。どうしてあなたの身近な人は特定の仕事を回避してほしいような言い回しをするのだろうか。

本籍地から人間性を判断しなくなったものの、企業は現在、新たな排除要素を生み出し、そしてそれを回避しようと、入社志望者の学生時代のＳＮＳを探して素行調査したり、適性検査と称して性格を判断したり、子どもの頃の生活を聞くなどして家庭の様子を探り、就職希望者の能力とは異なる面をあの手この手でジャッジしている。

このような社会において、職業を本当の意味で自由に選択できるようになるのだろうか。そもそも偏見なく職業を認識するとはどういうことなのだろうか。わたしたちは水面下で職業と出自とがますます紐づけられていく社会の中を気が付かぬうちに生きているのではないだろうか。

参考文献

解放新聞「「部落地名総監」差別事件発覚から40年」２０１５年4月20日版、２０１５年。

京都部落史研究所編『近代に生きる人びと――部落の暮らしと生業』阿吽社、１９９４年。

福井県編『福井県史　通史編5　近現代一』福井県、１９９４年。

宮本袈裟雄『被差別部落の民俗』岩田書院、２０１０年。

第2章　「多文化共生社会」の中の生きづらさ

川松あかり

はじめに

近年、いたるところで「多様性」の価値が謳《うた》われるようになった。2021年の東京オリンピック・パラリンピックで「多様性と調和」がそのヴィジョンの一つに掲げられたことは、記憶に新しい。ビジネス界では、世界的に「ダイバーシティ&インクルージョン」（多様性と包摂）が注目されている。日本でも、2017年に経済産業省が「ダイバーシティ2・0行動ガイドライン」を発表した。同省によると、「「多様な人材」とは、性別、年齢、人種や国籍、障がいの有無、性的指向、宗教・信条、価値観などの多様性だけでなく、キャリアや経験、働き方などの多様性も含」むものであり、経営におけるダイバーシティ推進は待ったなしで進めなければならない。なぜなら、多様性こそが組織に創造性とイノベーションをもたらすからだ。今日「多様性」は世界共通の価値となっているのである。

この「多様性」を特に人種・国籍・民族の文脈で主張するのが「多文化主義」や「多文化共生」というスローガンだ。様々な文化を持った人びとがともに生きていくべきだ、という主張に疑問を持つ人はあまりいないだろう。しかし、多様性・ダイバーシティと「多文化共生」が称揚され、推進される現代社会だからこその「生きづらさ」もまた存在するように思われる。そこで、本章では「多文化共生社会」という規範が自明視される現代日本の「生きづらさ」とはどのようなものかを考えてみたい。

1．単一民族国家日本？

ところで、読者のみなさんは、自分の「民族」が何か考えたことがあるだろうか。「民族」の定義はそれ自体長年議論されてきたものであるが、ここでは大雑把に「言語や慣習・歴史を共有し、共同体としてのアイデンティティを持っている人びとの集団」のこととしておこう。一般に日本で「民族」といえばアイヌの人びとのような少数民族がイメージされ、自分自身は「何民族でもない」と考える人は結構多いと思う。有名な政治家が日本は単一民族国家だと言って問題になったこともあるが、実際マジョリティの日本人は、普段自分が何民族であるかほとんど考える必要がないのだ。この事実は、日本は単一民族国家であるという考えがいかに現代日本人の意識に染みついているのか、そして、日本で民族的マイノリティの人びとの存在がいかに不可視化されているのかを物語っている。

しかし、実は単一民族国家日本というイメージが定着したのは、そう古いことではない。歴史社会学者の小熊英二は、明治期から戦後にかけて日本人の起源がどのように論じられてきたかを概観し、今日一般化している日本人の「単一民族論」は第二次世界大戦後、1960年代に入ってから浸透していったものであると結論づけている。敗戦までの日本では、「八紘一宇」などというスローガンにも明らかなように、むしろ複数の民族が天皇の下に統合された国家が目指された。日本列島内の日本人にしても様々な民族が混合して今日の日本人になったとする混合民族論が唱えられてきたのである。

しかし、混合民族国家という意識に基づいて日本が実際に行ったのは、アジア各地への進出と過酷な植民地的収奪であった。たとえば、1910年に大日本帝国が朝鮮半島を併合すると、生活の糧を失った多くの人びとが働き口を求めて日本に渡った。特に、戦時体制下で日本内地の労働力不足が深刻化すると、1939年からは国家的に朝鮮半島からの戦時動員が行われる。『朝鮮人強制連行』の著者外村大によれば、1939年から終戦までに70万人以上の人びとが日本内地に動員された。外村は、朝鮮半島出身者の動員先は日本人が働きたがらない炭鉱などの危険で過酷な労働現場で、差別的な労務管理も行われたため、当初から逃亡が後を絶たなかったことや、定められた人数が集まらないために無理やり連れていく事態も発生したことなどを、史料に基づいて明らかにしている。さらに、記録された給料を受け取っていなかったり、病気でも休めなかったり、十分な食事がなかったり、リ

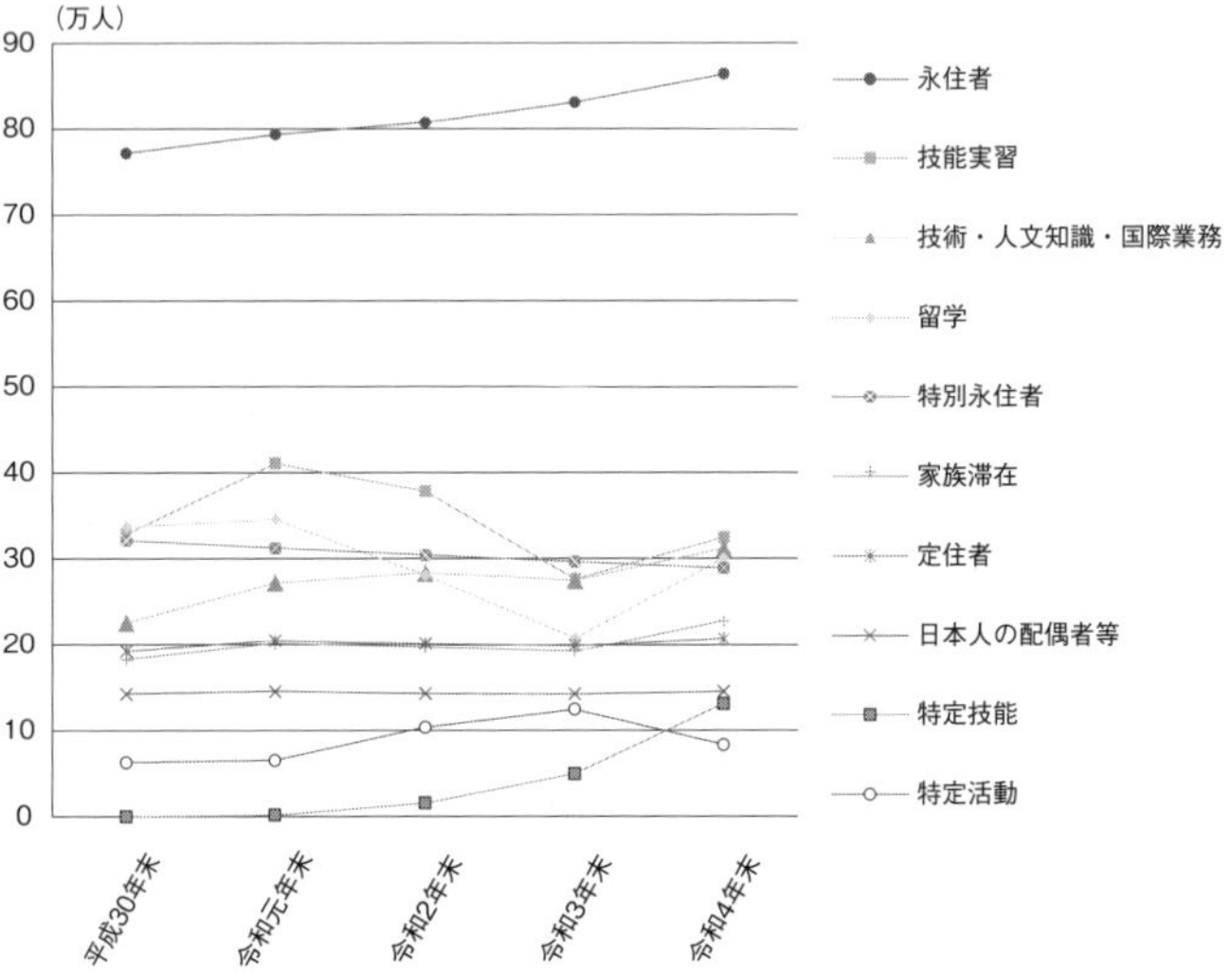

図１　在留資格別在留外国人数の推移（主要在留資格）
参考：「令和４年末現在における在留外国人数について　公表資料」

ンチや暴力を受けたりしたという朝鮮人労働者に関する証言も、様々に残されている。

　1945年8月15日、日本の敗戦によってその植民地支配下にあった民族は解放された。多くは先を競って祖国を目指したが、戦後の混乱の中、約70万人が日本に留まることになった。日本が国際社会に復帰したとされる1952年のサンフランシスコ平和条約によって、元植民地出身者は日本国籍をはく奪された。大日本帝国下では暴力的に「日本人」に編入されてきた朝鮮半島や台湾など旧植民地出身の人びとは、今度は有無を言わさずに「外国人」にされたのである。こうした日本の植民地支配にルーツを持つ人びとは、現在は1991年に施行された法律に基づき、「特別永住者」として位置づけられている。日本にはこのような歴史に起源を持つ日本国籍を持たない人びとが今も30万人ほどいる（図1）。だが、先述の小熊の述べるように、敗戦後の日本では国内異民族は日本の誤った帝国的膨張の歴史を示す存在であり、共生を目指すよりいち早く祖国に帰す助けをするほうが良いと考えられた。他方、文化的にも異質な者を含まない平和な単一民族国家というイメージのほうが、敗戦に傷ついた人びとの心を捉えやすかったという。こうして今日に続く単一民族国家のイメージが形成されてきたのである。

2．現代日本の少子高齢化と外国人労働者の受け入れ

では、実際は今日の日本に外国籍を持つ人はどれくらいいるのだろうか。出入国管理庁は、年に2回在留外国人数を発表している。これによると、2022年には、307万5213人で、初めて300万人を超えた。国内の人口の100人に2～3人は外国籍の人ということになる。国籍別では中国が1位でベトナムが2位、3位が韓国だ（図2）。

植民地時代に背景を持つ韓国籍の人びとをベトナム人が上回ったのは、2020年のことである。これは、「外国人技能実習制度」というかたちでの外国人労働力の受け入れが急速に進んできたためである。外国人技能実習制度は、1993年、日本が先進国として開発途上国の経済発展に協力する

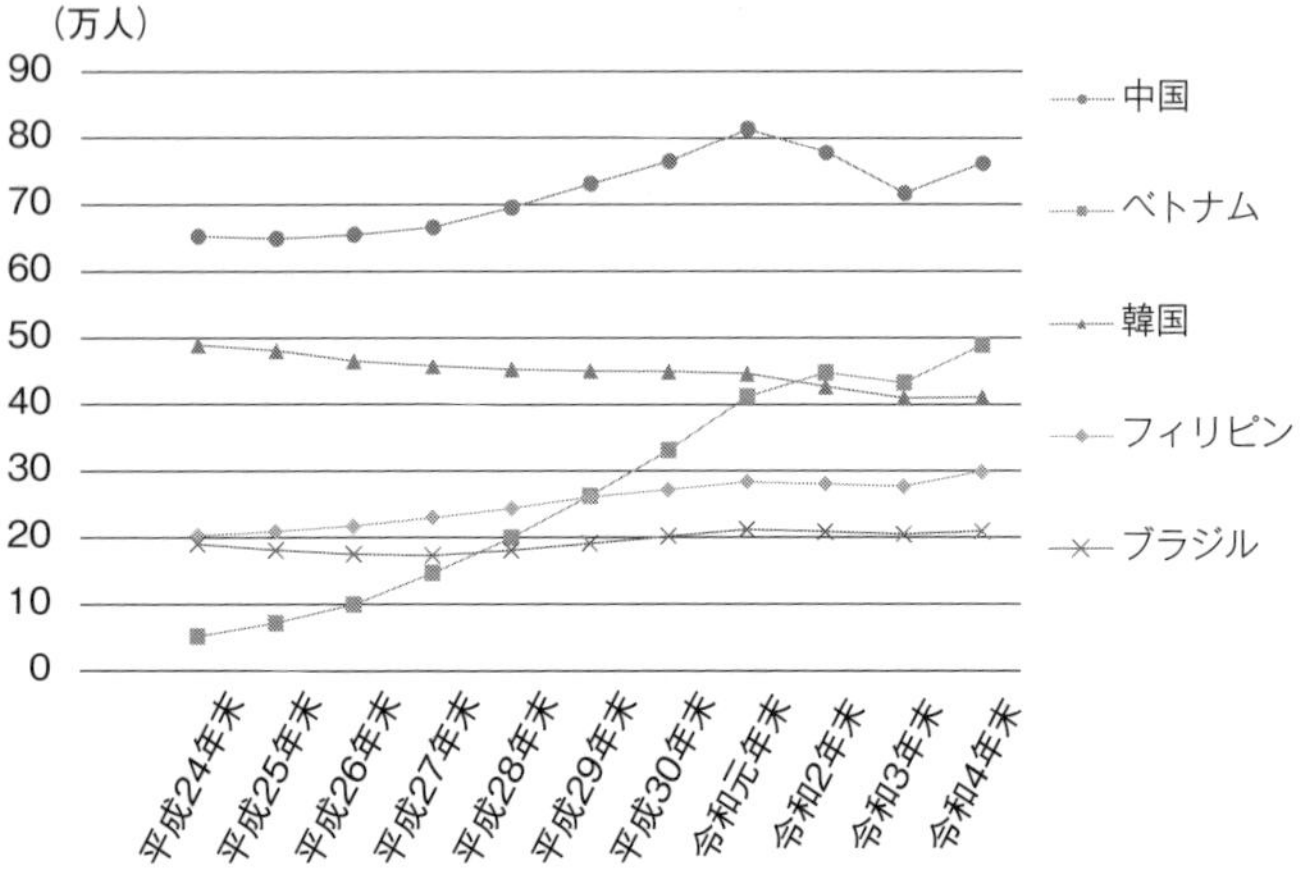

図２　国籍・地域別在留外国人数の推移（上位５か国・地域）

参考：出入国管理庁 2023 年 3 月 24 日「令和 4 年末現在における在留外国人数について　公表資料」

ために、技能・技術や知識の移転を行うことを目的として始まったものである。ところが、制度が始まってみれば途上国を支援するどころか、技能実習生は日本の人手不足が深刻な様々な部門に配置され、今やこの国にとって不可欠の労働力となっている。戦後形成された同質的で平和な単一民族国家のイメージが浸透したためか、日本政府は移民の受け入れに積極的ではないとされてきた。しかし現実には、少子高齢化による労働力不足は深刻であり、制度の目的に反して技能実習制度は労働力不足の調整弁として用いられてきたのである。

　技能実習生を含む外国人労働者は、今やわたしたちの日常生活を支える様々な労働現場で働いている。みなさんも、常日頃様々な場面で外国人労働者と出会っているのではないか。たとえばわたしは、２０２１年に引っ越しをしたが、そのときに対応してくれた２人のうちの１人は外国人の方だった。また、都会でコンビニに入れば外国人店員に遭遇しないことのほうが難しいくらいだ。

しかし、近年技能実習生の過酷な労働環境や、日本に渡るためにあっせん業者との間で交わされる多額の借金の問題が明るみになり、この制度そのものの問題性が浮かび上がってきた。技能実習生は多額の借金を抱え、雇用主が仮に理不尽な扱いをしたとしても、職場を変えることは禁止されている。このため、職場を逃げ出してシェルターに駆け込んだり、違法滞在者となってしまう人びともいる。

留学生もまた、このような「移民ビジネス」に巻き込まれている。多額の借金をしながら日本に渡り、ルームシェアをして留学ビザで可能なギリギリの時間をバイトに費やしてもなお、生活が苦しい留学生もいる。法律で定められている就労可能時間を超えてバイトを行い、強制退去させられる事例もある。

このような外国人労働者の実態が知れわたることで、とうとう２０２３年に、技能実習制度の法改正が行われることになった。しかしこれは、技能を身につけさせるという大義名分に照らして技能実習制度を改善するというよりも、日本の労働力不足の実態に合わせて外国人労働者を合法化していくという側面が強いものであった。日本人だけではこの国が成り立ち得ないにもかかわらず、マジョリティの日本人と同等の存在ではなく、あくまでその場しのぎの労働者としてのみ外国人を受け入れようとする姿勢は、前節で触れた外村が朝鮮人の戦時動員政策の失敗として言及していた状況に、どこか重なって見える。

3.「多文化共生」の表と裏

こうした外国人技能実習生や留学生への搾取については、読者の多くも問題を感じるだろう。だって、わたしたちはこれまで学校でも地域でも、テレビのコメンテーターの言葉からも、「多文化共生」の大切さをきちんと学んできたはずではないか。

社会人類学者の栗本英世や社会学者の岩渕功一によれば、「多文化共生」は１９９０年代に、在日コリアンの権利獲得運動や、外国籍の市民と日本人がともに取り組んだ阪神・淡路大震災の復興支援で、市民が用い始めた言葉だという。ようやく２００６年には総務省が「多文化共生推進プラン」を制定し、その後改訂が重ねられている。地域には日本語教室が設けられ、「多文化交流」を掲げるフェスティバルなどのイベントが行われるようになった。そこへ行けば、わたしたちは地域に暮らす各国人の料理やダンス・音楽、民族衣装に直接触れることができる。だが、こうしたいわば「非日常」の場で衣食住や芸術にかたよった「文化」を共有するだけでは、日常生活においては「外国人」や「他民族」は他者化され周縁化されたままだ。こうした「多文化共生」のありかたを、テッサ・モーリス＝スズキは「コスメティック・マルチカルチュラリズム」と呼び批判した。それはコスメティック、すなわち化粧のように「うわべだけ」の多文化主義に過ぎないのである。

一方、「多文化共生推進プラン」では、地域社会で外国人が「自立」して生活できるよう日本語や生活上の支援策も求められてはいた。だがこれも、社会学者の塩原良和が指摘するとおり、「日本人が自立できていない外国人を支援してあげる」という上から目線の温情主義的なものでしかなかった。これに対し、2010年代以降の多文化共生政策では、外国人住民がもたらす経済的・社会的メリットを強調する傾向が強まっているという。こうしたなかで、外国人「住民」の地域社会への主体的参加が謳われるようになった。これは一見、外国人を支援の対象とみなしていたこれまでの課題を克服したようにみえる。しかし、ここに含まれるのは住民票を持つ外国人だけである。滞在期間が5年までの外国人技能実習生や、難民認定を申請中の人びとなど、そこに暮らしていても住民登録のない人は排除される。このように、近年の政策は日本に適応できる有用な人材だけを受け入れ、政府にとって脅威やコストとなる外国人は排除するという論理が鮮明なのだという。

つまり、「多文化共生」の理念が政策に掲げられる際には、常に裏の論理が付随してきたのだ。技能実習制度の実態が知られるようになりベトナム人の渡日希望者も減っている現在、これからの「多文化共生」は誰の声を聴き、どんな論理によって描き直されるべきかが問われているといえよう。

4. 民俗学的な多文化状況の研究

ここまで本章では、民俗学の知見に基づいた議論を展開してこなかった。というのも、日本民俗学はかつては、自らを日本人の民族性を明らかにする学問として位置づけていたほどで、多文化状況には目は向きにくかったと言わざるを得ないからだ。著名な民俗学者の宮田登も、1986年の論考で日本の民俗学がエスニックグループを単位とする研究をすることは不可能に近いと述べていた。他方、アメリカでは当時からエスニシティは最も関心が高いテーマだったという。アメリカやドイツの民俗学では、民族・エスニシティは現代社会や日常を捉えるための主要なトピックである。

さて、以上のような日本の民俗学史を批判し、マイノリティの日常生活に焦点を当てた研究を提唱したのが、島村恭則である。島村は〈生きる方法〉という概念を提唱し、これを「生活当事者が、自らを取り巻く世界に存在する事象を選択、運用しながら自らの生活を構築していく方法」と定義した。島村は、闇市や人夫出しをしたりしながら戦後の日本を生きてきた在日コリアンの集住地区の暮らしや、下関と釜山の双方から商品を仕入れてそれぞれの地に売るポッタリチャンサという担ぎ屋の女性を調査した。そして、日本の文化や制度も、コリアンの文化も、生きるために都合よく使いこなしていく在日コリアンの〈生きる方法〉のたくましいあり方を活写した。

〈生きる方法〉が持つ越境性や創造性を捉えようとする際に見落としてはならないのは、在日コリアンにはマジョリティの日本人ならば当然のように使えるものが使えない現状があって、そのうえで際立ってたくましい〈生きる方法〉が立ち現れているということだ。これらの人びとが特別狡知《こうち》に富んだたくましい人びとだったのかはわからないし、なかにはうまく立ち回れずに「生きづらさ」を抱えてきた人もいるだろう。島村が描く在日コリアン1、2世の爽快さすら感じられる〈生きる方法〉のたくましさは、戦後在日コリアンが被ってきた排除の歴史の反映とも言えるかもしれない。

「多様性」と「多文化共生」が曲がりなりにも理想とされるにつれ、今日では在日コリアンへの露骨な差別や排除は減ってきた。だが、これとともに、日本で生まれ育った若い世代においては、そのエスニック・アイデンティティをめぐって言明しがたい「生きづらさ」の感覚が増しているとも考えられる。たとえば、日本人同様に日本で育ってきた3、4世の在日コリアンが、韓国や朝鮮の文化に対してエスニック・アイデンティティや誇りを感じるのは難しいだろう。一方、日本国内の「嫌韓」や「北朝鮮」バッシングの中で、周囲のさりげない言葉に傷ついたり、コリアンである自己に肯定感を抱きにくいといった問題を抱える人もいる。日本人の父と、アイヌと日本人の子である母のもとに生まれた文化人類学者の石原真衣は、「アイヌ」とも「和人」とも言いきれない自身の当事者性を丁寧に探求し、自分の痛みを語ることのできない「サイレント・アイヌ」として描き出す。単純に「外国人」と「日本人」の区分を作って「多文化共生」を謳うことは、その二分法から漏れ落ち、二分法的な考え方の中で抑圧され沈黙させられる人びとを生み出すことにさえつながりうるのである。

「多文化共生」が理想化される今日、他方で「日本人」「外国人」の区分から漏れ落ちる人びとが抱え込まされる言語化しがたい「生きづらさ」は、傍目には理解しがたいかもしれない。だからこそ、個別の〈生きる方法〉の持つ意義と可能性は、今後さらに注意深く研究されていくべきだろう。

おわりに

本章では、「多文化共生」や「多様性」が当たり前に肯定されるべきものとされている現代日本に、国籍や民族に起因するどのような生きづらさがあるのか、そのごく一部を簡単に紹介してきた。いわゆる「純ジャパ」だけでは日常生活の維持が危ぶまれる少子高齢社会日本で、「外国人労働者」への差別は、法制上もその運用者の実践上もはっきりと存在している。さらに、理想的に思える「多文化共生」には限界や裏の論理があり、実はこの理念に合致しない多様な人びとに深刻な「生きづらさ」を与えている。では、「生きづらさ」の克服のために民俗学はこれから何をみつめ、描いていけばよいのだろうか。

民俗学はわたしたちの当たり前を問う学問であると言う。その「わたしたち」の中に、今まで誰のどんな部分を含め、誰のどんな部分は見落としてきただろうか。「わたしたち」の日常やこれまでの生活史の中には、きっとまだ「わたし」が気づいていない、そして「国籍」や「民族」の枠に必ずしも収まりきらない、多様な人の多様な側面があるはずだ。今まで自分の生活の中では可視化されてこなかった他者と出会い、その「生きづらさ」や〈生きる方法〉を共有することで「わたしたち」の日常を不断に描き直していくことができれば、わたしたちの生き方を本当の意味でもっと多様にしていけるのではないだろうか。

参考文献

石原真衣『〈沈黙〉の自伝的民族誌――サイレント・アイヌの痛みと救済の物語』北海道大学出版会、２０２０年。

岩渕功一編著『多文化社会の〈文化〉を問う――共生／コミュニティ／メディア』青弓社、２０１０年。

岩渕功一「多様性との対話」岩渕功一編著『多様性との対話――ダイバーシティ推進が見えなくするもの』青弓社、２０２１年。

小熊英二『単一民族神話の起源――〈日本人〉の自画像の系譜』新曜社、１９９５年。

栗本英世「日本的多文化共生の限界と可能性」『未来共生学』３、２０１６年。

塩原良和「多文化共生がヘイトを超えるために」岩渕功一編著『多様性との対話――ダイバーシティ推進が見えなくするもの』青弓社、２０２１年。

島村恭則『〈生きる方法〉の民俗誌――朝鮮系住民集住地域の民俗学的研究』関西学院大学出版会、２０１０年。

島村恭則「境界都市の民俗学――下関の朝鮮半島系住民たち」篠原徹編『越境――現代民俗誌の地平１』朝倉書店、２００３年。

Kharel, Dipesh. Student migration from Nepal to Japan: Factors behind the steep rise, *Asian and Pacific Migration Journal* 31(1), 2022.

外村大『朝鮮人強制連行』岩波書店、２０１２年。

宮田登『現代民俗論の課題』未來社、１９８６年。

モーリス＝スズキ、テッサ『批判的想像力のために――グローバル化時代の日本』平凡社、２０１３年。

コラム1

学歴と格差・地域差

学歴問題の歴史性と地域性

柳田國男は『明治大正史世相篇』において、「教育はむやみに細かく、人の才能に差等を設けようとしていた。そうして何にするかは未定であったが、とにかく、偉い者になれという教訓は、家庭でも学校でもくり返されているのである」と述べている。近代日本に導入された学校教育制度は、受験による競争主義をもたらした。「受験戦争」と呼ばれた一時期のような過剰な加熱はなくなったと思われるが、依然として学歴の差異による様々な生きづらさは残されている。

こうした学歴問題が歴史性や地域性に根差していることには、留意が必要である。たとえば国立大学の医学部は、どちらかというと西南日本に多く、東北日本に少ないが、これは明治維新時に新政府側についた西南日本地域において、医学部設置が優先されたことの名残であると言われている。医師である上昌広が指摘するように、すでに過ぎ去ったと思えるような歴史的経緯が、今なお日本国内の医師養成のあり方を規定し、さらには地域による医療格差にすら、つながっているのである。

また、筆者が居住する青森県は、全国の中で就業者に占める大卒率が最も低く、青森地域社会研究所の分析によれば、これは所得水準の低さとも相関しているという。青森県内では、そもそも地理的に高等教育機関へのアクセスが悪い地域もあり、たとえば下北地方では2022年になって初めて4年制大学（青森大学むつキャンパス）が開設された。

このように大学等の高等教育機関の立地は、歴史的・地域的文脈により、日本国内でも大きな差があり、そうした差が医療資源へのアクセシビリティや所得の格差といった問題にもつながっているのである。

高学歴と生きづらさ

他方で、高学歴だからこその生きづらさも存在する。たとえば2021年には、就職氷河期時代に就職活動がうまくいかなかったため、大卒者が経歴を偽り「高校卒業者対象」の枠での公務員試験を受験して入職し、20年以上たって発覚したという報道もあった（読売新聞オンライン2021年7月6日）。社会経済的状況によっては、高等教育機関を卒業したことが、逆に不利に働いてしまう状況がみられているのである。

また、学歴とジェンダーの交差性も、複雑な生きづらさをもたらしている。日本の「最高学府」といわれる東京大学において、学内の女子学生の参加を認めず、他大学の女子学生の参加を認める男子サークルが存在することはしばしば指摘されており、社会学者・上野千鶴子は2019年4月の東京大学入学式祝辞において、学内に潜むこれらの男女差別を喝破《かっぱ》して話題になった。東京大学内において歴史的に形成された男女差別と、世間からの「最高学府」という視線が入り混じって生まれたのが「東大女子」というカテゴリーであり、東大女子固有の生きづらさをまとめた書籍も出版されたほどである。

学歴から交差性を考える

民俗学者・金益見は、大阪市立中学校の夜間学級でのフィールドワークの中で、義務教育を受ける機会を奪われていた在日コリアン1世・2世の人びとが、夜間中学で文字を学ぶ過程で書く「ポスター」に出会って感銘を受け、そのポスターを1冊の本にまとめて出版している。

近代由来の競争主義は、学歴や職業キャリアがあたかも個々人固有の「能力」のみに由来するかのような錯覚をもたらすが、学歴による生きづらさは、歴史的経緯や地域性、そのときの社会経済的状況、そしてジェンダー、エスニシティなどが複雑に絡み合って形成されるものである。こうした社会構造に起因する生きづらさと、社会構造のみでは説明しきれない個人の営みの、双方に目を凝らしていくことが、民俗学者には求められている。

《辻本侑生》

参考文献

青森地域社会研究所『変化する青森県の経済と産業』東奥日報社、2019年。

秋山千佳『東大女子という生き方』文藝春秋、2022年。

上昌広『日本の医療格差は9倍――医師不足の真実』光文社新書、2015年。

金益見『やる気とか元気がでるえんぴつポスター』文藝春秋、2013年。

柳田國男『明治大正史世相篇』講談社学術文庫、1993年。

第3章　ジェンダーとセクシュアリティ

辻本侑生

1．日常の光景からジェンダー・セクシュアリティを捉える

ある天気の良い土曜日か日曜日、まちに出て、人の流れを観察している状況を想像していただきたい。足早に移動する人、のんびりと一人で散歩する人など、様々かと思うが、おそらく恋人同士で手をつないでいる二人組を見つけることは、それほど難しくないだろう。

では、その中で、男性同士で手をつないでいる二人組はどれくらいいるだろうか？　おそらく、簡単に見つけることはできないだろう。２０２３年現在の日本において、男性同士が手をつないで外を歩くことは、いまだ「当たり前」のこととは言い難い。

このような前提に立てば、たとえば、自身が男性同性愛者であると認識し、男性とのみ交際してきた人にとって、外で恋人とデートをするときに手をつないで歩くことは「当たり前」のことではない。手をつないでいれば、周囲から不審な視線を向けられるかもしれないからである。多くの男性同

性愛者たちは、プライドパレードやゲイタウンのように性的マイノリティが多数集まる場所を除き、恋人とのデートであったとしても、手をつながずに歩くか、人目につかない場所のみでこっそりと手をつないでいると思われる。

しかし、一人の人間の中でも、同性を好きになるか、それとも異性を好きになるかといった指向性は、生涯の中で変動しうるものである。自身が男性同性愛者であると認識していた人が、あるとき性的指向が変化して女性と交際したとすれば、逆にデートのときに手をつなぐことが、いかに世の中の「当たり前」であるのかと、驚くことになるだろう。

さらに言えば、アセクシュアルの人の場合は「恋人」という概念自体を「当たり前」としていない。ノンバイナリーの人にとっては「男／女」という分け方自体が「当たり前」ではないし、このように考えると、「恋人と手をつないで歩く」ということが、いったい誰にとっての、どの時点での、どのような「当たり前」なのか、わからなくなってくる。

民俗学者の岩本通弥は２０１５年に著した論文で、民俗学とはわたしたちが拘束されている「日常」の「当たり前」を問い直す学問であると述べている。しかし、わたしたちが一体どのような「当たり前」に縛られているのか、自分自身で気づくことは、思いのほか難しい。先述の例からわかるように、「手をつないで歩く」という何気ない日常の行為を取り上げたとしても、何が「当たり前」なのかという基準は、「ジェンダー」と呼ばれる社会的に与えられた性役割と、「セクシュアリティ」と呼ばれる個々人の性に関する指向性のあり方が複雑に絡み合ってかたちづくられている。本章では、ジェンダーおよびセクシュアリティの視点から、「日常」の「当たり前」をどのように捉えることができ、どのような「生きづらさ」に光を当てることができるのか、民俗学の視点から考えてみたい。

2．フィールドワークの現場からジェンダーを考える

先ほどはごく卑近《ひきん》な例をあげたが、今度は民俗学の研究者として祭礼や行事のフィールドワークに出かけることを想定して考えてみよう。

たとえばある村の集落でのお祭りを観察していると、神輿《みこし》を担ぐのは男性に限定されているようである。なぜなのか、地元の人にたずねてみると、「昔から、女性は神輿を担げないことになっている」と説明されることがあるだろう。また、神輿の巡行が終わって、「直会」などと呼ばれる打ち上げまで出席すると、男性たちが酒を酌《く》み交わし合い、女性たちは料理を用意して、その後には台所に集まってお茶を飲んでいる、というケースに遭遇することもあるだろう。このように、民俗学のフィールドワークの現場は、社会的に与えられた性役割、すなわちジェンダーによる分業に満たされている。

民俗学では、「ジェンダー」という概念を取り入れる前から、地域社会における綿密な調査を通じ

て、日常の暮らしやお祭り、行事等の中で、男性と女性に与えられたそれぞれの役割について記述してきた。いわゆる『●●市史　民俗編』といった書籍をみれば、「この地域の祭礼では、男性は……し、女性は……する役割を担っている」という記述を見つけることは難しくないだろう。こうした記述の仕方は、もちろんある時代における性別分業体制の記録として一定の価値を有しているが、ともすれば、門田岳久が指摘するように、「男性は……しなければならない、女性は……しなければならない」という、ジェンダー役割に基づく規範を固定化し、後の世代へと再生産することへもつながってしまう。また、「男性／女性」という二元論でフィールドを捉えることは、トランスジェンダーやノンバイナリーといった多様な性のあり方を捨象してしまうのである。

では、どうすればよいのだろうか？　筆者がフィールドワークで出会った一つの事例から考えてみたい。筆者が約10年にわたって断続的にフィールドワークに訪れている、ある山間部の集落では、毎年一度、神輿を担ぐお祭りが開催される。高齢化が年々進む集落であるため、重量のある神輿を担ぐことの負担が大きく、同じ都道府県内にある大学の学生を「応援隊」として呼ぶようになっていた。この「応援隊」の中には男子学生だけではなく、女子学生も含まれていたが、集落の役員たちは「昔から神輿を担げるのは、男性だけだから」といって、男子学生のみに神輿を担がせていた。しかし、ある年の祭りでは、一人の役員が「せっかく来ているのだから」と、神輿が集落の中を回る正規のコースではなく、休憩中に「お試し」で女子学生に神輿を担がせていた。そして、その次の年には、正規の神輿の巡行コースにも、女子学生が担ぎ手として当たり前のように参加していたのである。そもそも「応援隊」としてどのような学生が何人くるかは、集落の人びとも当日にならないとわからないため、こうした「昔から」の規範が崩れるにあたって何か集落の中で事前に議論が行われた形跡はなく、いわば祭礼の最中の即興的な判断によってジェンダー規範が揺らいだ事例であるといえる。

これはあくまでも一つの事例であり、女性が参加することのハードルが今なお非常に高い祭礼も珍しくはない（し、女性が参加できないことを一方的に批判する意図は筆者にはない）。本事例においてジェンダー規範が比較的簡単に揺らいだように見えるのは、祭礼がすでに集落成員のみで維持できなくなっており、学生による「応援隊」にその担い手が移っていたことによるだろう。そして「関係人口創出」といった、国の地方創生施策の存在も、マクロな背景としてもちろん無視できない。

しかし、この事例から本章が得られる示唆は、集落の人びとが有していた「昔から神輿を担げるのは、男性だけだから」という「当たり前」が、「せっかく来てくれているのだから」という発案をきっかけに揺らぎ、神輿が運行される中での即興的な判断を通じて「当たり前」ではなくなったというプロセスの存在である。こうした地域社会におけるジェンダー規範の揺らぎや変動は、「この集落の神輿は誰が担ぐのですか？」と聞き書きをしたり、1回祭礼を見学したりするだけで把握するのは、難しいだろう。近年の研究においては、伝統的な祭礼におけるジェンダー規範の揺らぎや変動に注目するものも増えている。民俗学的なフィールドワークには、「男性は……し、女性は……する役割を担っている」という言葉で説明されるジェンダー規範と、実際に現場で生じている出来事との揺らぎを、精緻に捉えていくことが今後一層求められていくだろう。

3. ジェンダー・セクシュアリティ規範による「生きづらさ」を捉える

前節までで述べたように、民俗学が得意とする継続的なフィールドワークは、ジェンダー・セクシュアリティ規範を固定的なものではなく、絶えず揺らぐものとして描く力を持っている。他方で、「女性／男性はこうあるべき」というジェンダー・セクシュアリティ規範は現代社会の様々な場面においていまだに根強く残っている。塚原伸治が指摘するように、民俗学が対象とする様々な事象は、先ほど述べたような祭礼のように状況に応じて柔軟に変化する性格を有する一方、人びとの価値観や行動を規制し、生きづらさを生み出す性格も有しているのである。

現代日本において、多くの人びとを拘束し、生きづらさを生み出すジェンダー・セクシュアリティ規範の代表例に「結婚」がある。民俗学にとって、結婚は「家」の存続の問題でもあった。柳田國男は、昭和初期の新聞記事に現れた、先祖の位牌を担いで放浪し、保護された95歳の老人の事例から、「死んで自分の血を分けた者から祭られねば、死後の幸福は得られないという」「家の永続を願う心」の存在を指摘した。「家」が「同じ血筋」で継続していくという考え方を、岩本通弥は「血縁幻想」

と呼んでいる。男性と女性が結婚して子どもを出産し、「家」をつないでいくという考え方には、みなが異性愛者であるという「異性愛中心主義」が前提として埋め込まれている。

こうした血縁幻想に拘束され、結婚しなければならないと考える人は、現代では少ないと思われるかもしれないが、今なお「家」や「血縁」といった観念による拘束性は存在する。たとえば社会学者の岸政彦は、著書『街の人生』において、南米の日系人であり、ゲイの青年「ルイス」のライフヒストリーを聞き取り、ルイスの元交際相手（日本人）が、新宿2丁目などのゲイタウンで遊びつつも、「本家の長男」のプレッシャーに苦しみ、ゲイであることを普段は隠しているという事例を記述している。

もちろん柳田が述べたような「家」観念は、現代日本の人びとにとっては、かなり薄らいできているだろう。他方で、「独身だと職場や地域で一人前とみなされない」「大切な両親を安心させたい」「先祖代々のお墓を守らないといけない」など、「結婚しなければならない（そして、子どもをもうけなければならない）」という規範自体は、かたちを変えて今なお強い力を持っており、同性愛者のように現行制度で結婚が難しい人びとや、他者への性的／恋愛的惹かれを有しないアセクシュアル／アロマンティックの人びとなどの生きづらさを生み出している。

他方で、こうした現代における結婚規範は、その規範によって生きづらさを感じる人びとによって、新たな「結婚」の実践を生み出している。その一例が、恋愛を経ずに結婚する「友情結婚」である。友情結婚を仲介する民間企業へのインタビューを行った社会学者・久保田裕之の研究によれば、友情結婚は、社会的規範の圧力によって「結婚」を志向する男性同性愛者と、恋愛や性行為に忌避感を持つものの、結婚することや子どもをもつことを希望する女性にとって、双方の希望を叶える「手段」として活用されている。久保田が指摘しているとおり、そもそも数十年前までの日本では見合い結婚が「当たり前」であり、「結婚には必ず恋愛を経る必要がある」という一時的な規範も、崩れつつあると言えるだろう。

また、結婚規範は、結婚後のパートナー間の関係性の規定にもつながっている。特に重要なのは、家事全般や家計を管理する権利、すなわち民俗学が「主婦権」と呼んできた権利の問題である。この主婦権が、どのように世代間で継承されるのかには、地域差や時代差があり、民俗学の研究史上も重要な関心となってきた。中込睦子によれば、特に北陸地方では、家の中での妻の立場が非常に弱く、結婚後も長い間姑が主婦権を持ち続けるため、同じ集落内であっても週に数日など頻繁に実家に帰る里帰り慣行が広くみられた。こうした家計管理の問題は現代的なパートナーシップにおいても無縁ではない。たとえば家族社会学者の神谷悠介によれば、ゲイカップルにおいては、パートナーの二人に所得水準差がある場合もみられるが、結婚制度に基づく財産の保障がないなか、パートナー間で生活水準に格差が生じてしまう場合もあることが指摘されている。

さらに、結婚規範は、死別もしくは離婚を経験した人びとにも、生きづらさをもたらしている。新潟県佐渡島における「呪術（イノリ）」について調査を行った梅屋潔によれば、インタビューの中で「誰かが誰かにイノリをかけた」という事例を詳細に分析していくと、イノリをかけたとされる人物は、後妻で、かつ前妻の子どもが家にいるケースであったという。これは極端な例に見えるかもしれないが、後妻という家族内での不安定な立場が、呪いをかけるという民俗的な事例につながったのである。離婚に起因する生きづらさは現代においても継続しており、２０００年代の日本で離婚に関するフィールドワークを実施したアメリカの文化人類学者アリソン・アレクシーは、現代日本においても離婚は規範からの逸脱とみなされ、「バツイチ」という言葉に示されるように、特に女性にとっては深刻なスティグマ（社会学者アーヴィング・ゴフマンによる語で、負の意味を植え付ける「烙印」を意味する）として機能してきたと述べている。

4．生きづらさに寄り添いつつ、違った仕方に向けた民俗学へ

これまで述べてきたように、「恋人と手をつないで歩く」「お祭りで神輿を担ぐ」など、どこにでもありふれた事象一つをとっても、「男性は……すべきで、女性は……すべき」といったジェンダー・セクシュアリティ規範による拘束があふれている。民俗学の視点においては、フィールドで「当たり前」であると説明されるジェンダー・セクシュアリティ規範が、いったい誰にとってのどのような

「当たり前」なのかを常に疑い、フィールドで行われている実践において、どのように規範が揺れ動いているのか、敏感に捉えていくことが求められるのである。

他方で、結婚や離婚など、「家族」に関するジェンダー・セクシュアリティ規範は依然として非常に強く、多くの人びとのライフコースを拘束し、生きづらさを生み出している。こうしたなかで、民俗学には何ができるのだろうか。

先述したとおり、確かにこれまでの民俗学はジェンダー・セクシュアリティを固定化して描き出す傾向にあったかもしれない。しかし、草創期の民俗学を改めて見返すと、実はジェンダー・セクシュアリティに関する問題意識が醸成されてきていたことがわかる。日本民俗学の創始者といわれる柳田國男は、論文「聟《むこ》入考」にみられるようにジェンダーに関心を有していたが、ジェンダーそのものについての研究を進めていったのは、柳田の教えを受けた女性たちである。その代表格である瀬川清子が柳田のもとに飛び込み、民俗調査に取り組んだのは、ちょうど女性の参政権獲得運動など、日本において女性解放運動が本格化する時期であった。瀬川の伝記的研究を行った岡田照子によれば、瀬川は漁村で自ら魚を獲って売る女性たちの姿に強く惹かれ、民俗学の研究に身を投じていった。女性がその生きづらさを社会に訴えていく時期だからこそ、フィールドにおいて幅広い生き方を捉えようとする民俗学の試みが広がっていったのである。

こうした初志を振り返るならば、民俗学は、既存のジェンダー・セクシュアリティ規範がもたらす生きづらさに寄り添いつつも、その問題点を明らかにし、違った生き方の可能性を提示していくことができるだろう。本章で触れた事例はごく一部に過ぎないが、今後、ジェンダー・セクシュアリティの民俗学的研究の重要性は一層増していくこととなる。

参考文献

アレクシー、アリソン『離婚の文化人類学――現代日本における〈親密〉な別れ方』（濱野健訳）みすず書房、２０２２年。

岩本通弥「血縁幻想の病理」岩本通弥ほか編『都市民俗学へのいざない〈１〉混沌と生成』雄山閣、１９８９年。

岩本通弥「〝当たり前〟と〝生活疑問〟と〝日常〟」『日常と文化』１、２０１５年。

梅屋潔「邪まな祈り――新潟県佐渡島における呪詛」『民族学研究』59（１）、１９９４年。

岡田照子編著『瀬川清子――女性民俗学者の軌跡』岩田書店、２０１２年。

門田岳久「インターセクションとしてのジェンダー研究――ベアーテ・ビンダー論文に寄せて」『日本民俗学』２９９、２０１９年。

神谷悠介「ゲイカップルの家計組織とパートナー関係」『家族社会学研究』25（２）、２０１３年。

岸政彦『街の人生』勁草書房、２０１４年。

久保田裕之「友情結婚と性愛規範――日本における仲介事業者の調査から」牟田和恵編『フェミニズム・ジェンダー研究の挑戦――オルタナティブな社会の構想』松香堂書店、２０２２年。

塚原伸治『老舗の伝統と〈近代〉――家業経営のエスノグラフィー』吉川弘文館、２０１４年。

辻本侑生「複数の〈場所〉を行き来する民俗学」『現代思想』50（12）、２０２２年。

中込睦子「若狭地方における里帰り慣行と主婦権」田中真砂子・大口勇次郎・奥山恭子編『縁組と女性 家と家のはざまで』早稲田大学出版部、１９９４年。

柳田國男『明治大正史世相篇』講談社学術文庫、１９９３年。

第4章　エイジズム

老人と若者というフォークロア

及川祥平

はじめに

老人は敬うべき存在なのか、はたまた困った存在なのか。若者は厄介な存在なのか、未来の希望なのか。自他の人びとがこの世に生まれ出てから経過した年月に、わたしたちは意味を与えている。肉体に刻印される歳月やその時々の社会的諸属性にも、わたしたちは「それそのもの」以上の意味を読み解いている。わたしたちは年齢や世代を一つの指標にしてカテゴリー化し、それをめぐる様々なイメージに依拠しながら、自分や他者、またはその集団を捉えているのである。そのため、わたしたちは、各種の制度や慣習、社会構造のもとで構築されてきた年齢をめぐる偏見や差別、それに起因する各種の不利益や衝突から自由ではあり得ない。冒頭のように、「老人は／若者は」という主語でものを言おうとするとき、わたしたちはすでに加齢をめぐるイメージの中にからめとられている。

エイジズムという言葉は年齢差別を意味する。一般に高齢者への差別や排除の意味で用いられるが、アードマン・パルモアはその名も『エイジズム』という書籍の中で、年齢集団に対する否定的・肯定的なあらゆる偏見・差別としてエイジズムを定義づけた。この言葉自体は、日本ではさほど知られた言葉ではない現状にあるが、身の回りに目を向けてみると、様々な年齢と関わるカテゴリーをめぐってバッシングや不用意な称揚が飛び交い、時として世代間の分断が発生していることに気づかれる。

本章では、人びとに生きづらさをもたらし、時として差別や排除の渦中に巻き込むものとして、加齢（エイジング）をめぐる諸問題を取り上げてみたい。

1．老いてあること／若くあること

まず、「言葉」を取り上げてみよう。わたしたちは「子ども」や「大人」、「若者」や「高齢者」、「少年」「青年」から「中年」「老年」にいたる、様々な年齢に関わる言葉を持っている。たとえば、「少年」には児童福祉法や少年法などによって様々な定義がある。しかし、成人年齢が２０２２年の民法改正によって変更されたように、また定年退職年齢が徐々に引き上げられてきたように、それらも絶対的なものではない。老いてある／若くあるイメージが、それによって可能な社会的行為と結び付いているのなら、エイジズムの内実も時とともに変化してきたといえる。今日の高齢者は「第二の人生」と称されるほど定年後の時間を潤沢に持ち、「引退した者」というイメージはそぐわないかもしれない。岡田浩樹は、平均寿命の伸長にともなって新たに出現したライフステージを生きる今日の高齢者と前近代社会の高齢者は重ね得ないことを指摘している。生徒・学生である期間の拡大した若者も「大人」という自己認識を必ずしも持ちえずにある。

年齢のイメージがより端的に表出するのは「俗語」として使用される各種の表現であろう。子どもたちを「ガキ」や「ジャリ」という場合には嘲《あざけ》るニュアンスがある。それ自体としては生後の経過年数を数年の幅を持たせて表現したものでしかない「アラサー」「アラフォー」「アラフィフ」「アラカン」などは、必ずしも加齢を称揚しない文脈で、２０００年代以降人口に膾炙《かいしゃ》している。「おじさん」「おばさん」は年齢が上位である自他の男女の、若さの欠落を問題とする場合にも用いられる。１９８９年の流行語となった「オバタリアン」は漫画作品に由来する言葉で今日は死語といってよいが、羞恥心を欠き、自己中心的なふるまいをする中年女性を指し、一つのステレオタイプとして流通した。２０１０年代後半からは、ＳＮＳなどにおいて、多くの場合は年少の立場にある読み手が不快感を覚える表現が中年男性に特有であるとの認識のもと、「おじさん構文」という俗語が生み出されてもいる。「おじさん」「おばさん」は中年の男女が想定される言葉だが、年長者を揶揄する文脈ではその限りではない。「大学生」は「おばさん」であると称す高校生も現れている。

いずれにしても、わたしたちは年齢や世代差をめぐる各種の言葉を動員しながら自他の人びとの状況を認識し、また、それによって人の未熟さや逸脱、流行に敏感でない様、世代差に起因する違和感に注目し、ネガティブな評価を下し、誹謗や攻撃を行うこともある。また、わたしたちはそのように年齢を指標にして自他を蔑むことのできる言葉をあまりにも多く所有し、時代とともにそれを生み出し、使い捨ててきたことにも気づかされる。これらの言葉がいつ頃出現し、どのように広まっていったか、それが人びとの意識や行動の何を変えていったかは、民俗学的関心のもとでは興味深い主題となる。厄介なのは、これらの新語がどのようにわたしたちの考え方や感覚を変えたかは、同時代の当事者ですら明確に認識することができない、きわめて日常的な問題だという点である。フィールドワークのみならず、自己の経験と文献史料の渉猟《しょうりょう》とを組み合わせながら、世相史的に解き明かしていくべき問題であるともいえる。つまり、読者の同時代人としての見聞や体験を重視してほしい。

こうした状況はいくつかの背景を念頭に理解すべきである。たとえば、若さに価値をおき、そのような意味で実年齢に「そぐわない」ことを評価する社会的モードである。わたしたちは老化を何かを失っていく過程として思い描きやすい。したがって、アンチエイジングが世の関心を集める。「年寄り扱いされること」に怒る高齢者がいる。他方、若者にとっては、それが各種の権限や体面と関わるためか、「子ども扱い」されることを忌避《きひ》する者もいる。自身の心身をめぐる成熟のイメージを、わたしたちは常に気にかけ、その理想像にそぐわずにある事態を避けようとし、また、自己像に反する評価に異議申し立てをしようとしているわけである。さて、筆者はここまであえて「相応」「不相応」という言い方をした。このわたしたちが内面化してしまいがちな「年齢相応」の観念こそ、歴史的に検討してみる余地がある。何が相応であるかは、社会集団によって相違し、また、時代とともに移ろうと考えられるからである。

エイジズムに関わるもう一方の背景として、社会変化が加速し、かつ多様化していく現代社会のかたちがある。このような社会においては「自明なるもの」が複数化し、世間は「新旧雑処」(柳田國男「明治大正史世相篇」)の観を強めている。生活の文脈では価値観の衝突は新旧対立として尖鋭化されやすい。バイト先の「おじさん」社員の無配慮な言葉に腹がたち、「現代社会ではそれはアウトだ」と思ったことはないだろうか。ドイツ語圏の民俗学者コンラート・ケストゥリンは、過去においては当たり前で見えづらかったものが、近代化によって自明ではないものとして可視化されたことを民俗学の発生要因としつつ、価値観の相違や衝突が顕在化しやすい、つまり個々の「当たり前」なものの自明性が崩されやすい現代は、民俗学の研究対象が拡張する時代であると述べている。

「おじさん」にいら立ったその瞬間を、わたしたちがこの面倒な世界で「生きづらさ」に苛《さいな》まれてあるという追認の機会にとどまらせるのではなく、学問を通して考えてみるべき「問題」の立ち現れる瞬間に変えることもできる。民俗学は、眼前の出来事や自身を取り巻く状況に歴史性を読み解いていく学問だからである。この点を意識しながら、まず高齢者をめぐるイメージの問題を考えてみよう。

2. 高齢者への偏見と民俗学

ＷＨＯの基準に基づくなら、日本は１９７０年の国勢調査の結果から高齢化社会となり、１９９５年に高齢社会に、２００７年には超高齢社会に位置づけられて現在にいたる。このような推移の中で、健康・介護・福祉の充実が社会的課題となり、健康寿命や老後の生き方への人びとの関心が高まっていった。他方、年金制度の持続性が課題視され、また、シルバー民主主義などの語が耳目を集めるようになり、高齢者と若い世代との間で不平等や不満が認識されるようにもなっている。

こうした世相への民俗学の対応は２０００年頃から始まる。回想法や介護民俗学など福祉の現場と民俗学の提携を促すような立場もあらわれている。民俗学はもともと調査の場で高齢者の持つ豊かな経験と知識を情報源とすることが多く、高齢者にポジティブな意味を与える傾向にあった。民俗学の高齢社会への発言も、そのような文脈から、巷間にひろがるネガティブな老人表象を相対化しようとするものが目立った。たとえば、喪失や衰退をイメージさせる「老い」という語を「成熟」「熟練」と読み替え、豊かな「知恵者」とみる見方が提案されていく。他方、岡田浩樹の批判によれば、民俗学のそうしたアプローチは「老人文化」なるものを性急に想定しようとするきらいもあり、人びとが「老い」とどのように付き合っているかを把握すべきことが提案されている。たしかに、２０００年代以降の民俗学の老人論は、現にこの社会に高齢者として生きる人びとの「生」そのものを捉えようとするものであったかといえば疑問が残る。しかし、人びとが老いることをめぐって抱くネガティブなイメージに、異なるヴィジョンをぶつけようとした点を評価することもできる。もちろん、ポジティブな老人観の発信もまた、別様のエイジズムに結びついてしまうおそれがあることも忘れてはならない。

さて、老人のネガティブなステレオタイプは日常に遍満《へんまん》している。「姥捨山《うばすて》／親棄山《おやすて》」などの棄老伝説は親孝行を促す説話とみるのが民俗学の定説であるが、一般には実在した因習のように認識されている。「老いる」ことを悲劇化するトーンが、そうした認識の背後に一貫して存在するようである。事実、「老いる」ことを語る言葉は悲しく方向づけられている。「一人暮らしの高齢者」をめぐるイメージの日米差を分析した佐野（藤田）眞理子によれば、日本において「独居老人」という言葉が危険、不安、不信感、無用心、気の毒などのネガティブなイメージと関連づけられるのに対し、米国では一人で暮らすことは自立・独立の証であり、当の高齢者も子どもとの同居は望まない。日本では高齢者は「世話をされるべき存在」として弱者化されているし、また高齢者自身もそのように弱き者としての自己を引き受ける傾向にある。直系家族規範を前提に、子ども夫婦と同居することを当然視する高齢者もいる。老々介護の問題がわたしたちに現代の悲劇と映るのも、介護当事者の現実的な負担が過大なものであることは言うまでもないが、老いた者が老いた者を介護するということに問題を見出そうとしている。しかし、子が親を、夫婦が互いを老いた身で介護することが問題なのではなく、それを担いきれないほどに介護の場が孤立してあることが問題なのではないか。また、各種の困難がともなう介護言説の流布や、メディアや伝聞でつらく悲しい介護の体験談が流布していることも注意を要しよう。

先述のように、高齢者のポジティブなステレオタイプもまた、エイジズムそのものである。誰もが自由にふるまい、考え、自己を表現してよい社会において、「年齢相応」のふるまいや生き方を人に押し付けることにもなる。言うまでもなく、一人ひとりの高齢者は、多様な価値観を持った人間である。老いることで、誰もが「優しく物静かな知恵者」になるわけではない。物わかりよく、弱々しく老いることだけが肯定されて、アクティブな生き方が「年寄りの冷や水」「いい年をして」などと否定されてよいはずがない。老人然としてあることはどのように語られ、また、老人然とした老人像から逸脱した高齢者がどのように捉えられているのか、改めて注意してみてほしい。

時間の経過／経験の堆積は、各人の人格や価値観に多様なかたちで影響を及ぼしている。その帰結であるところのその人そのものを、老人らしからぬ老人や、悪い意味で典型的な老人として分節することなく認めることが、わたしたちがエイジズムに陥らないための処方箋となるだろう。そこにいるのは老人Aではなく、具体的でそれゆえに複雑な、かけがえのない一人の人間であるという前提が、超高齢社会を誰もが幸せに生きるためには必要であるように思われるのである。

3．若者をめぐるエイジズム

２０００年前後に、１９８２〜８６年生まれの若者たちのメンタリティが世間の関心を集めた。若者の凶悪犯罪が多発していると認識されたためで、「キレる17歳」などという言葉も使用された。実は、筆者はこの「キレる17歳」世代であり、このような言説が腹立たしかったことを覚えている。統計によれば、戦後、若者の凶悪犯罪は減少の一途をたどり、「若者は危険である」という認識は短絡的な印象でしかない。岩本通弥のいうように、こうした近視眼的な社会評はメディアの偏向報道に拠《よ》るところも大きいが、過去を美化し、現在を問題ぶくみのものとして分節する心性とも関わる。たとえば、若者への偏見が語られるとき、同時代の世相や新文化が彼らに有害に作用しているのではないかという議論が現れる。現代の若者は「心の闇」を抱えているとされ、今様の食生活や家庭環境が関連づけられ、テレビゲームや携帯電話も害悪視された。スマートフォンやＳＮＳをめぐる近年の論調にも重なるところがあろう。若者は容易に理解し難い他者として分節され、それは同時代社会の歪みや問題性と結びつけられる。それが若者それ自体の問題ではないことは言うまでもない。若者は大人の創った社会で自己形成し、またそのような社会から他者化されているのである。変化が加速し、多様化し複雑化する社会は、従前通りに生きようとする人びとを疲労させ、過去を懐かしがらせる。過去の理想化と表裏の現象として不健全視される「現在」が、若者の新動向に仮託《かたく》されているわけである。

若者をめぐるエイジズムについては、年長世代による年若い人びとの支配と搾取が行われ続けているという事実も注意を要する。岩本通弥の注目してきた親子心中や子殺しは、若さを理由として行われる人権侵害の最たるものである。スーザン・フォワードによって名づけられた毒親（toxic parents）という語が、2000年代以降、一般にも知られるようになり、生き方を支配される／されていた当事者が声をあげつつある。子どもたちは長じて後も年長世代の主導する社会の中で構造的に劣位におかれ、また過剰に意味づけられていく。女子高校生や女子大学生を流行現象に仕立てたのは、若くある者への関心を包み隠さない上位世代の欲望と、それを内面化し、時として戦略的に利用した若者たちではなかったか。各種の社会集団、とくに職場などのタテ社会においては長幼関係に依拠する秩序や礼節が教育され、意思決定などの各種の権限は上位の年齢の者が掌握する。社会集団は経験や知識の伝達の場であり、時として社会化・文化化の機能を担うため、上位世代が下位世代を導いたり抑えたりすることも必要となるが、そこに存在する垂直的な関係は、各種の「ハラスメント」の温床となる。教育の範疇《はんちゅう》を超えた、または教育効果に関する合理的な理由のともなわない介入や指導、叱正《しっせい》の範疇を越えた罵倒や誹謗が行われるケースである。

各種の人間関係上の問題を「ハラスメント」として分節する傾向は、2020年のパワーハラスメント防止法の成立など、立場の優位性を盾にとった横暴を解消するためには必要な造語戦略であったと思われる。こうした新造語で糾弾される権力関係の中には、年齢の長幼関係が関数として介在するものも少なくない。もっとも、そうしたハラスメントへの名づけの中にも、被害者側が性急に加害者側を集団化しているらしきものも散見される。たとえば、カスタマーハラスメントを行うのは中高年の男性であるという見方である。実際の個々の迷惑な客が中高年男性であったとしても、カスハラを中高年男性の所業として一般化したとき、やはりそれは差別的な偏見を胚胎《はいたい》することになる。

２０２０年からのコロナ禍においても世代間の分断が各所で現出した。高齢者の死亡・重傷化リスクに比べ、若者は軽傷者が多かったこともあり、かつ彼らが路上飲みなどをする様がメディアに取り上げられることで、感染拡大の原因を若者に押し付けるような意見も発せられた。リスクの点では高齢者は弱者であったかもしれない。しかし、ことはそれほど単純ではない。感染リスクの高い行動を慎み続けた若者も多かったし、自粛要請に従うことのなかった高齢者も少なくない。問われねばならないのは、なぜコロナウイルスの感染拡大が若者のせいにされたのか、ということである。リスクを意識しない「無軌道な若者」というステレオタイプがここに動員された、ということは考えられるであろう。若者には逸脱者のイメージが付与されやすい。それは果して何からの逸脱なのかということも重要な論点となる。また、そうしたイメージは支配や抑圧に容易に転化してしまうような、統御や統制の手つきを前提化してしまう。「言うことをきかない」若者は秩序を乱す、恐ろしい存在でもあるので、「言うことをきかせなくてはならない」と上位世代に思わせる。そのような若さを統制しようとする仕組みや手つきは、それが批判されるにいたったという時代状況も含め、やはり一つの世相史の問題であるといえる。いうなれば、それは若者観の歴史的過程の一コマであり、また同時に、上位世代が「おじさん」「おばさん」として形成される歴史的過程の一コマでもあるのである。

おわりに

おそらくは誰もが時代の「年齢観」からは自由であり得ない。また今まさにこのとき、誰もが若くあり、または老いてある自己と無関係ではない。そのような点に、エイジズムの問題の根深さがある。わたしたちは文化にからめとられてある存在である。また、過去に拘束されて生きる存在である。わたしたちが若くありまた老いてあることをめぐって抱く個々の印象についてそのつど立ち止まり、そのような印象が発生するその場にどのような文化や慣習が介在し、またそこにどのような権力関係が作動しているかを注視することができるなら、わたしたちはわたしたちを、または誰かのことを、もう少し自由に思い描くことができるかもしれないし、また、許すことができるのかもしれない。エイジズムをめぐる民俗学は、わたしたちが幸せに齢を重ねていくための手がかりであらねばならないのである。

参考文献

岩崎竹彦編『福祉のための民俗学――回想法のススメ』慶友社、２００８年。

岩本通弥「異化される〈日常〉としてのマスメディア」『日常と文化』３、２０１７年。

岩本通弥「都市憧憬とフォークロリズム」新谷尚紀・岩本通弥編『都市の暮らしの民俗学〈１〉都市とふるさと』吉川弘文館、２００６年。

岡田浩樹「老人の民俗学再考」『国立歴史民俗博物館研究報告』91、２００１年。

Köstlin, Konrad. “Der Alltag als Thema der Europäischen Ethnologie”, *Alltagskulturen. Forschungen und Dokumentationen zu österreichischen Alltagen seit 1945*. 2006.

佐野（藤田）眞理子「文化概念としての老い」『日本民俗学』２６６、２０１１年。

日本民俗学会監修『老熟の力』早稲田大学出版部、２０００年。

パルモア、アードマン『エイジズム』（鈴木研一訳）明石書店、２００２年。

宮田登・新谷尚紀編『往生考――日本人の生・老・死』小学館、２０００年。

六車由実『驚きの介護民俗学』医学書院、２０１２年。

柳田國男「明治大正史世相篇」『柳田國男全集』５　筑摩書房、１９９８年。

コラム2

自己実現をせまる社会における推し活

「推しの喪失」をきっかけに考える推し活

　デビュー当初から応援していた男性アイドルグループから、数人のメンバーが脱退することが発表された。この原稿を書いている今（脱退発表から数日後）もまだ受け入れることができずにいる。「箱推し」していたグループがそれまでのかたちではなくなることの喪失感は頭の理解だけで乗り越えられるものではなく、日常生活にも支障をきたすほどだ。それだけ、「推し」の存在はわたしにとって大きな存在であり、「推し活」は生存活動の一つと言っても過言ではない。

　アイドルを推す主人公を描いた『推し、燃ゆ』の芥川賞受賞、流行語大賞における「推し活」のノミネートに見られるように、「推し活」への関心は近年急激に高まり、すでに世間に受け入れられた現象であると言える。アカデミックな領域においてもアイドル／ファン双方の視点から多くの研究がなされているが、ここではアイドルファン当事者であるわたしの「推しの喪失」経験を契機として、生活の一部となるほど、失ったときに強い苦痛をともなうほど、なぜファンは推し活をするのか、推し活が許容される社会背景とは何かについて考えてみたい。

多様な推し活——あかりとわたしの場合

　まずは推し活という行為について具体例を踏まえて確認しておこう。たとえば『推し、燃ゆ』の主人公であるあかりの推し活を見てみると、推しのCD、DVD、写真集を、保存用・観賞用・貸出用に三つ購入している。バイトのシフトは推しのライブの予定が決まらないと入れることができない。メディアにおける推しの発言はメモし、その内容は推しを解釈する一環としてブログに書き込んでいる。あかりはまさに「推し活中心の毎日」を送っている。

ただ、推し活の内容はファンそれぞれの経済事情やライフスタイルに左右される。大学院生であるわたしの場合、経済的な事情から購入できるグッズは限られている。推しが出演しているメディアも全て把握しているわけではない。だが、「推しをこの目で見る」ことを推し活の最優先事項とし、地方遠征をしてでも当選したライブには必ず行く。身の回りの物にはなるべく推しのグッズを使い、周囲にわたしの推しに興味がありそうな人がいれば推しが出ている動画やＤＶＤを勧める。わたしはあかりほど時間もお金も使っていないかもしれないが、わたしの毎日にも推し活がある。費やした時間、金額の多さにかかわらず「ファンであることを自覚し、推しの活動を応援する行為を生活の一部にすること」が推し活なのである。

推し活が受容される背景と生きづらさ

２０２０年に出版された『応援の人類学』の中で風間計博は、強制や義務ではない自発的な応援に必要なのは近しさを覚える感情や愛着であると述べている。ファンにとって、自らを推し活へと向かわせる推しへの近しい感情や愛着とは何か。この問題を考える一つの例として、自己実現をせまる社会における生きづらさについて考えてみたい。

あかりを推し活へ向かわせる背景には、あかりが抱える生きづらさがあった。「あたしには、みんなが難なくこなせる何気ない生活もままならなくて、その皺寄せにぐちゃぐちゃ苦しんでばかりいる。だけど推しを推すことがあたしの生活の中心で絶対で、それだけは何をおいても明確だった」「全身全霊で打ち込めることが、あたしにもあるという事実を推しが教えてくれた」とあかりは言う。あかりの言葉からは、「自分が没頭できる何か」を見つけることへの焦りを読み取ることができる。

2006年に文部科学省が発表した資料には、産業の構造的変化・雇用の多様化を背景に、児童一人ひとりが自らの責任でキャリアを選択・決定することができるような能力を身に付けるための教育の必要性が書かれている。あかりやわたしはこのような教育方針が推進される時代に学校生活を送った。そして、多様な生き方が認められる一方で、自らの人生の選択に責任を持つこと、自分の生き方を明確にすることが求められる現代社会を生きている。このような自由でありつつも生きづらさが蔓延する社会において、推しはまさに自らの魅力を売り出して自己実現を果たそうと日々奮闘している存在である。ファンはその姿に惹かれ、応援する行為（推し活）を生活の一部にすることを生き方の指針としている。自己実現をせまる社会において、推し活はファンにとって自己のアイデンティティを示す一つの方法なのである。

ただし、2022年の田島の論考によると、アイドルに熱中する行為は、オタク論に見られるように1980年代後半頃にはネガティブなイメージがあったという。それが「推し活」という言葉で現在ポジティブに受け入れられているのは、自分の生き方を明確に示すことが求められる社会であるからだということも理由の一つとして指摘できないだろうか。「推し活」は自己実現をせまる現代社会を生きる人びとの生きがいになっている一方で、自己実現をせまる現代社会であるからこそ許容されている行為でもある。

趣味を越えた推し活と推しの喪失

わたしが推しの脱退報道で落ち込んでいた際、知り合いから「その程度のことで」「早く切り替えろ」という趣旨の言葉を投げかけられ、さらに傷ついたことがあった。２０２２年の大尾の論考では、これまで趣味の一環とみなされてきたファン活動に、その献身性を考慮して労働的側面を見出している。世間一般が持つ推し活のイメージは、経済効果や前向きになれる趣味としてのポジティブなものであろう。しかし、ファンにとっては単なる消費活動や趣味を越えた、自己実現をせまられる現代社会を生き抜くための切実な行為なのである。

このコラムではわたし自身が「推しの喪失による苦しみ」に向き合うことを通して、現代社会の生きづらさを考えることを試みた。ここで取り上げた文献やこの記述を通して、わたしのように誰かを推している読者が、自分や「推し」を多角的に捉えるきっかけになれば幸いである。

《藤崎綾香》

参考文献

宇佐見りん『推し、燃ゆ』河出書房新社、２０２０年。

大尾侑子「ファンの「心の管理」――ジャニーズJr．ファンの実践にみるファンの「感情管理／感情労働」」田島悠来編『アイドル・スタディーズ――研究のための視点、問い、方法』明石書店、２０２２年。

風間計博「共感と感情的高揚からみる応援・支援——キリバス人・バナバ人の歌と踊りの事例に基づいて」丹羽典生編著『応援の人類学』青弓社、2020年。

田島悠来「「アイドル」はどのように論じられてきたのか」田島悠来編『アイドル・スタディーズ——研究のための視点、問い、方法』明石書店、2022年。

文部科学省「小学校・中学校・高等学校　キャリア教育推進の手引——児童一人一人の勤労観、職業観を育てるために」(https://www.mext.go.jp/a_menu/shotou/career/070815/all.pdf)。

第5章　病気と差別

病への意味づけ

今野大輔

1．意味づけされる病気

　病気は多くの人びとにとって最も関心があり、興味や恐怖を抱く対象である。人は年をとると病気の話ばかりになるとは巷間でよくいわれているが、新型コロナウイルスの世界的な流行は、年齢にかかわらず病気をそれまで以上に身近な話題にしてしまった感がある。新型コロナウイルス感染症、いわゆるＣＯＶＩＤ－19は、文字通り新型コロナウイルスに感染することによって発症する病気（感染症）である。症状は多岐にわたり、全世界に大小様々な影響を与え続けているが、いずれにせよ、この病気の原因は新型コロナウイルスの感染であり、それ以上でもそれ以下でもない。にもかかわらず、この病気には流行の初期段階からこのようなウイルスの性格を超えた、様々な「意味」がともなっていた。この病気はマスク着用や健康観察をしない非協力的な人、あるいは屋外での飲酒や「三つの密」を避けないわがままな人に感染しやすいものであるかのように語られ、案の定感染した人に対しては、そのような生活態度が感染の原因であるとして非難や排除の眼差しが向けられることになったのは読者のみなさんにとっても記憶に新しいものだろう。このウイルスはそうした人を狙い撃ちするものではなく、かといって節度を守った生活を送っていれば完全に遮断できるというものでもない。この病気は、きっかけはどうあれ、このウイルスに感染した人に、平等に発症する可能性があるのである。人びとの生活態度や感染対策が引き合いに出されるのは、新型コロナウイルス感染症に本来的ではない意味づけがされたためであるといえる。

わたしたち人間はわからない物事をそのままにはしておけず、自分たちなりの解釈、つまり意味づけをしてきた。人知の及ばない不可思議な現象を、神仏や妖怪・幽霊など超自然的、超人間的存在の持つ力のなせるわざに違いないとみたり、どうにも抜け出せない状況の原因を、自分と直接関わりのない運命や前世に求めたり、とにかく何らかの意味づけをして自分自身をなんとか納得させている。そしてこうした意味づけは病気に対してもなされる。病気の原因を病原菌やウイルスといった直接的な原因にではなく、たとえば痛風や糖尿病をぜいたくな生活が原因であるといったり、エイズの原因を性的なだらしなさに求めたり、いずれもそれらの病気の医学的な性質とは無関係な意味づけであるが、今でもわりと浸透している理解である。文化人類学者の波平恵美子は、病気の中でも苦痛が強いほど、長期間に及ぶものであるほど意味づけが行われる可能性が高くなると指摘した。こうした病気に対する意味づけの中には、医学的情報には基づかない「恥」や「ケガレ」といったものも含まれ、患者に対する差別を誘発することもある。新型コロナウイルス感染症の際に立ち現れた様々な意味づけの中にも、罹患者の排除につながるものもみられた。ここからは、患者の差別につながる意味づけをされた病気をいくつかみていこう。

2. 恥としての病気

病気の意味づけとして、それにかかることを「恥」とみなすものがある。誰もが病気になる可能性があり、恥ずべきものなどではないにもかかわらずである。新型コロナウイルス感染症も流行の初期にはこうした傾向がみられ、発症していても申告せずそれが発覚して問題となるケースもあった。性感染症も感染の経緯などからそれにかかることを恥ずかしいとみなされやすい病気である。先に述べたエイズも、１９８５年に日本人初のエイズ感染者が確認された（それ以前にも血液製剤による血友病患者はいたが）当初は強烈な恐れを人びとにもたらした一方、それにかかることを恥とみて、感染者が差別の対象となった。エイズは決して性行為のみを通じて感染するものではないが、性行為を通して感染するという知識ばかりが浸透することにより、その病気を恥とみなすようになったのである。

２０１０年以降報告数が増加傾向にあり、２０２２年には広く話題となった梅毒も性感染症の一つである。梅毒は16世紀初頭に日本に流入し、のちに都市を中心として蔓延していった。杉田玄白は

『形影夜話』（1802年）で「病客は日々月々に多く、毎歳千人余りも療治するうちに、七、八百は黴毒家なり。」と述べており、当時の江戸における梅毒の流行ぶりを記録している。

梅毒は慢性感染症であり、感染してすぐに死亡することはないが、治療しない限り精神や身体に重大な障害を残すことがある。特効薬のない江戸時代では、目立つ後遺症のため患者が排除されることはあったが、性感染症として特別な意味づけはされていなかったようで、当初は恥ずかしい病気ではなかった。それが一転するのは18世紀前半頃で、儒教に基づく性道徳の普及によって、梅毒にかかることは自己管理能力の欠如と好色を意味しており、身分を問わず恥ずべきこととなっていったのである。さらに18世紀後半以降は梅毒が広く都市社会に蔓延し、遊郭の拡大を梅毒の蔓延と結びつける認識もみられるようになった。遊郭の拡大は、そこで働く娼妓への蔑視を呼んだ。特に下級の娼妓には、梅毒にかかった者が多いというイメージが共有される。これは「寝道具の無いのを買ふと横根（梅毒の異称）なり」（1778年）や「安遊び父母はたゞ病を憂ふ」（1781年）という落首にも示されている。こうして下級娼妓と結びつけられた梅毒は軽蔑や嘲笑の対象となり、女性にとっては特に恥ずかしい病気であると認識されるようになったのである。

3．家筋としての病気

感染症はウイルスや病原菌がヒトからヒトへとうつる（感染する）ことによる病気である一方、遺伝性疾患（遺伝病）は遺伝子異常によって引き起こされる病気であり、世代を超えて遺伝する可能性を持つものもある。このような遺伝性疾患という、いわば病気の超世代的な継承という認識は、遺伝子の存在が明らかになるよりも前からすでに認知されていた。かつての日本においては、精神病、肺結核、そしてハンセン病が超世代的に継承されると理解されていた病気の代表的なものである。肺結核とハンセン病はいずれも病原菌による感染症であり、精神病も遺伝ではなく環境やストレスといった後天的要素が発症に影響するとされており、いずれも現在では遺伝性疾患とみなされていない。それにもかかわらず、これらの病気は特定の「家筋」に遺伝するものという意味づけがされていたのである。

人間に特定の霊的なものがとりつく（憑依する）という思想は多くの社会にみられるものであり、日本でもキツネやイヌ、ヘビなどの動物霊が人間にとりつくとされていた。イズナ、オサキ狐、クダ狐、オトラ狐、ゴンボダネ、トウビョウなど呼び名は様々であるが、こうした「憑物」にとりつかれた人は心身に異常をきたすと理解されていた。そしてこうした「憑物」は代々それを飼っている家が存在するとされ、そのような家は狐持ちや犬神筋などと呼ばれ、周囲からは特殊な家筋であると思われていた。

精神病はかつて、こうした「憑物」が原因だとされていた。江戸時代の医師にも精神の異常と憑物の関係を疑う者もあったが、この精神異常＝憑物という説明は、精神病の研究と普及が十分でない時代には合理的な説明として多くの人びとに受け入れられていたのである。そのために憑物を飼う家筋、つまり憑物筋の家は、このような精神異常をもたらす原因となる家筋であるとして、日常生活のうえでは普通の付き合いをしながらも、こと話が結婚に及ぶと周囲の家から忌避される対象になったのである。これは、精神病の原因が明らかでなかった時代に、「憑物」のせいであるという、医学的ではない意味づけがされていた例の一つである。

憑物筋の家が他者に精神病をもたらす霊を飼っている家筋とみなされていたのに対し、肺結核とハンセン病については、その病気が特定の家筋に発症すると理解されていた。波平恵美子は、東北地方において「病マケ」として特別視されていた家筋の存在について報告した。本来「マケ」あるいは「マキ」とは同族集団を意味する語であり、「病マケ」とは特定の病気の患者を出したことがあると周囲からみなされている家筋のことである。この「病マケ」の家の出身者は、将来同じ病気にかかる可能性を持っていると考えられていた。そして、ここでいう特定の病気というのが、肺結核とハンセン病なのである。肺結核の家筋として「肺病マケ」、ハンセン病の家筋として「ドスマケ」や「ナリゾン」などと呼ばれ、その家筋や同族関係にある家の人物は婚姻忌避の対象となった。

肺結核は結核菌による慢性感染症であり、肺病や胸の病、あるいは労咳や労瘵などとも呼ばれた。肺結核と思われる病気は平安時代の文学などにも確認できるが、これが大きな社会問題となったのは明治時代に入ってからである。空気感染するこの病気は、近代化・産業化の急速な進展にともなって全国に蔓延していった。当時の工場労働者がその運び手となり、とりわけ貧しい農山村から製糸業や紡績業に集められ、不衛生な共同生活を強いられた「女工」たちがその被害者となった。治療法の確立されていなかった当時、快復しない女工は自動的に解雇され、帰郷を余儀なくされた彼女たちによって病気もまた農山村に持ち込まれたのである。こうして拡大した肺結核は兵士として徴兵される男性にも及び、集団生活が基本となる兵営がその温床となった。肺結核は感染した患者を即座に殺してしまう病気ではないが、少しずつその体力と命を削っていく。そのため肺結核は「亡国病」とも呼ばれたが、そこには国を支えるべき人びとをじわじわと、しかし確実にむしばんでいったこの病気に対するやりきれなさが表われている。戦後は治療法も確立して肺結核は治る病気となったが、日本はごく最近までその中蔓延国であり、まだ過去の病気とはいえないのである。

この病気は感染症であり、遺伝性疾患ではないにもかかわらず、あたかもそうであるかのように捉えられた。肺結核の患者を出した家筋は「肺病マケ」や「結核マケ」、「結核ゾン」と呼ばれ、結婚の際に差別的な扱いを受けていたのも事実である。ただし、肺結核が「国民病」とも呼ばれるほど急速に拡大していくにつれ、特定の家筋に伝わる病気であるという認識は成り立たなくなっていく。大正から昭和初期以降に患者をだした家は、肺結核の家筋とみなされなかったという報告もある。これは患者が増加した時期であり、肺結核が誰でもかかりうる「国民病」となったことにより、特定の家筋の病気とみなされなくなったからである。

一方、肺結核の蔓延はこの病気に対するロマン視をも生んだ。感染した人びとを次から次へと火葬場へ送るようなコレラや、顔や体に瘢痕を残す疱瘡（天然痘）とは異なり、肺結核は患者の体力を徐々に奪い、最後にその命を奪っていく。青白く、そして細くなっていく患者の容貌、それとは対照的な色合いの喀血、そして忍び寄る死など、運命の儚さをも感じさせるその様が文学や映画、漫画などのスパイスとしては好都合だったのである。こうしたロマン化も、肺結核の病理とはなんら関係ない意味づけである。

4. 病気と差別

肺結核と同様、ハンセン病も病原菌（らい菌）を原因とする慢性感染症である。治療法はすでに確立されており、日本ではすでに制圧された病気であるが、これによって引き起こされた苦痛はいまだに社会から払拭されていない。日本において病気と差別の関係を考えるにあたって、避けて通ることのできないものがこのハンセン病に対する差別である。ただし、ここではいわゆるハンセン病問題ではなく、民俗学的な側面からこの病気をみてみよう。

　ハンセン病に対する最も大きな誤解は、この病気が遺伝性疾患であるという点である。ハンセン病の原因となるらい菌の発見は、日本でいえば明治の初年にあたる。しかしながら、この病気は日本において長らく遺伝するもののように認識されており、その誤解は社会に根強く残っていた。その一つの表われが、肺結核と同様に特定の家筋に伝わる病気であるとし、婚姻を忌避することである。ハンセン病の家筋は「ドスマケ」や「ドスマキ」、「ナリッパ」や「ナリゾン」などと呼ばれ、たとい当事者が実際にハンセン病を患っていないとしても、その家筋の者であると判断されれば結婚に際して敬遠される対象となった。

　さらには、特定の家筋だけでなく、集落全体をあたかもハンセン病の筋を持った集落であるかのようにみなし、婚姻を忌避するという事例も存在した。北陸地方のある集落は周囲から「筋が悪い、石橋でも腐る」などといわれ、ハンセン病患者を出した家だけでなく、その集落全体までが敬遠された。東北地方では「△△八軒、ドス七軒、残る一軒駐在所」や「□□百軒、ドス九十九軒、残る一軒駐在所」というように、まるでその集落全体がハンセン病患者の集落であるかのような言い方が報告されている。１９２０年、当時公衆衛生を担当した内務省衛生局によって『癩部落概況』という調査報告が作成された。このレポートの情報には精粗があるが、ハンセン病の集落とみなされた場所は各道府県にあり、特に地域的なかたよりはみられない。ただし、それらの集落にも患者数は数名、多くても10名を超えることは稀であり、実際には患者を抱えていない集落も報告されている。こうした集落は、過去に患者がいたか、またはいたという伝承を持つ程度でありながらも、ハンセン病の集落であるというレッテルを貼られていたのである。これはハンセン病の家筋にとっても同じであり、実際に患者がいたかどうかははっきりしなくても、その家筋であることを理由に婚姻忌避の対象となったのである。また、家筋という捉え方でなくても、ハンセン病患者を家族に持つ人物が、結婚に際して本人の望みが妨げられるということは戦後も珍しくはなく、患者家族のこうむった人生被害は決して過去のものではない。

民俗誌などの報告書から、ハンセン病患者が死亡した場合に通常とは異なる葬り方をしていたという事例をみることがある。死者を土葬していた土地／時代では、墓地ではない野原や崖下に葬ったという報告がある。また、遺体の頭に鍋などの容器をかぶせて葬る「鍋かぶり葬」と総称される葬法が多く報告されている。使う容器は地域によって鍋、釜、すり鉢、焙烙と一定しないが、いずれにしてもハンセン病患者が死亡した際、その遺体の頭に容器をかぶせて葬る点では共通している。このような鍋かぶり葬が行われた理由は、「鍋をかむせればドーシ（ハンセン病）が切れる」や「ドスは筋をひくということで鍋をかぶせてムラ極めのネグラに埋葬した」「あと生まれて来ぬ様に鍋を冠せてやる」などの報告から、病気の筋を絶つ、あるいはハンセン病患者の生まれかわりを阻止するためと考えられる。死者の生まれかわりを阻止することにより、ハンセン病の家筋であるというレッテルから逃れようとする姿勢の表われだともいえよう。

こうした特殊葬法とは異なるが、国内のハンセン病療養所には、園内で亡くなった入所者の遺骨を安置する納骨堂が設けられている。遺骨の引き取り手がなく、家族の墓にも入れられない人が多くいたことを言葉なくしても語るそれら納骨堂は、ハンセン病患者に対する差別が死後にまで継続していることをわたしたちに訴えている。

ハンセン病差別を題材にした作品は多く、読者の中にも映画や小説、あるいは学校の教材などで触れたことのある人も少なくなかろう。そうした作品を通じて、図らずも病気を患ってしまった人びとが差別される不条理さに、そしてその前時代性に憤りや悲しみを覚えたのではないだろうか。その一方で、21世紀の初頭に起きたハンセン病療養所入所者に対する宿泊拒否事件では、入所者を非難・中傷するような文書が何通も療養所に送られるなど、差別・偏見の眼差しは世の中から消え去ったわけではない。また、このコロナ禍において特にその最初期、罹患者に向けられたヘイトには度を越したものもあり、それをある程度許容するような空気すらあったこともまだ記憶に新しい。病気は誰もがかかりうるものであり、どれほど地位や財力を持っていたとしてもそれを避けることは難しいことをわたしたちはこのコロナ禍で改めて実感した一方、病気にはその医学的な性質とは異なる意味づけがされて、それが差別・偏見を生み出すことがあるという新しい例もまた見せつけられた。医学の進歩は目覚ましいものであるが、それと病気に対する差別・偏見の解消とが歩調を同じくするものではないようである。

参考文献

川村邦光『幻視する近代空間――迷信・病気・座敷牢、あるいは歴史の記憶』青弓社、１９９０年。

今野大輔『ハンセン病と民俗学――内在する差別論理を読み解くために』皓星社、２０１４年。

波平恵美子『病気と治療の文化人類学』海鳴社、１９８４年。

福田眞人・鈴木則子編『日本梅毒史の研究――医療・社会・国家』思文閣出版、２００５年。

第6章　差別に対する患者たちの抵抗と紐帯

桜木真理子

はじめに

病気となった当人、つまり患者にとって、病気はまさに生死そのものや生き方に関わる切実な問題である。患者は、病気に対する偏見・差別に基づく理不尽な扱いに直面することもある。本書の第Ⅱ部第5章「病気と差別」では、病気そのもの、あるいは患者に対して周囲の人びとがどのような文化的・社会的意味づけを付与したのかが民俗学のこれまでの仕事を振り返りながら丁寧に記されている。本章では、病気にともなう様々な困難や、社会からの厳しい扱いに対して、患者たちがどのような行動を取ってきたかに視点を向けてみたい。特に、病気に対する差別に抗うため、あるいは病気とうまく付き合うためになされてきた患者の集合的な実践や知識の共有を通して、同じ病気を抱えた者たちがいかに連帯し、社会からの差別や生きづらさにどのように対処してきたかに光を当てる。

1. 病気を通じて生まれるつながり——患者運動、患者団体、セルフヘルプグループ

一般的に、患者は無力な存在だと思われることが多い。健常者は、患者を弱い存在とみなし、配慮が必要な存在として患者を取り扱う。そして、健常者は医療従事者や家族に協力的な、おとなしく聞き分けのよい患者を「よい患者」として評価しがちである。しかし、本当にそうだと言い切れるのだろうか。患者はベッドに横たわり、おとなしく世話をされるだけの受動的な存在なのだろうか。「よい患者」としてふるまうことへの期待は、患者を無意識に抑圧していないだろうか。

そうではない。患者は一方的にケアを受けることしかできない弱い存在でも、声のない存在でもなく、自ら考え、声をあげ、物事を変革させる力を持つ存在である。そして、患者同士が連帯して行動をともにしたとき、彼らの声はさらに力強さを増す。これを裏付けるのは、患者団体・患者運動の歴史である。

日本において患者の連帯と彼らの主体性がとりわけ強く発揮されたのは、戦後間もなく展開された患者運動である。患者運動とは、差別や社会的格差の解消、生活・治療の改善などを目的として、患者自身が抗議や要求を行う活動のことを指す。初期の患者運動の立役者となったのは、結核療養所とハンセン病療養所の患者たちであった。差別的な扱いを受けてきた療養所の患者たちは、人間らしい生き方を求めて連帯した。１９４９年に結核病患者たちが「日本患者同盟」を、１９５２年にはハン

セン病療養所の人びとが「全国ハンセン氏病患者協議会（全患協）」を結成し、劣悪な療養環境の改善や金銭的な補償をめぐって運動を展開した。彼らが始めた患者運動は、他の病気の患者や障害者の運動にも大きな影響を与えた。

差別に抗う患者たちの活動が彼ら自身の社会的立場や治療の質を引き上げていったのはエイズも同じであった。社会学者スティーブン・エプスタインの『不純な科学』（原題：*Impure Science*）は、1980年代、HIV／エイズへの社会的差別に対してエイズ患者が立ち上がったアクト・アップ運動の展開を綴《つづ》った民族誌である。1980年代のアメリカではHIV／エイズが蔓延《まんえん》し多くの死者が出ていたが、当時の社会には「HIVはゲイの病である」という偏見があったため、政府や製薬企業はHIV／エイズ問題への積極的な対応策を取ろうとしなかった。死に瀕するリスクを抱えたゲイの人びとは、HIVの問題、さらに言えばゲイである彼らの存在自体を無視する社会に対して声を発するために、HIV／エイズの患者のアクティビズム団体「アクト・アップ（ACT UP）」を結成した。アクト・アップは、抗議運動やパフォーマンスを通してエイズ患者の存在を世の中に見せつけるだけでなく、エイズに関する医学的な情報を自ら収集し、専門家並みの知識を身につけ、科学者や政府関係者との交渉を行った。文字通り命を賭けたその戦いによって、彼らはエイズ治療薬の治験システムをより人道的なものへ改善することに成功する。病気に対する差別の裏には、差別視に基づく理不尽な扱いに異議を突きつけ、連帯によってそうした社会を変えようとする患者側の抵抗が常にあった。

病気になることは、新たな社会的なつながりを築くことでもある。病気にかかると、家庭や学校、会社での過ごし方、そこでの人間関係は多かれ少なかれ変化する。特に深刻な病気や長期的な経過をたどる病気の場合、その変化は一時的な病気の場合と比べてより大きく、患者に居心地の悪さを感じさせるだろう。本稿の前半で見てきたように、重い病気や感染症にかかった人物に対し、周囲の人びとは距離を置いたり、腫《は》れ物に触るように接したり、あるいは見えないところで陰口をささやくといった態度を取ることがある。それまで属していた社会からの阻害、周囲からの無視や無理解は、患者に疎外感や苦悩をもたらす。このように、病気となることは当人の社会関係にネガティブな影響を与えうるが、一方で新たに育まれる関係性もある。その一つが、同じ病気や問題を抱えた者同士が互いの生きづらさを共有し、支え合うために構築される患者同士の関係性である。患者会やセルフヘルプグループがその代表的な例としてあげられる。糖尿病、がん、精神疾患、発達障害、アルコール依存症など、様々な病気の当事者が患者会やセルフヘルプグループを組織し、それぞれの病気や障害に特有の困りごとや生きづらさを共有し、問題解決の方法をともに模索している。そこにあるのは、傷ついた者同士が互いに配慮し合うケアの関係である。自発的に、あるいは自然発生的に形成される患者の組織を、ここでは患者の共同体と呼ぶ。

患者の共同体は、周囲からの差別や偏見を受けてきた患者にとって、これまで抱えてきた苦しみや痛み、経験を隠さずに語ることができる大切な場となる。田辺繁治は、北タイのＨＩＶ感染者セルフヘルプグループの調査を通して、激しい差別と排除にさらされた孤立無縁の状況で、感染者・患者同士がいかに相互扶助的なケアのコミュニティを築いているかを描出している。たとえばカウンセリングによる精神的なサポートや、治療についての講習会、患者の家庭訪問、訪問看護・マッサージといった多様な取り組みを通して、北タイのＨＩＶ感染者セルフヘルプグループは感染者・患者の苦悩に寄り添い、よりよく生きる道をともに模索してきた。同じ立場にいる者同士だからこそ、自分たちにしかわからない悩みやニーズを理解し合い、それに対処するための行動に出ることが可能になる。

2. 知識の共有と名づけ

ここまで述べてきたような患者の共同体は、当事者のみがわかりうる痛みや苦悩を互いに打ち明け、共有する役割を持つほか、病気に関する知識を生み出し、共有する場ともなる。たとえば先に述べたＨＩＶ感染者セルフヘルプグループでは、「近代医療や官僚制などで流通するよう標準化された情報や知識」ではなく、「治療の可能性や差別への対処法など具体的な個々人の苦悩や苦痛にたいするケアや配慮にかかわる」知識がメンバー同士で交換されていた。

興味深いのは、病院や療養所の内外における患者の共同体の中で独自の用語が創出されることである。症状や自分の状態を把握したり、それらを他人に伝えるために、患者たちは独自のやり方で症状を分類したり、それらを名づけたりすることがある。たとえば社会学者の田口宏昭は、日本の肺がん病棟の調査を通して、病棟内で患者同士がインフォーマルに情報を交換していたことを報告している。田口によれば、この情報交換は、しばしば独特な用語をもって行われていた。たとえば、新患への治療は抗癌剤の点滴注射から始められるが、この点滴のボトルは患者の間で「バクダン」という隠語で呼ばれ、バクダンの投与が始まると、2週間で頭の毛が抜け落ちるという情報が入院歴の長い患者から新参患者へと伝えられた。2週間という期間が正確かはともかくとしても、実際に「バクダン」の投与のあとしばらくして頭髪が抜け落ちていくことで、新参患者は先輩患者から与えられた情報を身をもって理解するのである。

筆者が調査を行ったハンセン病療養所でも、ハンセン病元患者の人びとが、自分たちの症状にまつわる多種多様な言葉を共有していた。ハンセン病元患者の人びとの間では、ハンセン病患者は症状・後遺症の種類に応じて「カンセイ」「ウスドク」という二つのタイプに区分されていた。これらの分類は、彼らが療養所に入園して間もない頃に先輩患者から教えられたものだという。この分類は今でも活きており、日常生活における諸注意の判断基準となっていた。たとえば「カンセイ」の人はキズが食い込む」ので「絶対お風呂入れられない」と、元患者の女性は言った。ここで話されている「キズ」も、療養所の人びとに共有されている独自の用語である。「キズ」は、切り傷や擦り傷のような傷を意味しているのではない。ハンセン病の後遺症で足裏の感覚が麻痺していると、歩くときに足の特定の部分に重心がかたより、それを続けるうちにその部分に床ずれのような潰瘍ができることがある。それが長引いてなかなか治らない状態になってしまうことがあり、彼らはそれを「キズ」と呼んでいた。このキズは、カンセイかウスドクかにかかわらず持つ症状だが、カンセイの場合はキズが「早く食い込む」ので細心の注意が必要であり、とりわけ入浴は悪化の要因として避けるべきだと注意されていた。なぜなら、キズが「食い込む」ことによって手足の一部を切断せざるをえなくなったり、最悪の場合は死にいたった療養者の仲間が過去に何人もいたからである。「キズ」が「食い込む」とは具体的にはどういう現象なのか、明確に把握されるわけではない。しかし、「食い込む」という表現は、キズが身体の内部に侵入して健康を脅《おびや》かす感覚的なイメージを確かに伝達している。

こうした患者の共同体における独自の言葉の創出やその伝達から示唆されるのは、病気に対する認識や知識の集合的な側面である。民俗学者の川村邦光は、「からだ・こころ・ことば」という三つのレベルから編成される、人びとの慣習的実践を生みだす知識を〈民俗の知〉と呼ぶ。〈民俗の知〉は、人びとの慣習的実践と対の関係にある。病気に関する経験的・集合的な知識もこの〈民俗の知〉の一つとして川村は例にあげている。「痛み・病は心身に記憶され、〝からだの知〟として培われていく。しかし、それだけにとどまらず、病の意味づけがなされ、ひいては病の解釈・説明を行う意味世界というべきものが形成される。そこからは、一定の病み方が型づけられるばかりでなく、病への対処法も経験的・集合的に生み出されていく」。肺がん病棟やハンセン病療養所で共有されていた様々な言葉はまさに、川村の言う「からだ・こころ・ことば」の結びつきから生み出された〈民俗の知〉と言えるだろう。患者たちにとって、言葉の共有とは感覚や注意の伝達を意味している。どのように症状が進んでゆくのか、症状にはどのようなタイプがあるのか、どのように危険の兆候を察知し、悪化を防ぐことができるのか――共有された言葉を通じて、患者たちがどのように病気に注意を向けてきたかをうかがい知ることができる。

病気によって身体的な苦痛を負ったり、社会からの差別や偏見にさらされたり、患者は様々な苦労を強いられることになる。だが、本節で見てきたように、患者本人や患者を取り巻く人びとが生きづらさに向き合い、様々な問題に対処しようと試行錯誤するなかで生み出される新たな関係性、知識、技法もある。わたしたちは、病気や患者に対する差別の諸相を明らかにすると同時に、差別や排除に抗い、よりよく生きようとする患者側の実践、そしてそこから萌芽する文化にも目を向けることができるだろう。

参考文献

立岩真也『病者障害者の戦後――生政治史点描』青土社、２０１８年。

川村邦光『〈民俗の知〉の系譜――近代日本の民俗文化』昭和堂、２０００年。

田口宏昭『病気と医療の社会学』世界思想社、２００１年。

田辺繁治『ケアのコミュニティ――北タイのエイズ自助グループが切り開くもの』岩波書店、２００８年。

Epstein, Steven. *Impure Science: AIDS, Activism, and the Politics of Knowledge*. Berkeley, University of California Press, 1996.

コラム3

都市の見えづらい分断

都市と職業と地名と

鍛冶屋町、茅場町、紺屋町。これらの地名は、近世、つまり江戸時代おける住民の職業に関する言葉を含んでいる。都市において、職業やそれに関わる言葉が入る地名は少なくない。しかもこのような地名は、東京だけとか、大阪だけ、というわけではない。全国の「都市」に残る地名である。

また、上・中・下がつく地名や、町の中心を本町と称したり、向島のようなこちらからあちらを指してつけられた地名もある。このような地名からは、町の構造がわかるし、町の性質もわかる。今も残るこれらの地名には、都市に残る多くの線引きが示されている。

網野善彦らによる研究によれば、都市の多くはその源流を中世都市、近世都市に持っている。都市には為政者を頂点として金融や政治を仕切っている中心部がある。そして、中心から外側に向かうにつれて、武家町から町人町へ、町人町も大店など強固な経済基盤を持つものから、より小規模なものへ、そして周縁と呼ばれる都市と在方の境界へとその性質を変えていく。

周縁には火葬場や御仕置場と呼ばれた刑場、遊郭等が設けられ、加えて近隣には被差別身分の人びとが住む場所も併設された。そして、周縁は都市の規模や構造の変化に合わせて移動するものもある。浦本誉至史《よしふみ》によれば、江戸に幕府が誕生したあと、為政者は人口増加による都市整備を行うたびに、被差別身分の人びとの集落に移動を命じてきた。吉原遊郭の移動は明暦の大火によるものだが、結果的に周縁に位置するようになり、町人でも商人でもないと位置づけられた人びとがともに集住することになった。では、周縁の役割とは何か。それは、不浄とみなされ、都市の中心から外側へ押し出された死や性に関連する機能である。周縁は都市に不可欠なそういった機能を担う人びとが住まう場所となった。

現代都市における境界

このように、近世までに作られた町は、それぞれの町の機能によって整理され、名づけられてきた。各町は道や水路で区分され、あちらとこちらの区分けも明確だった。では、わたしたちの生活では町はどう切り分けられているのか。

現代では、誰がどこに住んでも咎《とが》められることはない。仕事も個人の条件・希望により必要に応じて変えることができる。何を信じていても自由で、これらは憲法によってその権利が保障されている。だから、現代の鍛冶屋町には鍛冶屋以外の人も住んでいるし、サラリーマン町なんて名前の町がないことは、言うまでもない。

逆に言えば、住む場所は通勤・通学や経済情況といった個人的な理由に左右されているだろう。人気のある場所は不動産価格が高いし、その逆もまたしかりである。その差は、利便性や安全性、場所のブランド性などから生まれる。この個別に見える条件はそれぞれ複雑に絡み合っていることが多い。

駅から遠い場所は、かつて周縁だった場合もある。土地が軟らかい、低いなどの理由から本来は居住に適していなかったり、先述の吉原のように、遊郭のあった場所だったりとその性質は様々だ。吉原周辺には、江戸時代以降、日光街道沿いという条件を背景として成立した、木賃宿街を素地とする労働者のマチ・ドヤ街もある。このような都市の周縁の機能はスティグマとなり「危険視」されることで、土地の「不人気」を招き、不動産価値に影響することがある。

わたしの調査や日々の生活においても、「●●寺より北」「川向う」「道の向こうがわ」「橋を渡ったらいけない」などの言葉を聞くことができ、人びとが何かしらの境界に基づいてあちらとこちらを区別している様子を目の当たりにしてきた。その区別はそれぞれの町に住む「わたし（たち）」と「顔のわからないだれか」を比べ、さらに自己よりも相手を下位に見る差別的な眼差しによってかたちづくられ伝承されてきた。ハードの区切りは人びとの考え方や認識といったソフトの区切りと呼応してつくられている。この差別的な価値観を背景に生まれた条件をもとに、現代の我々は居住地を選んでいるといえよう。

匿名の地域社会と広がる分断

このように、人の口を介して伝えられ、スティグマ化された「境界」は、今ではインターネットを介してより広く伝播しつつある。匿名性の高いネット掲示板では「同和地区に住んでるけど質問ある？」などの「板」がたてられ様々な質問が飛び交う。不動産業者が運営するサイトでは、「同和地区」や「低所得層が多くて治安の悪い街」を理由とした「悪評」の口コミが連なる。ネット上の「悪評」を書籍にして発信するケースもあったりと、限定的な地域の中で認識されてきた「境界」が多様な手法で密かにかつ大胆に広まっている。

過疎は地方の問題であると考えられてきたが、近年は人口の多い都市でも地域社会の担い手が不足している。東京都特別区長会調査研究機構による令和2年度の調査では、複数の項目で町内会の担い手不足、固定化、高齢化が課題としてあげられていた。人口が多い地域にあっても地域自治に参加する人数は減少している。マンションやアパートには顔のわからない住民が次々に増えている。転入者たちにとって、家は寝るだけの場所であり、町はその受け皿に過ぎなくなっているのかもしれない。

行政・教育における対策によって、わかりやすい差別事例は減少傾向にあるといわれている。しかし、都市には「境界」があり、その境界に付随する差別意識によって「こちら」と「あちら」はひっそりと分断されている。

《岡田伊代》

参考文献

網野善彦「中世都市論」『岩波講座　日本歴史７　中世３』岩波書店、１９７６年。

浦本誉至史『江戸・東京の被差別部落の歴史――弾左衛門と被差別民衆』明石書店、２００３年。

逢阪まさよし、ＤＥＥＰ案内編集部『「東京Ｄｅｅｐ案内」が選ぶ首都圏住みたくない街』駒草出版、２０１７年。

「角川日本地名大辞典」編纂委員会編『角川日本地名大辞典13東京都』角川書店、１９７８年。

特別区長会調査研究機構「令和２年度調査研究報告書概要版　地域コミュニティ活性化のためにとりうる方策」２０２１年。

コラム4

ラジオ番組に集う視覚障害者たち

視覚障害者向けラジオ番組

盲学校での教育実習に参加したときに、ある中学生が話しかけてくれた。ラジオ放送局から送られた点字版番組表を読みながら、「わたしはラジオが好きです。ラジオは声だけだから、パーソナリティも声だけで伝えようとするし、視覚に障害がある人もない人も想像しながら理解するでしょう?」といった趣旨だった。その中学生の同級生たちも交えて、好きな番組について会話が盛り上がった。視覚障害者のラジオ人気の背景には、視覚において情報提供方法が平等であり、視覚障害の有無にかかわらず情報を共有できることがある。テレビや新聞といった視覚情報が入ったメディアは、視覚障害者にとっては得られない情報が多くある。中学生たちもどこか満たされない気分になっていたのだろう。

ラジオ放送局も視覚障害者向けの番組を編成している。県域放送では、青森放送「RAB　耳の新聞」、ラジオ日本「小鳩の愛~eye~」、NHKラジオ第2「視覚障害ナビ・ラジオ」、ラジオ大阪「話の目薬　ミュージックソン」などが放送されている。コミュニティ放送でもラジオかなざわ他「視覚障害ラジオステーション」などが2023年8月現在では編成されている。これらの番組の多くが、視覚障害者がパーソナリティを担当している。リスナーからのお便りを受け付けながら、視覚障害者の生活について紹介している。それらのお便りも声やメール、墨字（いわゆる普通の文字）や点字など様々な媒体で受け付けられる。

ラジオで語られる
視覚障害者の生活と生きづらさ

ラジオ番組では日常生活での工夫も語られている。とある日には、視覚障害者の外出について紹介された。白杖に引っかかる電信柱、喫茶店のコーヒーの香り、建物の出入り口から聴こえる盲導鈴の音など、様々なものを手がかりにしながら、視覚障害者は目的地までたどり着く。手がかりと訓練の積み重ねによって、歩行者の動きがよめない駅構内や繁華街までも歩行できるようになるそうだ。とはいえ視覚障害とひとくくりにしても、見え方は千差万別である。信号機の色の変化で横断歩道を渡ったり、街灯の並び方で進む方向を確かめたりする人もいる。見えなさ・見えにくさと向き合いながら、様々な技術を身につけ生活を送っている。

見えなさ・見えにくさから培われた生活技術に驚かされる一方で、ラジオ番組では、リスナーから生きづらさ、孤独感や無力感が寄せられることもある。とある日には、自立した視覚障害者に引き目を感じ、周囲に甘えることもできず、自信をなくしてしまったという声が届けられた。それに対してパーソナリティは自身の経験をもとに励ましたり、他のリスナーに助言や励ましを添えたお便りを送るように呼びかけたりする。

千差万別の見え方は、生きづらさの伝えにくさ、伝わりにくさにもつながっている。視覚障害者の中には、まぶしさに抵抗がある人もいれば、夜間や薄暗い場所で見えにくくなる人もいる。視野が狭く筒を覗くような見え方の人もいれば、周辺の視野で見る人もいる。自分にとっての当たり前の見え方を、他者の当たり前の見え方を想像しながら、他者が理解できるかたちで伝えることは難しい。視覚障害者同士であれば、多少の差異はあるものの、想像しやすいのかもしれない。

視覚障害者は身体障害者の中でも1割に満たない。視覚障害者は同じ視覚障害者に出会う機会が少なく、生きづらさを共有しにくい。それでもラジオ番組はどこかの視覚障害者と出会うツールになっている。

ラジオ番組がつくる距離と共感

なぜ、ラジオ番組が視覚障害者、総じてリスナーを集めているのだろうか。ラジオ番組の特性から少し考えてみたい。ラジオは戦後、テレビに主要なメディアの座を譲り、リスナー個人の需要に応える方向に進んでいる。パーソナリティと電話できたり、楽曲を聴くことができたりするようになった。現代ではラジオ受信機の小型化だけでなく、時間に縛られず携帯端末から聴くこともできる。ラジオ番組はリスナーの興味に寄り添い、直接会ったことがない同じ興味を持つリスナーと出会う場をつくってきた。また、自分が描いたリアルな声を、一定の距離を保ちながら共感をしてもらえる安心感もある。パーソナリティはリスナーから届けられた生きづらさに対して、共感と多少の方策を返す。現状のすべてを否定することなく、依存しあうこともなく、ただ寄り添うのみである。家族や友人、学校や職場とは異なるつながりを与えてくれるのかもしれない。その距離と共感が、ラジオ番組を支えているのだろう。

どこかの誰かと、孤独な生きづらさに触れあう

悩みがあるのであれば、お互いに対面して話すべきだという意見もあるだろう。視覚障害者が集まるコミュニティに出向けば、類似の境遇の人たちに相談できる。悩みを打ち明ける場が対面であ

ろうとラジオ番組であろうと、仲間やロールモデルと出会い、安心感や自己肯定感を得られることは変わらない。

ただし、その場にいることが彼ら彼女らに与えるものを考慮しなければならない。そこに集まる人たちは、あくまで類似であり、対等ではない。その人の社会的・文化的背景により、彼ら彼女らの生きづらさは千差万別であり、その意味では孤独である。非対称な人たちが眼前にいるとき、緊張してしまうこともあるかもしれない。眼前にいる人を支えたいと思うばかりに、いつのまにか自他ともに依存しあうかもしれない。ラジオ番組はリスナーが交流しあう時間が限られている。限られた時間が、リスナーの非対称性を和らげ依存から遠ざける。どこかの類似した人たちと、非対面でつながる場をつくり、そこに惹かれる人たちがリスナーとして集まっている。孤独な生きづらさを打ち明け、リスナーやパーソナリティは共感し励まし、またつぎの生きづらさへと移っていく。生きづらさは消え去らないし、現実も大して変わらないことが多い。それでも孤独な生きづらさに触れあい、その生きづらさが他者にもあると知ることが、明日のリスナーを支えているといえる。

民俗学とわたしたちが描く「障害」に向けて

わたしたちが暮らす日常にも「障害」はあり続け、それは民俗学の射程にも含まれている。フィールドワークの中で偶然にも「障害」や生きづらさに触れる機会もあるだろう。たとえば、視覚障害という切り口からは、視力や視野といった基準のみで定義できない、一人ひとりの生にせまることができる。自身が抱いていた「障害」への捉え方が揺さぶられ、自身の生きづらさに気づかされる場面もある。フィールドワークはわたししたちの当たり前を解きほぐし、多様な「障害」や生きづらさに気づくきっかけを与えてくれる。

一人ひとりの複雑な生を紐解き、その経験を表現しようとするとき、乗り越えなければならない壁はいくつもある。一人ひとりの生の濃さゆえに、表現しようにも表現し得ないこともある。そのようなときこそ、フィールドワークで出会った方々への感謝と配慮を胸に、自身の研究と日常が他者とともにあることを忘れてはならない。もがきながら描くなかで、誰しもが生きづらさを抱きうることに気づき、わたしとあなたという身近な関係から始められることが少しずつ見えてくるだろう。そのとき、わたしたちはどこかの誰かに優しく寄り添うことができるかもしれない。

《奈良場春輝》

第7章　暮らしと障害

共生を阻むものを記述する

入山頌

1.　民俗学と障害

わたしたちの日常と障害

その人「が」できないのか、何かがその人「を」できなくさせているのか。これは、前者は「障害を持っている」、後者は「障害がある」という表現に言い換えられる。障害は個人のものか、社会のものか、というわけである。そして今日では、障害は社会のもの、という前提に立って、状況の改善を目指していくことが強く求められている。法整備など世の中のルールを変えていくことはもちろん重要だが、この社会の一人ひとりが、社会課題との距離感に関係なく、障害は社会が生み出すものであると認識を改める必要があるだろう。

たとえば、バスや電車にスロープが設置されるのは、車椅子に乗った人が乗り降りするためである。駅員がホームで「乗(降)者ご案内です」と声に出しているのを聞いたことはないだろうか。恐ろしいのは、「歩ける」人にとってはスロープも駅員も関係ない(必要ない)、と考えることもできてしまうことだ。そうして「歩ける」ことを前提に社会がつくられていくと、「歩けない」ことがより不便になり、社会からは排除されていく。世の中が「歩ける」ことを当たり前としてしまうことで、障害を生み出してしまうのだ。

イヴァン・イリイチは、『生きる思想』という本の中で、足の動かない人が義足を使って歩こうとするのは(それを上等だ、とする社会は)いいことではない、という趣旨のことを述べている。なぜだろうか。それは、義足による歩行が「ともに」ということを排除するからではないだろうかとわたしは思う。人の肩を借り、ともに歩むことを、社会はその発展の中で失わせてきたのではないだろうか。「歩ける」という当たり前は一例に過ぎない。日常の中で疑いなく受け止めているものごとは、ある場面では障害かもしれない。本章では、民俗学がこれまで障害をどのように捉えてきたのかをみていく。そして、日常の当たり前を問い直すというその学問的意義の中で障害を論じることの重要性について考えてみたい。

民俗学の中で論じられてきた障害

まずは、日本の民俗学の中で論じられてきた障害についていくつかみていこう。福子の伝承というものがある。１９８３年、同名の本が大野智也と芝正夫によって書かれた。日本では家に生まれた子が障害を持っていた場合、そのことを決して疎ましく思わず、福をもたらす子だとして大切に育てていた、ということが書かれている。大野と芝は全国を対象にアンケートを実施し、確かに一定の範囲で福子という言葉が伝わっていることを示した。

もう一つ、仙台四郎の例をあげる。仙台四郎は、明治期に宮城県仙台市内で、おおらかでやさしく、おっちょこちょいなキャラとして認知されていた人物である。一方、彼の訪れた店は繁盛するという噂から、福の神としてもありがたがられていた。現在にいたるまで、彼の名前や人柄は多くの地域で知られており、商業グッズまで展開されている。以上は、清水大慈の「社会的弱者の聖化の研究」に詳しい。

この二つの例に共通するのは、障害者が福をもたらす存在として礼賛されていた、という点である。感覚的に、そのことを「よいこと」と感じるか「よくないこと」と感じるかが非常に重要になってくる。たとえば、福子の伝承は、むしろ福祉的な観点からいえば、人権の蹂躙《じゅうりん》ではないか、との批判があった。大切に育てていればいいことがある、という考え方の裏では、障害を持つ子どもの育児が福を得るための代償として捉えられているのだ。しかし、福子の伝承は、障害に対する社会の向き合い方の一つを示しているに過ぎない。確かに、昔を誤ったものとして批判することで、現代をよりよいものとして相対化することはできるだろう。しかし過去の過ちを引き算しながら今の自分たちのほうが正しいとするのは、歴史の中に無数に存在した命や暮らしのあり方に対してあまりにも傲慢《ごうまん》ではないだろうか。

民俗学は、人びとがいかに障害と向き合ってきたのかを、社会的、歴史的文脈に位置づけながら議論をしてきた。山田厳子は、大野と芝による『福子の伝承』出版の目的は、「伝承」や「民俗」を古きよきものとする大衆の漠然とした幻想に「あえて」乗ることで、障害を持って生まれたからといって、人は決して疎まれてきたわけではない、ということを客観的（学問的）に示すことであったと指摘している。時代ごとの「当たり前」によって命が振り回されてきた、その歴史的経緯こそが社会における障害であり、民俗学の学問的意義は、その当たり前と向き合い、見直すことができる貴重な方法としてある。

けれども、その方法を成立させるためには学問の分野にとらわれない多様な材料を参照する必要があるだろう。次は、現代社会において障害を生み出しているものを、暮らしの観点からみていきたい。

2. 障害者の暮らしにおける「自立」

障害者が暮らしの中で抱えている課題とはどのようなものだろうか。渡辺一史によるノンフィクション『こんな夜更けにバナナかよ』（２０１８年には俳優の大泉洋主演で映画化もされた）という本がある。この本では、筋ジストロフィーという病を抱えた鹿野靖明さん、そして彼の暮らしに関わった介助ボランティアの人たちの暮らしがつづられている。

渡辺は、あるボランティアスタッフが介助中に、鹿野さんの口からこぼれるよだれを手で受け止めようとしたときのことを本の中で振り返っている。よだれを汚いと思ってはいけない、失礼が無いように、という言葉を、渡辺はそのボランティアスタッフからから聞き取った。渡辺は次のように続ける。介助において、「下の世話」があるとき、自分の抵抗感を無理に抑える必要もないのに、ごく普通の感覚を押し殺してしまうところがあると。このように、介助を得ながら障害者が地域の中で暮らしていくことを、安積純子らによる書籍『生の技法［第3版］』では「障害者の自立生活」と呼んでいる。とはいえ、それを成立させることは鹿野さんの例をみても明らかなように、容易ではない。

そもそも現代において、自立という観念自体、その基準や価値観をめぐって、人びとを翻弄し続けてきた。それは巷《ちまた》にあふれている、組織で働くことや終身雇用よりも好きなことで生きていくというメッセージにも表れている。しかし、猪瀬浩平の論考「オルタナティブな働き方／暮らし方」によれば、既存の働き方や暮らしにとってかわるようなオルタナティブなもの、みんなこんなふうに生きればいいのにといわんばかりの広告の背景には、決してそうは生きられない大勢の人びとがいる。社会に無数のオルタナティブなるものをあふれさせ、人びとが生き方を見失う事態まで招いたのは、自立をめぐる人びとの競争の結果である。自由でオルタナティブな自立のイメージは、人びとの経済的自立を前提にしている。そして経済的自立は、働くことと不可分に語られる。

もちろん、福祉的な受給制度を用いて、障害者の暮らしがなんとか成立することもある。ここで問題なのは、そのうえで社会には依然としてお金とは労働の対価として受けるに値するのだという価値観が根強く存在しているという事実だ。岡原正幸は、『生の技法［第3版］』の中で、経済的自立を前提にした障害者の自立を、商品価値が無いとされた自らの労働力を商品として売ることができること、という「オーソドックスな障害者リハビリテーションの考え方」だとする。言い換えれば、健常者と同じように働き、同じくらいの稼ぎを得る、ということだ。この考え方は障害者の力量の発揮のみに重きを置いており、社会のあり方は問題ではない。障害者が健常者のように生きさえすれば、社会は改善の必要がないからだ。

一方、岡原は続けて、こうしたリハビリテーションによる経済的自立の達成に対抗して、家や施設ではなく、地域の人たちに介助を依頼して、自分の意思で暮らしの計画・管理・運営を目指すことを「障害者の自立生活」としている。先に紹介した鹿野さんのような暮らしである。「障害者の自立生活」は、経済的自立を前提にはしていない。そこで、鹿野さんのように人の力を得ながら地域で自立していく生活が目指されるのである。けれども、施設や家族によって成立してきた介助関係を抜け、自身の暮らしの拠点を確保し、地域の人びとに介助を依頼し、かつ自身の意思を人生に反映させていくこともまたなかなか容易ではない。

鹿野さんの介助で渡辺が目の当たりにした、「下の世話」の際に自分の抵抗感を無理に抑える必要もないのに、ごく普通の感覚を押し殺してしまう、という違和感に戻ろう。この違和感は、介助ボランティアの葛藤を示唆しておりとても重要だ。というのも、介助や治療の場として想定される施設や病院には、この違和感が存在しないからだ。岡原は『生の技法［第３版］』の中で、病院や施設では、医者と患者、職員と入所者といったように「する側」と「される側」の立場が明確であり、かつ権威的であるため、あらかじめ関係性が非対称なことから、身体規則への侵犯（当惑や羞恥を喚起しやすい行為）が正当化される、と指摘している。介助する側である健常者は、自身は人の手を借りなくても排泄ができるからこそ、排泄の場に人が立ち会っていることは嫌なことなのかもしれないと配慮してしまい、自分の感情を押し殺してしまう。一方で、介助される側は、我慢をさせてしまっていると感じて相手以上に遠慮してしまうかもしれない。何かが「できない」場面に「できる」側が立ち会うとき、お互いに対等な関係であると感じるのは容易なことではない。しかしこの困難さこそ、互いの対等性を導き出すためのとても大切な葛藤なのである。

もう一つ、『こんな夜更けにバナナかよ』には印象的なシーンがある。タバコが吸いたいという鹿野さんに対して、あるボランティアスタッフは、吸わせてあげるのが介助だと思いつつも、呼吸器を付けた鹿野さんにタバコを吸わせたくなく、口論になる。そしてこう振り返っている。「シカノさんにとっても、ボランティアが単なるイエスマンだと、おもしろくないいんじゃないかなと思って」。

岡原は、当事者と介助者が対立していることを重要視し、対立は当事者と介助者の関係を不安定にするかもしれないが、コミュニケーションの動機付けにもなると述べ、むしろプラスになるような行き違いや不満の顕在化を「コンフリクト」と呼んでいる。

こうしたコンフリクトは介助の場面だけではなく、地域における人と人との関わりについて考えるうえでも大切である。このことについて、次はわたし自身の例から考えてみたいと思う。

3．同じ地域でともに暮らす

障害者青年学級（以下「青年学級」）というものがある。わたしは学生の頃から東京都国立市の事業にボランティアとして関わっており（国立市では「しょうがいしゃ青年教室」）、そろそろ10年くらいになるだろうか。

青年学級は、自治体の教育行政が所管していて、いわゆる社会教育事業と呼ばれるものだ。事業の主旨は、たとえば国立市のホームページをみてみると、「しょうがいのある若者とない若者がともに活動して、お互いに学び合う場をつくることを目的にした青年教育事業」とある。クラフトやスポーツ、料理などを通したレクリエーションをそれぞれ月に1回実施しているほか、国立市の場合は市民による自主団体と連携しながら公民館内で喫茶店の営業などもしている。合宿やクリスマス会などの年間行事も楽しみの一つだ。公民館が窓口となり、市内の障害者を年度単位で募集しており、活動を支えているのは若者を中心とした有志のボランティア、ということになっている。学び合う、とは市の教育行政による事業だから、ということもあるかもしれないが、これまで触れてきた、当事者が地域に出て、周囲と関係を持ちながら自立するための、仲間づくりといった意味合いもあると筆者は感じている。介助関係を超えたつながりを、活動を通して学び取るのだ。

もちろん、ボランティアが当事者の生活の全てを支えることは難しい。どれだけ言葉で取り繕《つくろ》っても、障害を越えて一緒に何かをやるということは壁にぶつかることも多く、常に差別や排除と隣り合わせだ。けれども、こうした場には、福祉や教育経験のない人たちが、自分の暮らしの延長として関わっている場合が多い。普段は公民館で会うだけだと思っていた当事者の人を、ふと街中で見かけることもある。ボランティアはいいこと、仕事でもないのに福祉的なことをしていて立派、そうではなくて、特別なことではない、暮らしの中で接点が生まれる、共生のための取り組みの一つである。

わたし自身、国立市の青年学級と出会ったのは大学3年生、21歳の頃だった。動機らしい動機もなく、ただ大学で友達ができず、家の居心地も悪く、居場所が欲しくて、ボランティアという言葉に惹かれただけのことだった。障害のことは頭の片隅にもなく、幼少期から中学生まで続いた家庭内の祖父の介護から、暗く重たい印象すら持っていたと思う。それでも、気が付いたら20代のほとんどは公民館で過ごしていた。ボランティアとして、当事者とは公民館で会うばかりで、職場や家での様子はほとんどわからないが、会話の端々からその人のつらかったことに触れると、世の中理不尽じゃないか、と調子よく憤慨している自分もいる。その人の話すことやふるまいがなんだかおかしくて、笑っているうちに、あんなに重かった身体が羽のように軽くなることもあった。

大学院に進学して自分のやりたいことが何一つわからなかったときも、自分が普段関わっている所ならと、修士論文では青年学級のことを書いた。それから少しずつ、自分のこと、世の中のことを言葉にすることができるようになった。「ともにある」ということがどれだけ大切かを、「ともにある」なかで学ぶことができてている。

本章でみてきた福子も仙台四郎も、地域の中で誰かとともに暮らしてきた。現代の民俗学は、そうした事実を分析するにとどまらず、障害とともにあるなかで、障害とは何か、障害とともにあるとは何かといった考えを深めていくことができるだろう。ここでみてきた、複雑で上滑りした自立観に振り回される生きづらさ、できる側とできない側に分けることで管理される障害は、いずれも「ともに」という前提を忘却するか、排除することによって成立している。ちぐはぐで、葛藤を抱えながら対立することを恐れず関わり合うことが、障害者の自立生活や地域での暮らしでは不可欠だ。介助を結び目にした関わり合いはその一つだが、それだけが全てではない。互いを見つめること、話すこと、関わり合うことの手触りは、地域のいたるところにある。買い物に行く、電車に乗る、ランチを楽しむ、友人と語らう、そこにも介助は不可欠かもしれないが、より開かれた無数の結び目もとももにある。

本章を読んで、必ずしも障害について学んでみようとは思わないかもしれない。ただ、漠然とした関心があって、しかし何も言葉にならないというときには、遠くにあるものではなく、身近なものにも目を向けてほしいと思う。

参照文献

安積純子ほか『生の技法〔第3版〕』生活書院、2012年。

猪瀬浩平「オルタナティブな働き方／暮らし方――いたたまれなさに、居座り続ける」『現代思想』41(17)、2013年。

イリイチ、イバン『生きる思想――反＝教育／技術／生命』桜井直文監訳、藤原書店。

大野智也・芝正夫『福子の伝承――民俗学と地域福祉の接点から』堺屋書店、1983年。

清水大慈「社会的弱者の聖化の研究――仙台四郎伝承の発生と展開を中心として」『日本民俗学』217、1999年。

山田厳子「マイノリティをめぐる「語彙」と「文脈」――芝正夫と「福子」」『国立歴史民俗博物館研究報告』165、2011年。

渡辺一史『こんな夜更けにバナナかよ――筋ジス・鹿野靖明とボランティアたち』文藝春秋、２０１３年。

渡辺徹「「仙台四郎」にみる障害者観」『宮城教育大学紀要』35、２０００年。

国立市ホームページ「しょうがいしゃ青年教室」(https://www.city.kunitachi.tokyo.jp/kouminkan/kouminkan3/1521786391594.html) 最終閲覧：２０２３年2月28日。

第8章　ケガレ

差別と排除の民俗

今野大輔

1．ケガレの発見

みなさんは、「けがれ」という言葉が「ケガレ」とカタカナで表記されているのをみたことがあるだろうか。「けがれ」は「よごれ」と誤読してしまうような「汚れ」、あるいはあまり馴染みのない「穢れ」、どちらの漢字で表記しても誤りはないが、あえてカタカナで表記される「ケガレ」がある。今から半世紀ほど前に登場し、民俗学を含む人文社会学の世界に大きな影響を与えた学術用語であるこの「ケガレ」は、しだいに研究者たちの柵から脱け出し、今では一般向けの著書やニュース記事などを通してわたしたちの世界にもひっそりと定着しつつある。

汚いもの、汚れたものを連想させるこの「ケガレ」は、日常を表す「ケ」と非日常を表す「ハレ」という民俗学の研究成果から得られた概念の中の、特にハレに対立する概念として設定されたものだった。それまでのハレは、喜ばしいものであっても悲しむべきものであっても、非日常的なもので

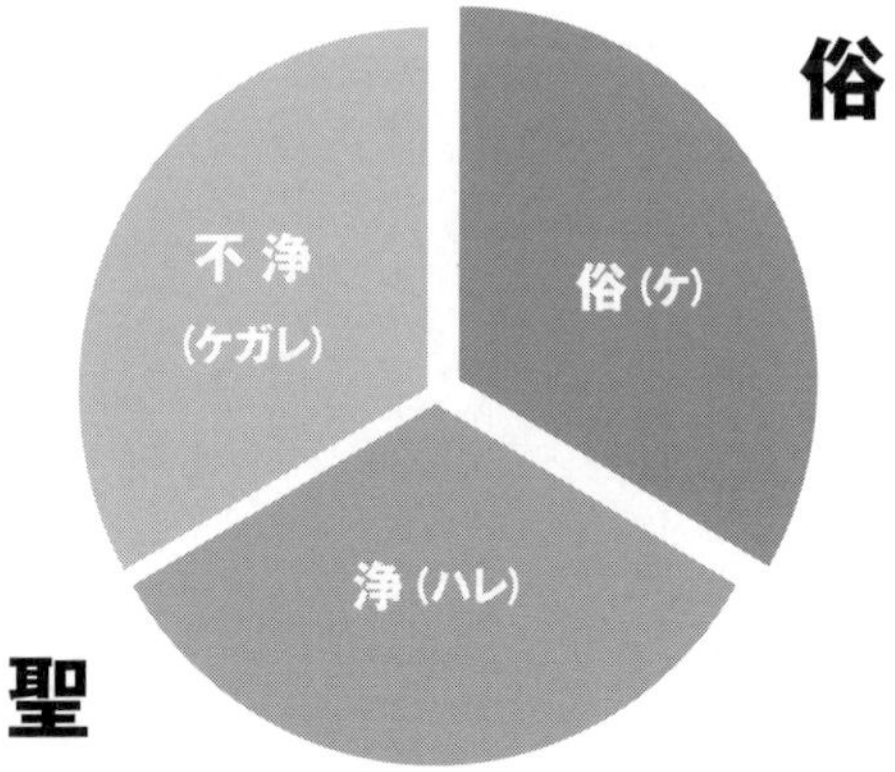

図１　波平恵美子のケガレ論

あればすべて含む概念であり、ハレはケと対立構造を形作るものとして捉えられてきた。文化人類学者の波平恵美子はこのハレを「清浄性」「神聖性」を持つものに限定し、悲しむべきもの、避けたいものとなる「不浄性」にこのケガレをあてはめたのである（図1）。

ケガレは、死や出産、肉食などを忌む平安時代の触穢（しょくえ）思想とつながる「汚穢」である、稲の霊力を意味する「毛」が枯れる「毛枯れ」である、いや、生命の活力源である「気（け）」が枯れる「気枯れ」であるなど、このケガレ概念は大きな議論を呼び起こすものだった（図2）。そのようななかで、民俗学者の宮田登は、差別を発生させる文化的要因の一つをこのケガレに求めたのである。

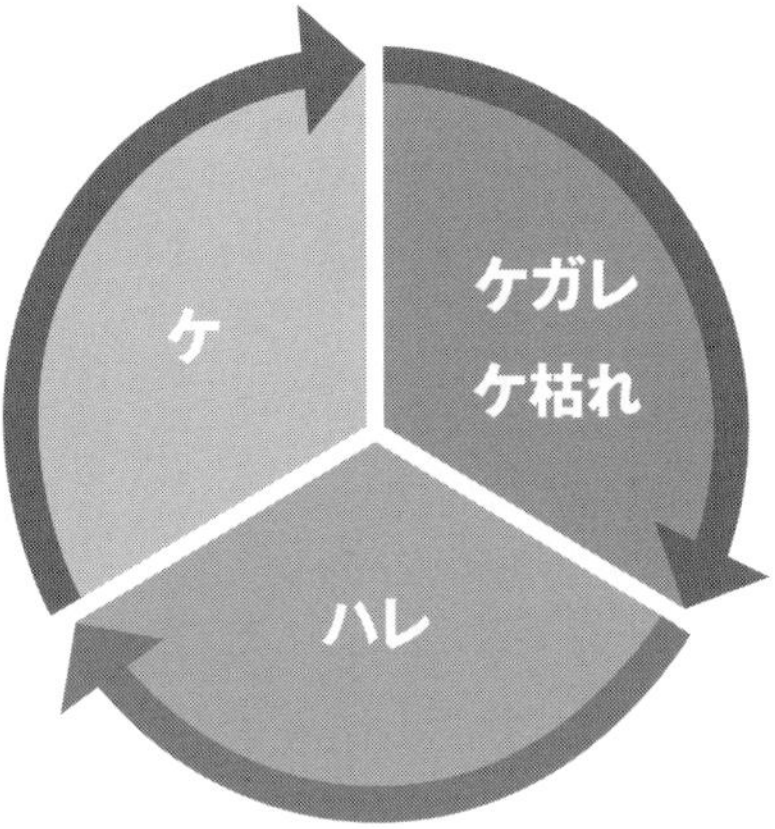

図２　桜井徳太郎のケガレ論

２．肉食とケガレ

わたしたちの食生活に肉は当たり前の存在であり、むしろ肉のない生活など考えられないという人も珍しくないだろう。四周を海に囲まれた日本であるが、水産庁によると２０１１年度から肉類の消費量が魚介類のそれを上回っており、実際に肉類はわたしたちの食卓の主役となっている。一方でその肉食は、日本においては近代に入って普及し、それ以前には動物の肉を食べることが避けられてきたと説明されることが多い。その背景として語られるのが、肉食をケガレとみなす観念の存在である。実際、明治初年に宮中で肉食が解禁された際には山岳信仰の行者が皇居への突入を計る事件があったように、かつて肉食をケガレとみなす観念が存在したことは間違いない。また、前述した触穢に肉食が含まれていたことも、仏教の戒律による殺生禁止が肉食を非としたことも事実である。神社の中にも肉食を参詣の際の禁忌としたところがあり、仏教・神道の各理論が肉食への忌避観念を社会に浸透させていった。肉食は避けるべきものという認識が広く存在したことは確かなのである。

とはいえ、海洋国家でありながら国土の大半を山林に覆われている日本には中型の野生動物も多く棲息しており、鳥獣を対象とした狩猟も発達した。そうした狩猟獣はもちろん猟師たちの口に入ったわけであるし、日本において日常的ではないものの、肉食が実際に行われていたことは様々な史料が示している。近代以前に肉食が日常的なものでなかった理由としては、ケガレ観よりも、食肉となる畜類を組織的に飼育し、衛生的な状態で屠畜・流通させる機構が整備されていなかったことのほうが大きいのである。その一方で肉類に対する忌避意識が実際に存在したことも無視できない。昭和初期に行われた民俗調査によれば、肉類を食べる際には別火といって普段とは異なる火で、しかも屋外で調理したという例や、神事や仏事の際に一時的ではあるが肉食を控えるという例もみられたのである。

3. 死のケガレと産のケガレ

黒不浄と赤不浄という言葉がある。前者は死に関する忌み、後者は出産と月経への忌みをそれぞれ示す語で、「ケガレ」と読む「穢」の字とともに死穢、産穢、血穢と呼ぶこともある。忌みとは「忌み嫌う」という用いられ方があるように、何かを嫌がり、避けようとする行動のことである。伝統的な日本の民間伝承には、死や月経を含む出産の際に、それをケガレとして忌む行為の存在が全国的にみられる。

死のケガレ（死穢）とは、死と死霊や死体の腐敗・腐乱によって発生すると考えられているケガレ観念であり、死者や死体との接触を忌む感覚は、『記紀』におけるイザナギの黄泉の国訪問譚からもうかがい知ることができる。こうした感覚は時代が下るにしたがって強化され、平安時代の貴族社会では死のケガレが極端に恐れられるようになった。

死はどのような人にも等しく訪れるものであるが、波平恵美子は、人の死が発生すると、心理的・社会的・儀礼的次元において、不安定で境界的な危機的状況が作り出されると述べた。そうしたあいまいさは死の発生した空間にある種の魔物を寄せつけ、付け込ませやすい状態を作り出す。現在の葬送の場面でもみられるが、遺体の胸元に短刀などの刃物を置く行為の背景には、刃物などの呪具の力を用いて、空っぽになってしまった遺体を乗っ取ろうとする魔物を防ぐ意図が存在する。

こうした、いわば死のもたらす力は死者と接触する生者にとっても無関係なものではない。とりわけ、遺体や墓穴に接触する人がより強く死のケガレを浴びると考えられており、各地の民間伝承にはそのような人びとを死のケガレから守ろうとするものが存在した。神奈川県の三浦市では、湯灌を行う際に親戚の者が裸になって冷酒を飲み、その後豆腐のヤッコを食べた。千葉県の成田市では土葬を行っていた時代に、墓穴掘りの後、その場で一升の酒と一丁の豆腐の煮物で飲食することで身を清めた。香川県の丸亀市では葬送の野辺送りに随行した者は、喪家に戻った際に塩と水で身を清めたという。いずれも死のケガレを清める、あるいはそれを予防するための行為であり、それほど死が発生した場には、その他の人を死に引き込む強い力が生まれると考えられていたのである。今では葬送儀礼のほとんどを専門の業者が担うことになっており、こうした民間伝承の多くはすでに過去のものとなっている。しかし、通夜・葬儀から帰宅した際、塩を振らないまま室内に上がるとしたら、何か落ち着かない気持ちになる人はまだまだ多いのではないだろうか。

なお、近年ではこうした清めの塩を疑問視する意見も見かける。これは、亡くなった人は決して「汚らわしい」存在ではないという、死者を悼み、生前と変わらず尊ぼうとする姿勢のあらわれである。ただし、ここで注意しなければならないのは、死のケガレは死者を単に「汚い」ものとみなすところから生じたわけではないということである。清めの塩も、死者を汚いものとみなしてそれを洗い流すための石鹸ではなく、身体に降りかかった死の力を祓うための効果が期待されたものとみるべきであろう。清めの塩をめぐるこうした動向は、いうなれば「ケガレ」という語が聞く人にもたらす印象に大きな影響を受けているといえる。

月経が女性の身体的成長を示すものであることを、知らない人はもはやいないだろう。学校や家庭での教育などを通じて、男女問わず月経に関する基礎的な知識が普及しつつある現代社会においては、かつて月経中の女性がケガレとみなされ、いわば隔離の対象となっていたとは、にわかに信じがたいことだろう。伊豆諸島や隠岐、北陸地方などの一部には、かつてコイエやベツヤ、ナガヤやクチゴヤと呼ばれ、月経の期間中の女性が生活する月経小屋が設けられていた。月経小屋での女性は家族と離れ、「別火」という家族と異なる火で煮炊きした食事をし、神社参詣も遠慮するような生活を送った。また、天明年間の伯耆（現在の鳥取県中西部と島根県の一部）において、月経中の女性が一週間タタラ（製鉄所）へ働きに出ることができなかったという記録もある。こうした事例は現在でこそ途絶えているが、かつては月経中の女性が神聖な場はもちろん日常生活の場からも忌避されていたことを示している。

その一方、かつて浜松では、女性が初潮を迎えると近所の家は米を贈り「初花が咲いておめでとうございます」と祝いの言葉を述べたり、三宅島では初潮を「ハツヨゴレ」と呼んでその際には親戚中が集まって大騒ぎをしたりと、最初の月経である初潮を女性の成長のしるしとして祝う民間伝承も報告されている。初潮には赤飯というように、祝い事のイメージを抱く人は今でも少なくないだろう。それでは、女性の成長を意味する月経が、なぜケガレというものと結びついたのか。

月経の忌みとは、その際に排出される血液に対する忌み、つまり「血穢（けつえ）」である。血穢の感覚は平安時代の文芸作品にもみられるが、それを拡大したとされているのが「血盆経」である。日本には室町時代に伝来したとされる血盆経は、出産の際の「血穢」が神仏を汚すため、女性が死後血盆池（血の池）地獄に堕ちることを説く、短文の仏教経典である。ここでは出産の血穢のために血の池地獄に堕ちると説明されているが、近世に入るとさらに月経のケガレのほうが強調されていく。この血盆経は熊野比丘尼という女性宗教者によって広められていき、血盆経信仰が、月経をケガレとみなす感覚を拡大させたと理解されている。熊野比丘尼は女人救済のために血盆経の趣旨を説いて廻ったわけだが、それが月経をケガレとみなす感覚を植えつける結果となったのは皮肉である。なお、血盆経は「偽経」であって、仏陀やその弟子たちの言葉を記録したものではない。

月経もさることながら、実際に新しい生命をこの世に送り出す出産は尊いものであるという認識は、国の違いに関係なくほとんどの人びとが共有しているものであろう。にもかかわらず、この血穢の感覚は出産をケガレとみなすところにまで延長していたのである。平安時代にはすでに出産をケガレとして積極的に忌避する傾向がみられるが、これはあくまで王侯貴族の生活を記した史料に出てくるのであって、当時の一般民衆が出産をどのように捉えていたのかははっきりしない。

一方、出産に関する民間伝承からは、かつて日本の一部地域で出産の際に女性が家族と離れて生活するための産小屋というものを持つ家や集落があったことがみえてくる。産小屋での生活は、産気づいてから入ってそこで出産する例と、自宅で出産したあと産小屋に一定期間こもる例とがあったが、いずれも病院出産の増加や民間の産婆の減少、母子健康手帳の交付といった出産の医療化が進んだ昭和20～40年代には次々に消えていき、それとともに出産をケガレとみなす感覚も忘れられていったのである。

これと同じように、月経をケガレとみなす感覚も、昭和30年代後半に生理用品が登場し、一般化していったのを境に稀薄化していき、今では月経も出産も、ケガレではなく尊い生命を連想させるものとなっている。月経や出産といった女性だけが経験することを、ケガレだといって忌避することは、現代の感覚に照らし合わせれば女性に対する差別以外の何ものでもないだろう。

4．ケガレの限界

こうして民俗学の世界にも多くの示唆を与えたケガレ概念はその後も議論が続けられた。宮田登は、ケガレはプラスの力をも持つ両義的なものであると主張し、さらに新谷尚紀はケガレが極限に達すると縁起物（カミ）に逆転しうる力を持つと指摘したように、現在の民俗学ではケガレを単なる汚穢というマイナスなものとして捉えてはいない。一方、ケガレと差別との関係は検証が進まないままだった。その原因の一つは、民俗学が差別について積極的に向き合ってこなかったことだが、もう一つは、様々な差別問題を分析するのに、そもそもこのケガレ概念は向いていなかったことにあるのではないだろうか。

この章では月経と出産がケガレとみなされ、女性が地域社会において差別的な扱いを受けていたことを紹介した。女性に対する差別は21世紀も4分の1を過ぎようとしている現在においても解消されておらず、Ｍｅ ｔｏｏ運動をきっかけにその根深さを改めて知った人も多いことだろう。血穢感覚が稀薄化して久しいにもかかわらず、女性に対する差別がなくならないのは、差別の原因がケガレとは必ずしも結びつかないことを象徴している。

多くの学問がそれぞれ専門的な学術用語を持っているが、人口に膾炙して用いられるものは多くなく、正しい理解に基づいて用いられているものはさらに少ないだろう。民俗学の世界で生まれて世に出ていった言葉も多くはないが、ことケガレに関しては早くして世に出た傑物であるといえよう。ケガレという語は非常に強烈である。民俗学の世界ではポジティブな意味をも持つ両義的なものと捉えられるようになったが、多くの人は「ケガレ」と聞けばネガティブな「穢れ／汚れ」を連想し、そこにポジティブな意味があるとは決して思わないだろう。このようにケガレ認識について、学界と一般社会との間に大きな隔たりがあるなか、民俗学が差別を論じる際、安易にケガレと結びつけるのは「差別される存在＝ケガレた存在」という図式を明示しかねない極めて危険な行為である。現実に差別・偏見にあっている人びとを前にして、「あなたが差別されている原因は日本人のケガレ観に求められる」と伝えたところで、どれほど差別の解消に近づけるだろうか。また、「ケガレは両義的なものなので、必ずしもネガティブな意味だけではなく、ポジティブな側面もある」と伝えたところで、差別されている人の苦しみが和らぐようなものではないだろう。ケガレ観に基づいて差別的な扱いをされたことと、差別の対象がケガレであることとはまったく異なるのである。ケガレ概念は、わたしたちの生活の奥深さを知るうえで多くのものを提供するが、差別について論じる際には、このケガレという存在とは一定の距離を置くべきだろう。

附記

本章でわたしは血穢感覚が稀薄化して久しいと書いたが、つい最近、宮参りに来た母子を、ケガレがあるため産婦の参詣は認めがたいと意見した神職のSNSが炎上した騒ぎがあったそうである。民俗学の世界では、産穢は段階的に薄れるもので、母子ともに30日（75日や100日という所もあった）もすればケガレから解放されるため、初宮参りはこのタイミングで行われると理解している。したがって、初宮参りの母子を依然として「ケガレ」と評するのは、神道の世界での理解は措くとして、わたしにすればケガレ観に対する誤った理解というほかない。ケガレの語が差別的な文脈で用いられ、その表現が炎上することは、やはりケガレに対するイメージが民俗学の世界とそうでない世の中との間で大きく異なっていることを示している。

おもな参考文献

関根康正・新谷尚紀編『排除する社会・受容する社会――現代ケガレ論』吉川弘文館、２００７年。

波平恵美子『病気と治療の文化人類学』海鳴社、１９８４年。

原田信男『歴史のなかの米と肉――食物と天皇・差別』平凡社、１９９３年。

宮田登『ケガレの民俗誌――差別の文化的要因』人文書院、１９９６年。

第9章　災害と生きづらさ

及川祥平

はじめに

日本は災害常襲国である。毎年のように発生する災害は人びとの日常を暴力的に奪い取っていく。災害について考えることは自然科学のみに託された任務であるかのようである。もちろん、災害の原因を明らかにし、防災・減災にむけた技術革新をすすめ、直接的に人命を救うのは自然科学である。しかし、災害は本書で扱う差別や排除、生きづらさと関わる人災をもたらすこともあるし、また日常では隠されていた問題を顕在化したり、新たな溝を人びとの間に生み出したりもする。災害下の、または災害後の生き方を考えることも、命の問題である。だとすれば、民俗学をはじめとする人文系の学問の成果は災害を考えるうえでも有用である。

鈴木岩弓は、災害の民俗学を「ヲミル型」と「デミル型」に整理している。「ヲミル型」とは、研究対象の実態解明を図る「災害を見る」研究であり、「デミル型」とは研究対象を通じてその背後にある問題解明を図る、「災害で見る」研究である。後者は日常では顕在化しなかった問題を災害を通してみるものといえるだろう。

本章では災害「で見る」スタンスから、差別や生きづらさの問題を考えてみたい。

1．被災時のこと

災害はいくつもの「分断」をわたしたちにもたらす。またはあらかじめ存在していた分断を可視的にする。もっとも、わたしたちの立場が分かたれてあることを、即座にネガティブなものとして断じることにも慎重であるべきかもしれない。わたしたちは、ともに力をあわせる必要はあるが、もとより「一つになる」必要があるのか、そのようなことが可能なのかという問いに対しては、常にセンシティブであったほうがよい。わたしたちが「一つ」になろうとするとき、そこから漏れてしまう、または覆い隠され、押しつぶされてしまう声や立場は存在しないだろうか。差別や個々人の生きづらさに注目することは、「一つ」にはなり得ない「わたしたち」が、そうでありながらも尊重し合い、手を取り合う手段を模索することにも貢献するものであらねばならない。それはもちろん、「わたしたち」を「わかり合えないもの」に不用意に切り裂いていく諸力に抗することにもつながるだろう。

社会にあらかじめ存在する分断が非常時下に可視的になる事例から見ていこう。たとえば、こうした機会に日常に潜在していた差別的感情が表出することがある。災禍のただ中にあっては、突き崩された日常への不安から、様々な流言が飛び交う。それらには人びとが日頃から感じている他者イメージが取り込まれる。１９２３年の関東大震災に際し、朝鮮人が井戸に毒を投げ込んだ、放火をした、暴動を開始したなどというデマが飛び交った。これを信じた人びとが自警団を結成し、朝鮮人、共産主義者、そしてそれらの人びとに間違われた人びとを虐殺するという惨事が関東地方の各地で発生した。驚くべきことに、まったく同様の、または同型のデマが２０１１年の東日本大震災、２０１６年の熊本地震に際してもＳＮＳ上で流通した。荻上チキは『検証　東日本大震災の流言・デマ』の中で、略奪行為に及んでいるなどとして、外国人を危険視するデマが飛び交ったことを紹介している。暴行や窃盗・略奪、暴動への不安が、被災地をめぐって高まったことは事実である。こうした流言をみて、「大昔に流行ったものの焼き直しである」と、現代人は笑うことができたであろうか。笑うことができなかったとすれば、それはわたしたちの他者をめぐる感性がこの１００年で十分にアップデートできなかったということでもあるだろう。

社会の中でマージナルな位置づけにある人びとをめぐる危険な言説がリアリティを獲得してしまうのは何故なのか。非常事態下で、冷静な判断を欠いていたということは理由の一つでしかない。むしろ、日常の中で、わたしたちがどのような人を他者化し、そのような他者との関係をどのように生きているのか、そして、どのようなリスクの潜在するものとしてこの世界を理解しているのかが、こうしたときに表出する。あらかじめ社会に蔓延《まんえん》する偏見や猜疑《さいぎ》心が誤った情報選択や発信を促してしまう。それに抗するうえでは、平時において各種のステレオタイプを相対化し、多文化化する社会を人びとがいかに多文化化し得ずに生きているのかを把握しておくことが意味を持つ。また、ある情報が、受け入れやすい「かたち」を獲得してしまうことを意識することも可能だろう。流言には型がある。先述の震災流言は戦前の焼き直しでしかなかったが、各種の言説に共通する構造やモチーフを析出することは、民俗学の口承文芸研究が厚く成果を蓄積してきた作業でもある。情報を確からしく／受け入れやすく構成する型の所在に意識的であることができるなら、そのような情報に直面したときに、確かな情報と盛られた部分とを腑分けし、冷静な判断をする際の一助になる。

避難行動や避難所生活の中でも、バリアフルな日常の問題が立ち現れる。災害はすべての人にとっての危機であるが、実は、リスクの程度や被害の程度、被災後の避難生活の困苦の程度は不均等である。それぞれの社会的属性の脆弱性（ヴァルネラビリティ）が、このような非常時にとりわけ可視的になるということもできる。高齢者、障害者、外国人などの、いわゆる災害弱者の問題である。誰もが命の危険に直面し、大切な人を失い、困難で不安な状況に陥ることはもちろんであるが、こうしたときに弱者や少数者の声は尊重されづらくなる。阪神・淡路大震災以降、災害に際するコミュニティの重要性が意識されている。東日本大震災に際しても、コミュニティ単位での生活を守ることが重視された。また、被災地では震災発生から間もない時期から、地域行事が復活したことも一般の注目を集めた。コミュニティは人をつなぎ、支え、力づける（コラム６「地域コミュニティを取り巻く生きづらさ」も参照）。その一方、既存のコミュニティがあらかじめ内在させる力の不均等や排他性、コミュニティに入り得ない人びとの存在が、こうしたときに課題として浮上する。たとえば、避難所生活では、生理用品の供給や授乳スペース、着替えのための空間の確保など、ジェンダーに関わるニーズが反映されづらい状況が生じた。東日本大震災女性支援ネットワークの『東日本大震災「災害・復興時における女性と子どもへの暴力」に関する調査報告書』では、各種の性被害に直面した女性の声も報告されている。レベッカ・ソルニットのいう災害ユートピアは非常時下において発生する美しい人的交流への名づけであるが、飯塚智規の指摘するように、それもまた現実の一面をしか写し取っていないということも忘れてはならない。

2. 被災地のこと

災害は、被災地とそれ以外の地域の間に線を引くかのようである。もちろん、被害はあるかないかだけでは測れない。災害は様々な程度で生活を脅かすのだから、被災地と非・被災地の間を区別する明確な基準は本当はないのかもしれない。地域を「被災地」に変えるのは、災害そのものであるよりは、それへの社会的反応であると考えてもよい。つまり、人間が設けるゆるやかな境界が、被災地と、または被災者とそれ以外を分かつ。そして、被災地像や被災者像が形成されていく。

被災地像や被災者像には各種の偏見が入り混じる。2011年8月、京都の五山送り火で燃やす薪に、岩手県陸前高田市の景勝地「高田松原」の松材を被災者の思いを記して使用する計画が持ち上がったが、中止された。放射能の拡散を心配する根拠のない苦情が殺到したことがその背景にある。同松材の表皮からはたしかに放射性物質が検出されていたが、より厳密な科学的検証を行うことなく中止されてしまったことが、その後の風評被害の問題に暗い影を落とした。ドイツ語圏の民俗学者へルゲ・ゲルントが述べるように、目に見えない放射能はしばしば情報として人びとに経験される。デマに引き続き、情報をめぐる人びとの文化的反応がここでも問われる必要があるし、目に見えない脅威への態度は、ケガレ観を持ち出すまでもなく、相応に歴史に拘束されているともいえる。

被災地として分節される地域が、災害を被った地域であるという以上に各種の意味を付与されることを、別の角度から考えてみよう。たとえば、被災地には支援の手が及ぶ。助けねばならないという善意の意識を外部から向けられる。実際、外部からの支援は被災地の生活を助ける。そうした支援の対象になるか否かは、被災地とそうではない地域の基準となるかのようだが、そうすると被災地とは心情的なものであるよりは、制度の中の概念ということになるかもしれない。東日本大震災の、特に福島第一原発の影響を被った地域の人びとが直面した分断を、トム・ギルは被災者支援制度との関係から「被害の原因による分断」「人が住む場所による分断」「家族構成による分断」「被災前の財産の違いによる分断」「働く人と働かない人の間の分断」「強制避難区域内の区分による分断」の6点に整理している。こうした諸点に応じて、被災者が受けられる支援には開きが生じ、それに起因する各種の不平等感が、人びとの共同を困難にした。避難者への差別やいじめに展開するケースがあったこともメディアの報じるところである。

また、被災地として眼差されることは、不均等な関係を外部との間に生じさせることにもなる。助ける／助けられる関係は、長期的にみれば相互転換的ではあるが、そのつどの局面においては一方的でもある。支援や復興の過程では、地域社会の生活の継続や再創造の中に外部の視点や発想が介在することになる。わたしの／わたしたちの地域であるにもかかわらず、である。たとえば、川島秀一や金菱清は東日本大震災後の防潮堤をめぐる議論に、海を生業の場とする者「ではない者」の視点を見出している。また、政岡伸洋は生業と生活への注目から被災地の内発的復興に外部の認識する復興感が混乱を生じさせたことを指摘している。何がどう必要で、それは何故で、どうすることが地域社会にとって好ましいかは、地域の人びとの意向こそ重視すべき問題であるが、地域の外部に由来する各種の事情が様々な程度で影響してくる点に、被災地の置かれる状況の難しさがある。

「復興」という概念に留意しつつ被災地を捉える際に、この内と外の相違、被災の実感の相違は重要な意味を持つ。「復興」とは何だろうか。復興はしばしば、外部から認識可能な、建物や道路などのインフラ、いわば生活外形の部分で議論されやすい。家屋やインフラの被害は計量可能であり、また、代替するものを供給可能である。他方、暮らしの困難さの認識や喪失の感覚は計量できないし、外部の人間は共有できない。また、目に見えるかたちでは復旧できない。山泰幸は復興儀礼という概念を用いつつ、心情的な面での復興理解、復興感の重要性を指摘している。こうした心情的な次元で、被災地とそうでない地域の差異は時間の経過によって大きくなっていく。とりわけ、目に見える、計量可能な次元での復旧が進むと、被災地の外部では災害が終わったかのような認識が広がっていく。災害を過去のものとして語りがちな外部と、今もなお喪失のリアリティが継続している被災地の間で、人びとの抱える痛みや悲しみは見えづらくなり、共感されづらくなっていく。電気もガスも水道も元通りになったが、亡くなった家族は戻ってこない。また、激変してしまった地域の中で、「今までのように」暮らすことはできない。いわゆる「復興」は、人びとの喪失の克服や心の回復とは必ずしも同義ではないのである。東日本大震災で家族や故郷の喪失を経験した子どもたちが、そうした喪失に起因して「いま」まさに生きづらさを感じていることを意識し、支援活動が展開されているケースもある。東日本大震災は今も人の心を苛《さいな》むものであるが、そのような震災の現在性は、当事者ではない者にとってはすでに「見えづらい」ものになってしまった。

筆者が訪れたある調査地の話をしよう。三陸沿岸地域にある同地は東日本大震災で津波の被害をうけ、多くの人命が失われた。被災後、荒れていた海岸線は時間の経過とともに元のような砂浜にかえっていった。同地の顔役であるAさんのもとを、ある環境団体の関係者が訪れたことがある。その人物の「白い砂浜が戻ってきてよかったですね」という言葉に、Ａさんはもやもやとした感情を覚えたという。震災前までＡさんが過ごした町は津波によってなくなっているのである。その人物に悪意がないのも間違いない。しかし、このＡさんのもやもやこそが、被災地と非被災地の間に横たわる実感の相違を象徴しているのかもしれない。

被災地内部における分断にも目を向けておこう。すでに支援制度が分断を生み出す例にふれたように、そもそも被災地内部でも被害の程度は相違するのである。したがって、被災の現在性は、被災地に暮らす各個人においても相違する。そのことが各地域に難しい問題を提起してもいる。山﨑真帆は被災地に暮らす人びとによる被災者像を把握しようとする立場から、入谷地区という、南三陸町にあって大きな津波被害を受けなかった地域を事例に、人びとが被災の中心から周辺化されるあり方を分析している。一方、こうした被害の不均等性に関わる民俗事例については、金子祥之が災害常襲地域をフィールドに、同地での水利慣行が被害の不均等性を社会的に解決する手段として、「水害の分配」または痛み分けの仕組みとして機能していたことを指摘している。地域社会に傍観者が発生することを回避しようとするものであり、災害に対して共同するための仕組みであったというのである。不均等に被害をもたらす災害に何度も見舞われながら、ともに生きていかねばならない地域の知恵・工夫が、一つの「災害文化」を形成した例といえるだろう。

民俗事例のかたちはとらずとも、人びとは多様な想いをぶつけ合いながら、自身や身近な人びとがより良く暮らせる地域を模索していく。東日本大震災後、津波の被害が深刻だった地域では防潮堤の建設が行われ、また、高台への集団移転が行われた。しかし、それは簡単に進んだわけではない。地域の人びとがみな一枚岩であったわけでもない。住民の安全と命こそ、何にも代えがたいことも言うまでもないが、防潮堤の建設に賛同した住民が、心の底から防潮堤を望んでいるわけでは必ずしもない。変えずに済むのなら、故郷の景観を変えたくなどない。その一方、海に接し、海を見ながら暮らすことを望んで、防潮堤に反対する者が、身近な人びとの命を軽視しているわけでもない。一人の人間の心の中にも、災害は分断をもたらしたのかもしれない。そういう幾重もの分断を抱えつつ、外部からの働きかけや各種の事情のもと、人びとは難しい合意形成を試みながら生きてきたし、今もそのように「被災地」を生きているのである。

むすびに

本章で取り上げた諸問題は、災害に直面した際の社会や文化の問題であり、つまり人の問題であったことは改めて強調してよい。そうであるとすれば、いずれも人の手で回避したり防いだり、より良い状況を構想することのできるものである。

災害時に期待される社会のレジリエンスとは、一人ひとりが災害前にどのような社会関係を築き、災害時にどのように人と向き合い、災害後にどのような未来を選び取ろうとしていくのかという点に尽きるのかもしれない。災害に起因して幾通りにも分断されてしまいうるわたしたちの姿を考えることは、平時において可能な、減災のための一つの手段であると考えられないだろうか。

参考文献

飯塚智規「ユートピアから省かれる災害弱者」『城西現代政策研究』15、2021年。

荻上チキ『検証　東日本大震災の流言・デマ』光文社、2011年。

金菱清『震災学入門――死生観からの社会構造』筑摩書房、2016年。

金子祥之「村落相互の対立と水害の分配――災害のもたらす被害から受苦へ」植田今日子編『災害と村落』（年報村落社会研究51）農文協、2015年。

川島秀一『津波のまちに生きて』冨山房インターナショナル、2012年。

ギル、トム「突然の追放、突然の富、そして妬みと差別――福島県飯舘村長泥・強制避難者の苦難」辻内琢也、トム・ギル編『福島原発事故被災者 苦難と希望の人類学――分断と対立を乗り越えるために』明石書店、2022年。

ゲルント、ヘルゲ「チェルノブイリ原発事故をめぐる「文化伝達」――民俗学における問題複合分析についてのモデル論」（及川祥平、クリスチャン・ゲーラット訳）及川祥平・加藤秀雄・金子祥之・ゲーラット、クリスチャン編『東日本大震災と民俗学』成城大学グローカル研究センター、２０１９年。

鈴木岩弓「いま、震災被災地で民俗学者ができること」『日本民俗学』２７０、２０１２年。

鈴木岩弓「災害」『日本民俗学』２７７、２０１４年。

ソルニット、レベッカ『災害ユートピア――なぜそのとき特別な共同が立ち上がるのか』（高月園子訳）亜紀書房、２０１０年。

東日本大震災女性支援ネットワーク『東日本大震災「災害・復興時における女性と子どもへの暴力」に関する調査報告書』２０１３年。

政岡伸洋「地域の暮らしと復興の課題」『学術の動向』18（12）、２０１３年。

山﨑真帆「住家への津波被害を免れた人々における東日本大震災からの「復興」――津波被災自治体南三陸町における「被災者だけど被災者じゃない」住民の経験から」『日本災害復興学会論文集』15、２０２０年。

山﨑真帆「復興過程における「被災者」の自己認識に関する一考察――仮設住宅居住者と非津波被災者の語りに基づく「被災者」の構造と輪郭の分析から」『日本災害復興学会論文集』16、２０２０年。

山泰幸「「象徴的復興」とは何か」『先端社会研究』5、２００６年。

第III部　生きづらさにせまる

第1章　話者と見つける研究視点

皮鞣し業を営む地域のフィールドワーク

岡田伊代

はじめに

わたしは近代工業を担う町工場における技術伝承と業種間の地域内ネットワークの形成、同業種を基礎とした地域自治について研究している。そのフィールドとしているのが、東京下町の工業地域で、当地は明治時代中期から約130年続く「皮革の町」である。皮革製品の加工の中でも、財布やかばんなどの製品製造ではなく、素材である革そのものの防腐加工・染色・硬さなどの質感を整える「鞣《なめ》し業」（産業種別としては製革業にあたる）を担う町として発展してきた。皮革に関わる仕事は、近世以前、被差別部落において営まれてきた歴史的背景を持ち、近代以降も同地を生産地としてきた事例が多いことから、皮革産業は被差別部落における特徴的な産業であることを意味する「部落産業」と呼ばれてきた。そのため、わたしが自分の研究内容の説明をすると、たいてい次のような反応が返ってくる。①「差別問題のことはやらないの？」と質問する。②「差別問題のある場所でそれ以外の視点は意味がない」と批判する。③「女性なのに部落問題という難しいテーマに取り組んでいて変わっている人・やる気のある人」などと評価する。その場ではいろいろと返答するが、実はいずれも何と返していいかわからない複雑な気持ちになる。なぜなら、これらの発言の中には、民俗学が、ないしは多くの人びとが、皮革産業を部落産業という一面のみによって捉え、差別を受けた歴史や経験が彼らの生活の全てであるかのような認識が凝縮されていると考えられるからである。

そもそも、技術・近代工業・生業などの視角から研究をしたいのであれば、異なる事例を選択することが適切であるとも言われかねないし、実際にそうした指摘を受けたこともある。それでもわたしが皮鞣し業を選んだのは、わたし自身の被差別部落への関心と、調査地での体験によるものだった。きっかけは小学生のときにたまたま地元の図書館で借りた部落問題に関するビデオだった。子どものときに体験した仲間外れというのは、外見・性格・能力が所属集団から突出・逸脱しているとみなされた場合だったので、子どもにはわかりづらい出自という理由によって社会から排除される部落差別に驚いた記憶がある。基本的に同和教育の行われることの少ない東京都では、非当事者が義務教育期間に部落問題に出会うことはほぼなく、歴史の授業の暗記対象程度に留まる。そのため、被差別部落の人びとが社会から排除されるという問題を身近な大人たちが一種の「当たり前」として捉えていることが理解できず、どこか昔話のようでピンとこない部分があった。よくわからないという気持ちはその後も膨れがあがり、大学では地元・東京都の皮革産業を対象とした研究をしようと考えた。当時は、人の一生を左右する人権問題に関わる業種であること、そのため調査の難航が予想されること、都市と産業などに関わるテーマならば他にも選択肢があること、そもそもわたしが未熟であることなどの理由から、周囲からは心配と反対とをされていた。しかし、無知すぎるわたしは無鉄砲にもそのアドバイスをはねのけてしまい、世間知らずをありがたくも受け入れてくださった方に出会えたことで研究を続けることができ、今にいたっている。

わたしの研究のスタートは部落問題への関心であったが、調査地におけるフィールドワークを経て、部落産業の他に、近代工業、都市における同業種家業の集住によって成り立つ業種、都市と労働、といったいくつかの視点を持って皮革産業を検討することになった。この考え方にいたるまでには、調査地被害のようなわたしの失敗、そして地元の方にかけたたくさんの迷惑があった。

本章では世の中で通説や常識とされていることが調査地でまるで通じないという戸惑い、現地で右往左往してきた経緯を書き連ねることになる。人の優しさと運でどうにかなってきたようなもので、何の参考になるかはわからない。それでも、フィールドワークとはどのようなものかということの一例を示せれば幸いである。

なお、民俗学では通常、個人名を表記し、調査地の様子をより正確に描きだすことにデータの実証性を置いている。しかし、皮鞣し業には歴史的な経緯や職業への偏見、近年では菜食主義による革製品への心ない目が向けられることも多く、話者として協力してくださった方々は現在も名前を明かすことに懸念を抱いている。本章ではそのような事情を鑑みて、具体的な個人名の表記を控えることをご了承いただきたい。

1．東京の皮鞣しの町

皮鞣し業とは先述したとおり、動物の生の皮を防腐加工し、染色し、質感の調整をする業種を指す。厳密にいえば皮を染めることに特化した染革業という業種も存在するが、皮鞣し業を名乗る工場の多くが染色まで行える仕様となっている。日本の皮鞣しの技法は明治時代以降、西洋化や開国にともなう軍備のため、海外の技術をふんだんに取り入れてきた近代工業である。皮鞣し業に携わる会社や人は、戦後は主に防腐加工をする際の成分であるタンニンに由来する「タンナー」という英語名で呼ばれることが多い。タンナーたちは所属する工場の規模によって持っている技術が異なる。限られた人数で仕上げまでを行う場合は多くの工程に精通しているし、人数が多い工場に所属していれば特定の工程に特化していることもある。機械の取り扱いなども同様で、一つの工程を外注工たちに委託する場合、タンナーはその技術を習得していないこともある。外注工はそれぞれの工程に敬称を付け、「染め屋さん」「漉《す》き屋さん」などと呼ばれている。現状、日本の皮鞣しは海外由来の技術なので研究者などはカタカナで技術を表すことが多いが、現場の職人さんたちは日本語訳した名称を使うこ

調査地を川の土手から見る。（2018年撮影）

とが多い。タンナーさんたちは地域の皮鞣し業の核として、工場の中で分担して仕事を進め、時には地域内の外注工たちと分業しながら、生の皮を人が利用できる革へと加工している。

わたしの調査地は東京の下町にあり、東と南とを川に挟まれ、皮鞣しには欠かせない水に恵まれた立地をしている。区内で一番面積が広い一方、そのほとんどは準工業地域であり宅地ではない。統計によれば、２０２３年2月現在、区内で二番目に人口の少ない地域である。国内で唯一自給できる皮革素材、ピッグレザー（豚革）の主な生産地であり、地域から出荷されるピッグレザーは国内シェアの約8割を誇る。まずは１９８９年の皮革産業沿革史編纂委員会による『皮革産業沿革史』を参照しながら、その歴史を紹介しよう。

江戸時代には数軒の農家が住む湿地帯で、小規模な農村にすぎなかった当地は、東京府都市部の郊外地として明治以降、いくつかの大きな工場が建った。その後、東京下町の増加する住民と市街地・住宅地の拡大による公害問題対策などを理由に、

1892年に警視庁から魚獣化製場取締規則の改正が命ぜられ、東京市内にある魚や獣畜の肉、皮、骨、臓器等を取り扱う施設は10年以内に市外へ移転した。わたしの調査地は移転先の一つであった。当時、皮鞣し業に携わる人びとの多くは、江戸時代において被差別身分に位置づけられていた。彼らは浅草北部に住み、江戸とその周辺の被差別身分の人びとを統率する役割を幕府から与えられていた穢多《えた》頭・弾左衛門の屋敷と、その周辺に集住していた。江戸時代、被差別身分の人びとは斃《へい》牛馬の皮を取り扱う権利を独占できるよう認められてきたが、1871年のいわゆる解放令によって、法的に身分が平等になると同時に権利も失われた（第Ⅱ部第1章「選べない出自と阻まれる職業選択」も参照）。皮革は、西洋化と軍需整備が必要な日本にとって欠かせない素材であり、士族などもその製造に乗り出した。零細規模の職人たちはそれらの大規模資本を競争相手や商売相手とするようになった。この町では、皮鞣し業の他に、動物の脂を加工する油脂業や膠《にかわ》業などの皮革関連産業の工場も増え、家族単位で営まれる「町工場」と大資本による大規模な工場、そこで働く人びとの住宅がひしめきあう「皮革の町」となった。当時は主に牛革を鞣していた。皮革は高級品であり、軍靴やベルトに加工するための革を軍へ納めると「1枚鞣せば1か月は暮らせる」と言われた時代もあったという。明治時代初期、東京で皮鞣しを行っていた人びとの中には、地方出身の移住者も多く、それぞれの工場が軌道に乗ると親戚を呼び寄せたり、東京での活躍を聞いた次男以下の若者が上京し、大きな工場で働きながら技術を身に付け独立したりして、町は栄えていった。わたしの調査においては、出生地もばらばらで、八百屋や、呉服の行商といった全く異なる商売をしていた者が、鞣し業を営む人びとの儲け話を聞きつけて、商売替えしたという話も採集した。経営者と被雇用者である職人とでは差があるものの、軍需を背景とした安定的な需要があり、多くの職人たちは独立を目指して技術を磨いていたという。

関東大震災以後、この町の皮革工場は都市計画のために東京府からの移転を再度命ぜられていたが、もう一つの移転地である近隣の製革業者たちと組合を立ち上げて陳情し、それを覆した。同じ頃埼玉県草加市からは工場誘致の申し出があり、自主的に拠点を移したものもいた。これら三つの町では現在も皮革の生産が続いている。このような皮革業界の社会的な必要性とは裏腹に、地区の小学生たちが学校で差別を受けていたことから、1937年に地域の中心部に地域の人たちの手で小学校が建設された。戦時中は統制の対象となり、従事する者も大幅に減少したが、終戦後もその担い手たちはメンバーを入れ替えながら増加していった。

戦後、好景気を背景に生産品の輸出量が急増し、当地では工場が増加した。多くは職人や兄弟間での独立、経営状況の良い工場による新たな作業場などの増設によるものだった。結果として、工場とその経営者・就労者たちの住居が蜘蛛の巣状に密集する住工混住地域となった。加えて、当地の皮鞣し業はそこに住まう人びとだけでなく、電車で通勤する郊外の労働者たちや、金の卵などといった地方からの集団就職者の受け皿にもなった。その繁栄ぶりは、朝の通勤電車のラッシュと、駅から地域へ出勤していく大勢の職人たちの姿として地域の人びとの記憶に刻まれている。その頃、原料費が安価なことなどから、ピッグレザーがこの町の主力製品となった。最新の技術を学ぶため、経営者層は組合でアメリカやイタリアへの視察に出かけることもあった。

話者たちは戦後から長く続いた好景気を、「作っても作っても仕事が終わらず、作ったら作っただけ売れる時代だった」として記憶している。また、当時は「どこの工場でも同じ製品を作っていた」という。海外のメーカーからの大口の注文が地域内中の工場に割り振られて発注され、流行している製品をどこの工場でも作っていた。ピッグスキンは、１９７０年代後半までは海外へ盛んに輸出された。工場の急激な増加のため、１９５７年には豚革協同組合が、１９５８年には東京ピッグスキン協会が設立されている。１９６４年以降は輸出入貢献企業として表彰される工場があったほど、この地域の革は大量に輸出されていた。

また、仕事場と住居が併存していたという環境下で、子どもたちは工場を遊び場としたり、親だけでなく工場労働者にも面倒を見てもらいながら育った。一方で、地域の中には商店が少なく、地域内の者が地域の外へ買い物などに行くことはあっても、地域外に住まう人びとが地域の中を往来することはほとんどなかったという。まだ社会全体が公害対策に乗り出していない時代には煙突からの煙や臭気、薬品や染料を含んだ汚水などが地域外からの差別的な視線を加熱させていた。このような経緯から、地域内は準工業地域に指定されて、騒音や臭気などの基準が住宅地よりも低く、長らく工場関係者以外の住宅は建てられることはなかった。

１９６０年代に社会運動が活発化すると、当地では１９７０年には地域でも解放同盟の支部が結成され、多くの皮革産業の会社や従事者たちも名前を連ねた。結成をきっかけに、町の中では道路の整備や住宅問題の解消といったハード面を中心とした整備が進められるようになった。

一方で、１９６０年代後期には代替製品の品質向上、１９６７年の公害対策基本法の制定、１９７１年の環境庁発足にともなう公害対策、加えて段階的に導入されたアメリカとの輸出入自由化など、産業を取り巻く情況は目まぐるしく変化していく。１９７５年には不況業種指定を受け、１９８５年には台湾といった他国が新規参入した。経営者たちの高齢化、後継者の不在などに悩んでいた頃、２００３年の都条例による排水規制の強化により巨額な負担をともなう濾過《ろか》槽の設置が義務化されたことを受けて工場数は激減した。

現在、この町には多くのアパートや戸建て住宅が立ち並ぶ。私鉄の駅が近く、解放運動の成果によって地域内のインフラ整備も整い、地区外のＪＲの駅まで続くバスの停留所もできていたことなどから、住宅地としてのニーズが発見されたためだ。仕事を続けている皮鞣し業と関連業社は今では10社に満たない。

このような歴史を持つこの町を調査地に選び、２０１３年７月、わたしはこの地区にある教育産業資料館を訪ねた。駅を降りてべた道をしばらく歩くと、どこからか肝油ドロップのような香ばしいかおりがして、何の食べ物かを思い出そうとしたのをよく覚えている。そのうち人家よりも工場などの大きな建物が増え、モーターのような音がしたかと思うと、工場の中では大きな木の桶がぐるぐると回っていた。普段の生活圏からさほど遠くもない場所なのに、まったく雰囲気の異なる町がそこにはあった。まずは地域のことを勉強しようと赴《おもむ》いた資料館で迎えてくださったのは、資料館の設立メンバーで管理をしていた元教員の方（以後、先生）だった。資料館は廃校となった小学校内にあり、教員と地域住民によって学校教育のためにつくられた。先生は新米教師として社会運動の機運が高まっていた１９７０年代に本校へ着任し、そのまま同和教育へと没頭した方だった。地域の人びとによって建てられた小学校は、戦後は地域の人びとの集う場所、そして解放運動や同和教育に関する重要な拠点となっていた。先生は、地域のことや、部落差別、職業への偏見とそれに対する地域の人びとの闘いの歴史をわかりやすくストーリーとして語ってくれた。先生へ質問してはそれに返すというかたちで会話は続き、地域で生活したことのある人の視点から町のことを垣間見たような気持ちだった。先生は毎年、工場見学にやってくる小学生、人権研修でやってくる公務員や会社員などへこの町を説明する。当時、わたしは部落産業と家業継承というテーマで研究を進めようとしていた。その後、地域内に知り合いの多い先生に、調査させていただけるような工場をご紹介いただけないか打診してみた。しかし、どの工場も忙しいので聞き取り調査に応じてくれるかはわからない、という返答だった。そこでその年の秋に唯一、一般希望者を受け入れていた工場の見学会に参加することにした。その工場が初めて入った皮鞣しの工場だった。当日は4階建ての工場の中を工場長のYさんの説明を聞きながら見学し、後日聞き取り調査をさせていただけることとなった。

2．一枚岩ではない人びと

「皮鞣し」「皮革産業」などについての文献の内容は、①部落問題に関するもの②部落産業に関するもの③皮革加工を科学的に分析するものに大分される。地域の人びととの生活にせまるものは①と②であり、①は部落問題全般を取り上げるもので、皮革産業はその一事例として取り上げられる。②は被差別部落に特徴的とされる職業を取り上げるもので皮革産業だけのものもあれば該当する仕事や地域などでまとめられているものもある。ルポルタージュのようなものもあれば、経済学の視点を中心とした産業の課題をまとめたものもあるし、その歴史に焦点をあてるものもある。部落問題に触れずに業種を紹介するものは男性向けのファッション誌の革小物特集くらいだろう。商品の紹介、商品への価値付けのための紹介なので、就労者を一人の職業人として取り扱い、内容はその技術力に焦点を置いている。①や②のような研究やレポートには、いくつかの共通した前提が提示されている。それは、皮革産業は部落産業の代表格であり、皮革産業を取り巻く後継者不足や人手不足などの多くの課題は差別問題によるもので、差別問題が解決するとそれらの課題が解消される、ということだ。複数の当事者たちが登場し、当事者の代表意見としての知見を団体の関係者が述べていれば、当事者全員が「すべての問題は差別問題に起因している」と考えている、と認識するのは容易い。しかし、フィールドワークに出て、わたしはそうした想定とは全く違う現状と出くわしてしまった。

2013年11月、わたしは定期的に自社で工場見学を開き、広く皮革製品や技術に興味を持ってもらう活動をしていたタンナーのYさんに話を聞かせていただけることになった。調査方法は民俗調査のオーソドックスな手法である「聞き書き」である。聞き取りを進めながら、ノートにそれを書きつけるというものっていたってシンプルな方法である。基本的には話者に好きに話してもらい、こちらは相槌をうったり、言葉を復唱するくらいのペースで進むことが多く、話者の話の流れをあからさまに方向転換するようなことはしない。話が脱線し、横道にそれてもその話を続けるし、案外その脱線した先でしかわからないこともあったりする。しかし、仕事を現役でしているような世代に行う聞き取り調査ではそのような時間が流れるには少々関係性が出来上がらないと難しい、という感触を個人的には持っている。忙しいために効率の良い手法を好む人も多く、調査者が質問を投げ、それに対して一問一答のように答えていただくような進み方をすることが多かった。

聞き書きの風景というのは、周囲から見て少しのんびりしているように見えるかもしれない。古老と縁側でゆっくりと話を聞くというようなイメージを持つ人も多いだろう（実際そのようなこともあるが）。聞きたいことだけを聞いても、聞けることというのは非常に限られている。端的にいえば、情報収集を効率化しようと話者を質問攻めにしたところで、一気にたくさんのことを思い出せるかは個人差があり、話を脱線させながら周辺のことを思い出す人も多い。時間をかけて話してくれる言葉の端々に本音と建て前が見え隠れしたり、同じような内容の話でも何度か繰り返し話しているうちに違う情報が出てきたりもする。それでも、わたしの話者の多くは都市部の働き盛り世代であることから、このような調査風景が生まれるまでには時間を要した。

さて、そのような事情から、Yさんの調査もわたしからの質問のような形式で進行した。家族の構成、家の興《おこ》りやその後の家業の歴史、家業経営の方法や工夫、地域社会との関わりなどを質問したあと、就労者の不足や今後の後継者問題について問いかけた。しかし、Yさんからは予想とは全く異なる返答が返って来た。「皮革産業だけが特別ということはなくて、そういう社会だから」というのである。皮革産業は有識者や当事者の間では「3K」と評される。「きつい、きたない、きけん」の三拍子が揃った仕事だということである。確かに、タンナーは作業の工程で劇薬を取り扱うことも多い。加工に使う機械には高速で回転する刃がついているものもあり、刃やモーターのベルトに服をひっかけてしまって大惨事になったという話も調査中に耳にすることは少なくない。Yさんは、製業にはそのような3Kがつきもので、社会全体が変容して若者たちの仕事観が変わったり、高等教育を受ける割合も増えたことから、他の製造業と同じような理由で人手や後継者が不足するようになってきたという。このとき、Yさんとわたしは事前に皮革産業にまつわる差別問題についての相互認識を確認したうえで話を始めていた。しかし、わたしが想定していた「産業における課題は差別問題とすべて連携している」という認識はYさんにとっては好ましくないし、Yさんの思う現実には即していなかったことで、不快な思いをさせてしまった。

その後、２０１４年2月にわたしは被差別部落問題をより深く知ることはできないかと、博物館や資料館を訪ねて関西地方へ調査旅行に出た。調査旅行では人権問題の博物館であるリバティおおさか（大阪府）、被差別部落の人びとによってつくられた銀行を資料館とした柳沢銀行（京都府）、水平社博物館（奈良県）、伝統的な皮鞣し技法である白鞣しで有名な姫路市（兵庫県）などへ赴いた。展示内容は差別とその闘争の歴史が中心で、その闘いの歴史や経験に誇りを抱く人びとと出会うことができた。その際、姫路市の革づくりの集落を訪れ、そこで出会った高齢のタンナー男性2人によって工場を見学させていただいたり、家業や地域の話をうかがう機会をいただいた。しかしそのとき、「差別の観点で職業を見られることは、わたしたちを一つの職業人として捉えてないのと同じこと」「人権問題は大切なこととわかって取材を受けても差別に関する話をするのは動悸のする思いだ」「困っていることは一般地区によく似ていて、部落だから特別な課題ばかりがあるということではない」「あなたは部落問題のほうを向かないで研究をしてほしい」ということを言われたことが大きな衝撃だった。

志水宏吉は２０１８年の論文の中で、部落問題への認知は一般的に東日本よりも西日本のほうが高いと指摘した。それは、1969年に同和対策事業特別措置法が施行された際に、その対象となることを願い出た地域の大半が西日本であったことからもうかがえる。そのため西日本では、学校教育の中に差別解消を目指して部落問題について学ぶ同和教育が積極的に取り入れられており、結果としてその認知度の差が生まれているともいわれていると志水は指摘する。Yさんから、被差別部落と関係のない社会的事情によって地域が変容していることを聞いたとき、わたしは何かしらの「被差別部落の人びとの像」を作り上げた状態で彼に対峙していて、Yさん個人よりも彼の持ついくつかの要素に焦点を当てて調査をしてしまったことに気が付いた。先行研究によって「部落産業の問題は全て差別からくるもの」という前提にあったわたしは、Yさんの語ることは志水が言うような経緯による、意識の差も起因しているのかと思っていた。しかし、この姫路市での出来事をきっかけに、文献に登場して語られる皮革産業の担い手と、文献に登場しない人たちの間にあるギャップに向き合わざるを得なくなった。

3. イレギュラーな調査依頼

通常、民俗調査を行う場合はいくつかの過程を経て地域へ入っていく。たとえば、調査地の教育委員会や地区長さんにご挨拶に赴いて、調査の目的を説明をする。場合によっては指導教員など、誰か

Iさんが経営する工場の鞣し場。タイコやドラムと呼ばれる大きな木桶を横に倒した機械が、洗濯機のように回って皮に薬品をしみこませる。（2018年撮影）

しらを通じて調査地を紹介してもらうことも少なくない。そして、被差別部落に関係するような場所では、地域内にある解放同盟などの人権問題を担う団体へ挨拶に行くことや先達になるような方にご紹介いただくことも一般的である。そのため、周囲の研究者は大学の教員などを介して調査していた人が多かった。大学4年生になり本格的な調査を始めるにあたって、わたしも同じような作法を通す予定だったが、先生からは調査先の紹介はそれぞれ忙しいので難しいといわれていたし、人権に関する団体を通して紹介される人びとは人権活動の一環としてわたしを受け入れてくれる可能性が高く、先の出来事からそれにも抵抗を持っていた。一枚岩的に見えていた当事者の中に、異なる意見を持つYさんや、姫路で出会った2人のような人がいることを知った以上は、人権問題に注目した研究への興味はすっかりそがれてしまい、「皮鞣し業を事例として、家業が都市でどのように運営され、地域がつくられてきたのか」ということに関心は移っていたからである。そこでわたしはこれらの一般的な作法を全て飛び越え、タンナーたちが経営する工場に直接手紙を書いて個別に調査依頼をすることにした。手紙の参考にしたのは、就職活動などにおける企業訪問の依頼の文面である。自己紹介、調査したいことの趣旨などを連ねた手紙を送り、手紙が届いた頃に電話をして、改めて調査の依頼をした。おそらく、民俗調査としてはあまり一般的ではない方法なので読者の方には簡単にはお勧めできない。

しかし、周囲やわたしの心配をよそに、調査の受け入れはほとんどの工場で許可された。調査の初回は、自己紹介、調査趣旨を説明したうえで、部落問題に対する認識はあること、そのうえで差別の実情を事細かに聞くようなことは調査の目的ではないことなどを説明した。直接会う前に、「皮革の世界の歴史を理解しているか」という質問をしてこられた工場もあった。ただ、基本的な姿勢として部落問題そのものの調査に来たわけではないため、タンナーの方たちは仕事や家の興りなど多岐にわたる内容を教えてくれ、工場の労働の様子を一日中観察していることを許してくれたりもした。自身の仕事に対して、「肉体を酷使することも多く大変だが、一方で強いやりがいを感じている部分も多い」と仕事の話をする職人さんたちの目は輝いていたし、自分たちの技術がいかに難しいものかをよく教えてくださった。

工場への調査を進めがなら、地域に残る手作業で鞣していた頃の道具や文献資料の調査も先生のもとでしており、先生にも調査の進捗をときおり報告していた。地域の中にいれば、解放同盟や人権団体の方々とも顔見知りになる機会が多くあり、正面から挨拶にいくよりも、よりゆるやかに関係性を築きながら調査を進めていけたのは幸運だった。調査中は人権活動に熱心な人とそうでない人とがいること、そして、両方のあり方を知りながら調査することを心がけていたように思う。

4.「差別を語らない人」たちの語り

研究の方針を変えてからの調査では、それぞれが持っている技術や、ここまでの経緯を軽快に話してくれる人が多かった。つらいことをあえて話さないようにしたという人もいただろうが、自分の技術でどれだけ稼ぎを得たのか、どんな技術を持っているのか、何ができるのか、肉体を使うことだけでなく薬品を扱い化学式と格闘する日々があることをいくらでも話してくれる人びとだった。何人か紹介しよう。

たとえば、調査をするうちに活発に意見交換をする仲になった工場長のMさん。彼は、地域の出身で、地域の中で育った。地域外で仕事をしたのち、地域に帰ってきてタンナーの仕事に就いた。彼の働く工場は4階建てで、隣には社長一家の家屋が併設されていた。彼は一社員として工場長を担い、1階の鞣し場と呼ばれる場所で鞣しの工程を担当していた。1階には鞣しや染色などの水を扱う工程と梱包《こんぽう》などの出荷に関する工程の作業場があり、階が上がるとスプレー染色やプリントなどの表面の加工、防腐加工を終えた革を乾燥させる干場のフロアなどがある。その工場で経営を担うのはIさん。経営一家の長女で、母や兄とともに経営を支えている。彼女は自分の家の仕事が社会を支えていること、家業を継ぐことの現実的な厳しさといったことを丁寧に教えてくれた。働き手の多いこの工場では、高齢者から外国出身の職人さんまで多様な人がおり、経営する人、働く人、両面から鞣し業を調査させてもらった。

そして、地域の顔役で高齢のHさん。親の代から、地域の様々な折衝を担い、「地域のために」という理念でいろいろと手を講じてきた。地域内で意見が割れることはもちろんあるが、それでも自分が動けるうちはと、自分の家業以外にも組合活動や同業者の交流をするなど、町の歴史を気にしながら工場を続けていた。

Kさんは近年、父から譲り受けた鞣し工場を手放して、外注としてのリスタートを切った。家業を継いだ理由を「ちゃんと働かなくちゃと思ったから」と言い、法令整備によって工場の施設維持に高額な資金が必要なときも、「この仕事しかないと思った」と言って、廃業せずに仕事を続けていた。彼が今も続けている工程は、地域内でもできる人が少ない。地域が大きな工場のように仕事を分担してきたからこそ、それぞれの持つ技術の存続が、自分以外の仕事仲間の商売の維持にどう影響するかを鞣し業を担う全ての人がよくわかっている。調査では8社の経営者や職人たちが聞き取りに応じてくれた。

人権問題の現場には、「差別の語り部」がいることが多い。差別問題と闘うために、自身の経験を話したり、書き物に記す当事者のことである。それは歴史や現状を伝えるのに必要なことであるし、蔑《ないがし》ろにされてきた権利を獲得するためにも不可欠であり、欠かせない役割といえる。デモや集会などの場だけでなく、人権研修で講師をしたり、地域の見学会や子どもたちの社会科見学などでガイドになったり、非当事者にわかりやすく語る技術も持っている。しかし、その場に立つということは、語り部自身が一種のアイコンとなって実情を伝えることであり、それは自分をリスクに晒し、つらい記憶を何度も呼び起こさねばならず、覚悟を必要とする。しかし、わたしが話者とした人たちはそのように差別経験を自己開示することは少なかった。そもそも調査内容も差別問題に焦点を当てていなかったこともあり、差別経験に触れずとも調査は進んでいた。しかし、2年、3年と調査期間が経過するにつれて部落問題に関する語りが聞かれるようになっていった。たとえば、加盟している人権団体を介した日常的な付き合いがあり、その団体が地域活動として町内会や組合に並ぶような位置づけにあること。自分の家の仕事が差別されてきた歴史を持つことを教育として習ったこと。それを知って幼い頃に、驚いたり悲しんだりしたこと。同和教育を受けたことで、自分の立場を語ることや出自に誇りを持つ以外の選択が難しく悩んで疑問に思っていること。仕事について聖性を帯びて語られることに違和感があること。これらは、仕事について聞き取る数年間の間に、徐々に話者たちから自発的に発せられた。このような考え方は表立って活字になることも少なく、地域外の人が一番に目にする解放運動を基軸にした記録からは知ることの難しい「思い」である。地域の中には様々な考えを持つ人がいて、必ずしも一枚岩ではない。このような「語り部化しない人たち」は直接交渉で調査依頼をしたからこそ会えた人であり、だからこそ聞けた意見でもあると考えている。差別を積極的に語らない人たちの目から見える皮鞣し業や地域を含めて、この業種やひいては差別問題そのものを考えていく必要があるのかもしれない。

おわりに

東京、姫路で出会った人たちの「自分たちを歴史ではなく個人で認識してほしい」ともいえるような思いは、差別問題を研究すれば差別問題解消になる、研究者の役割を果たせる、という視点を打ち砕くものである。これは差別問題から目を背けるのではなく、差別の事象を真正面から捉え、集め、検討することだけでは「差別を研究している」ことにはならないと考えられるからだ。ましてや、差別の内容を聞き取ることができたら研究者として「えらい」わけでもない。いくつもの価値観や、一人ひとりの視点が地域のあり方を作っており、わたしもまた差別問題へ配慮したうえで、多面的な研究視点が必要だと考えるようになった。

差別問題の悲惨な窮状を明らかにする必要が高まった時代から時は移り、課題の所在も変わっている。民俗学では一般地区と差異のない事象を検討することは意味がないと指摘されることもあった。しかし、これらの研究の姿勢は、「被差別部落には他の地域と違うことしかない」という錯覚を生み出してしまったともいえる。よく考えてみれば当然のことだが、部落問題に関わる事柄とそうではない事柄との間には、異なっている部分もあれば共通している部分もあるのだ。そして、当事者たちが地域や自分の人生をどう受け止めているのかについては、それぞれに大きな差があるということを忘れてはならない。これが、わたしがフィールドワークから学んだことである。「差別問題のことはやらないの？」には「差別問題以外の地域のことはどうでもいいの？」と返すだろうし、「差別問題のある場所でそれ以外の視点は意味がない」と主張することは当事者たちの人生を一面的にしか捉えられていない。加えて、「女性なのに部落問題という難しいテーマに取り組んでいて変わっている人・やる気のある人」というわたしへの評価は、多分に性差別的な発言だろう。皮革産業もその他多くある仕事のうちの一つであり、それらへの研究もあまたある研究の一つにほかならない。手法はケース・バイ・ケースであり、聴きやすい人の声だけを聴いても、わかることは限られる。耳を澄まさねば聞こえない差別を語らない人たちの声をどう聴きとって検討していくのかが、自分がフィールドで話者と出会うことで見つけた課題であり、差別問題に限らないフィールドワークの心がまえと研究視点である。

参考文献

志水宏吉「同和教育の変容と今日的意義――解放教育の視点から」『教育学研究』85（4）、2018年。

皮革産業沿革史編纂委員会編『皮革産業沿革史 上巻』東京皮革青年会、1959年。

皮革産業沿革史編纂委員会編『皮革産業沿革史 下巻』東京皮革青年会、1989年。

政岡伸洋「差別と人権の民俗学――部落問題をめぐる議論を中心に」『日本民俗学』252、2007年。

第2章　わからなさと交差点
国立ハンセン病療養所でのフィールドワーク

桜木真理子

はじめに

初対面の相手に自分の研究テーマを話すと、どうしてハンセン病の研究を始めようと思ったのかとよくたずねられる。「大変そうなテーマですね」と同情するような眼差しを向けられることもある。だが正直に答えれば、わたしには初めから明確な動機があったわけではなかった。

筑波大学で民俗学を学び始めた当時、わたしは民俗学では主流のテーマといえる祭礼、生業、宗教などよりも、差別問題やマイノリティの問題に関心を抱いていた。理由の一つは、大学図書館で偶然見たドキュメンタリービデオで、初めて被差別部落の問題を知ったことにある。特定の地域やイエがレッテルを貼られ、昔から今にいたるまで差別を受けているという、理不尽な現実が存在していることに衝撃を受け、なおかつ今までそれらについて何も知らなかったことを恥ずかしく思った。そして、差別についてもっと知りたい、知らなければならないと感じたのだった。それに加え、貧困や被差別部落に関心を寄せていた赤松啓介や宮本常一の著作を同じ頃に読み、深い感銘を受けたことも差別やマイノリティの研究に関心を寄せるきっかけとなった。

しかしそこで困ったのは、そうしたテーマの研究に取り組む教員も先輩も、当時わたしが所属していた筑波大学の民俗学研究室にはいなかったことだった。差別という軽率には扱えないテーマに対して、何の調査経験もない未熟な自分が何をどのように始めたらよいのか見当もつかなかった。差別問題に関心を抱くきっかけは被差別部落だったので、被差別部落問題の研究をしたいと考えていたが、調査の糸口を摑むことができず、卒業論文のテーマを考え始めなければならない3年生になってもわたしはしばらく調査対象を決められずにいた。

転機は突然やってきた。筑波大学民俗学研究室の卒業生であり、群馬県在住の民俗学者である佐藤喜久一郎さんとたまたま話す機会があった。そのときに自分の研究関心を話し、そのうえで調査テーマが決められず困っていると相談すると、群馬県草津町のハンセン病療養所に行ってみてはどうかと提案された。佐藤さん自身は赴いたことはなかったそうだが、彼の知人がそこを訪ねる機会があったといい、「一つの村みたいになっていて面白いらしいですよ」と佐藤さんはわたしに言った。その当時、わたしはハンセン病について無知に等しかったが、「一つの村」というその言葉の響きには、何か惹きつけられるものがあった。そんなわけで、今思い返すと何ともいい加減なきっかけだったが、佐藤さんの提案が動機となって、わたしはハンセン病療養所に足を運ぶことになった。

本章では、わたしのハンセン病療養所でのフィールドワーク経験を振り返りながら、生活史調査という調査方法や、過酷な経験を持つ人びとから話を聞く際に突き当たった壁、そして調査を通して自分自身が何を学び、なおかつ後年になってどのように調査を通して見聞きしたことと出会い直したかについて記したい。振り返ればわたしのフィールドワークは失敗と反省点ばかりだった。お世辞にも自分が優れたフィールドワーカーだったとは言えないが、わたしの経験が読者のみなさんにとって反面教師のような役割を果たせるとしたらせめてもの救いである。

1. 国立ハンセン病療養所栗生楽泉園へ

日本には国立ハンセン病療養所が13園、私立のハンセン病療養所が1園存在している（平成まではそれに加えて2園の私立療養所が存在したが、在園者の減少を理由に閉園した）。わたしが訪れた国立療養所栗生《くりう》楽泉園（以下、楽泉園）（1932年〜）は、草津温泉で知られる群馬県草津町の東端に位置する、山の傾斜に沿って築かれた緑豊かな療養所である。わたしは2013年7月から2016年9月にかけて、通算約2か月間楽泉園に滞在し、調査を行った。いつも、実家から譲り受けたおんぼろの日産マーチで、つくば市から草津町までぶっ続けで4時間ほど車を運転していった。楽泉園の中には

「石楠花荘《しゃくなげ》」という面会者用の宿泊施設があり、面会者は最長1週間をそこで過ごすことができた。わたしはそこの簡素な6畳敷の和室で寝泊まりしながら、1週間程度の滞在を何度も繰り返していた。

「療養所」と聞くと病院のような施設を想像するかもしれないが、楽泉園には在園者の居住施設と医療施設だけでなく、自治会施設、図書室、多目的ホール、売店、共同浴場、教会、寺社、納骨堂など、生きていくために必要なありとあらゆる施設が揃っていた。療養所が「一つの村」のようだと形容されたのは、ここに暮らす人びとが小さな社会を築いていたからなのだろう。在園者の人びとは、幼少期、あるいは青年期から数十年間にわたって楽泉園に暮らしている。わたしが初めて訪問した2013年7月の時点で、113人の元ハンセン病患者がここに居住していた。以下では、ハンセン病療養所に住む人びとのことを「在園者」と称す。

在園者が暮らすところは、介護・看護を必要としない人びとのための「一般舎」、失明や手足の障害など、ハンセン病の二次障害によって介助が必要な人びとのための「不自由舎」、老齢化や病気が原因で入院が必要になった人びとのための「病棟」に分かれている。わたしがよく行ったのは一般舎だった（写真1）。一般舎はいわゆる長屋造りで、赤いトタン屋根の下に3世帯分の住居がある。ゆるやかな坂に沿い、その長家式の舎が道の両側に並んでいる。似通った見た目の建物が等間隔に並んでいるので、初めの頃はよく目的地の家がわからず道に迷った。一般舎と不自由舎の建物の前には小さな畑地があり、人によってコスモスやひまわりなどの季節の花々を植えたり、小さな菜園をこしらえ

写真１　栗生楽泉園　一般舎の外観
（2016 年 8 月撮影）

たりしていた。昼時に通りがかるとよく在園者のおじいさんおばあさんが畑や庭の手入れをしているところに出会った。

初めに会って話を聞かせてもらったのは、当時の自治会長・藤田三四郎さんと副会長の谺《こだま》雄二さんだった。藤田さんと谺さんの２人は、顔を出して数々のメディアに出演し、語り部活動も積極的に行っていた、楽泉園の顔といえる存在だった。事前に楽泉園の在園者自治会を通して電話で問い合わせたところ、意外にもすんなりとインタビュー依頼は受け入れられ、わたしは初めて楽泉園に赴くことになった。２０１３年7月の末だった。

2. ハンセン病患者への差別と隔離政策

ハンセン病とはどのような病気なのか、そしてハンセン病を抱えた人びとが社会からどのような扱いを受けてきたのかをまずは述べておく必要がある。ハンセン病とは細菌感染によって発症する病気で、古くは「癩《らい》病」とも呼ばれていた。感染力は非常に弱いことで知られている。潜伏期間が長く、感染から数年、場合によっては数十年という長い期間を経て発症することが多い。症状は主に皮膚と神経に現れる。たとえば皮膚が腫れ上がったり、顔や手足などが発疹で覆われたりし、皮膚上の病変部には発汗障害や脱毛などが加わる。さらに、神経の細胞が侵されることで、神経痛や、後遺症として知覚麻痺・運動麻痺が残る病気でもある。こうした症状そのものに加え、顔や手足などの見える部分に後遺症が残ることも、当事者にとっての日常生活に支障を生じさせるだけでなく、ハンセン病に対するおそれや偏見・差別を引き起こす原因となった。紙幅の都合上、本章でハンセン病患者に対する差別の歴史を詳しく述べるのは不可能なので、ここでは明治期以降の政策と国立ハンセン病療養所の関係にだけ触れたい。本書第Ⅱ部の第5章「病気と差別」と第6章「差別に対する患者たちの抵抗と紐帯」の章もあわせてお読みいただきたい。

近代のハンセン病患者らの生は、ハンセン病患者の隔離を定めた日本政府の政策（いわゆる「隔離政策」）と、それを助長する世間社会に翻弄《ほんろう》された。ハンセン病患者の隔離がいかに進められていったかは、歴史学者の藤野豊が詳細にまとめている。日本で初めて公的なハンセン病療養所が建設されたのは明治時代の末である。政府は法律「癩予防ニ関スル件」（1907年公布、1909年施行）を制定し、経済的に困窮し、いわゆるホームレス生活を送っていたハンセン病患者を収容するため、必要に応じて居住地の病院の隔離施設に任意に収容することを定めた。ここからハンセン病患者を感染予防のため療養所に隔離するという対策が講じられることになった。その後、ハンセン病患者を療養所隔離へと追いやる動きはさらに高まりを見せた。「癩予防ニ関スル法」を改正した法律「癩予防法」（1931年）では、すべてのハンセン病患者が療養所への隔離対象とされ、さらに過酷で強制的な隔離が進められた。ハンセン病患者らは、「伝染防止」のためという理由で、全国の国立ハンセン病療養所へと強制的に収容された。「隔離」という言葉通り、国立ハンセン病療養所が置かれたのは、いずれも人里離れた場所だった。

そのうえ、ハンセン病に対する社会の強いスティグマ（一般と異なるある特性を持つ個人や集団に対して、社会的に貼られたレッテルのこと）から、ハンセン病患者の家族の多くは周囲から患者の身内がいるという事実を隠そうとした。それによってますます家族と患者とが疎遠になるといった不幸な連鎖によって、ハンセン病患者の社会的な孤立は深まっていった。さらに、長年の隔離は患者の社会復帰を困難にした。戦後からハンセン病に対する治療法は徐々に確立され、ハンセン病が治癒の見込みのある病気となったにもかかわらず、ハンセン病に対する社会からの差別や重い後遺症を理由に、社会復帰者はごく少数にとどまり、在園者はその後も終生にわたって療養所で生きた。すでに時間が経ち過ぎていたのである。

病気に苛《さいな》まれるだけでなく、病気が周囲に知れわたった途端に家族や生まれ故郷から引き離され、帰るあてもなく療養所で暮らし続ける。ハンセン病患者は国家社会からそのような人生を強いられた。それは「生きづらさ」という言葉を遥かに超えた、壮絶な体験である。１９４０年代後半から、全国のハンセン病療養所の在園者らは患者団体を組織し、療養所内の生活改善や在園者の権利回復を求めるために政府に向けた患者運動を繰り広げた。その粘り強い交渉によって徐々に国立療養所の状況は改善し、隔離を定めた政策も１９９６年にようやく廃止された。現在の療養所は、かつての歴史を知らない者が見れば、ごく平穏な暮らしに包まれているようにしか見えないだろう。だが、そのような静けさの中にも、「あそこの木で首を吊って自殺したやつがいた」といった、過酷な時代が偲《しの》ばれる記憶が世間話に混じることがあった。

3. 生活史から開かれてゆく過去

「どのようにしてこの療養所に来ることになり、そしてどのようにここで暮らしてきましたか」。この問いを皮切りに、インタビューは始まった。わたしは生活史調査（ライフヒストリー・インタビュー）を調査方法としていた。生活史調査とは、個人のこれまでの生い立ちをじっくりと聞き取る調査手法である。インタビュアーが事前に用意した質問を一問一答形式でたずねてゆくインタビュー調査とは異なり、生活史調査の場合は話す内容や進め方を基本的に相手に委《ゆだ》ね、語りたいことを語ってもら

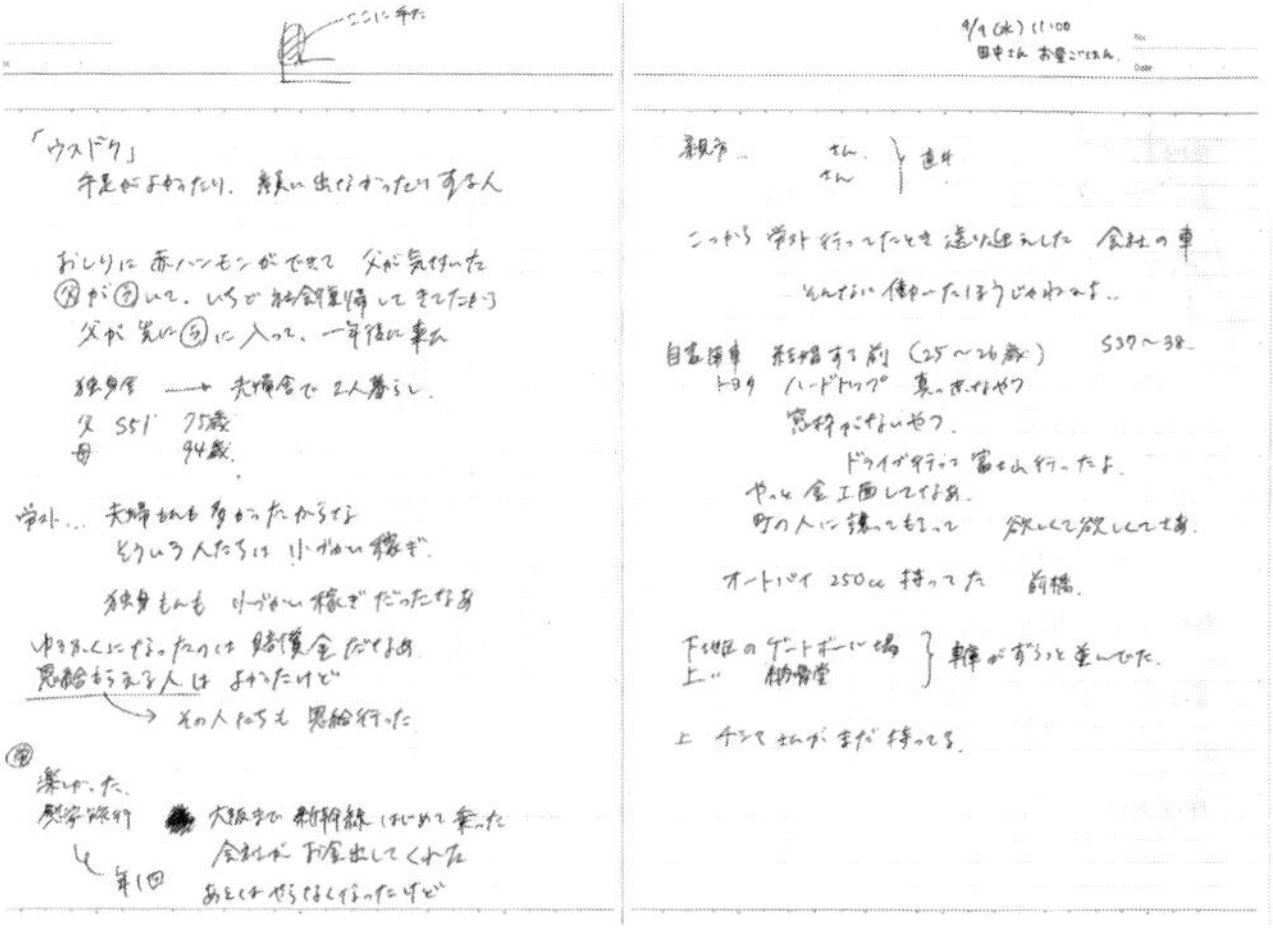

写真２　調査中につけたノート

う。聞き手、つまりわたしは、たまに合いの手のような発話や質問を挟みつつ話を聞いた。わたしは相手の居宅にお邪魔させてもらうことが多く、用意してもらった座布団に座って、お菓子やお茶をいただきつつ、ちゃぶ台を挟んで話を聞いた。ＩＣレコーダーを回しながら、聞いた内容を整理するためコクヨのキャンパスノートにメモを記していった（写真2）。生まれ故郷や家族のこと、いかにしてハンセン病に自分や周囲が気づいたか、病気はどのような経過をたどったか、療養所でどのような仕事をしていたか、さらに結婚のこと、社会復帰をして懸命に働いたこと、初めて旅行に行ったときのこと、療養所の中で亡くなった友人のこと、将来について——話題はとめどなく広がっていった。

　生活史という、個の経験を基点とした歴史は、伝記や歴史書のように中立性・客観性を目指して書かれた歴史とは大きく異なる。その人が何を行い、誰と出会い、何を感じたのか――様々な過去の出来事が、その人の視点を通してわたしたちの前に展開される。それは生々しくも豊かな語りであった。

そして何より驚かされたのは話を聞かせてくれた方々の体力だった。一度のインタビューで話が尽きるなどということはほとんどなく、たいていは別の日に持ち越して続きを聞かせてもらった。一度のインタビューが3時間半に及んだこともあった。インタビューの間はとかく語られる内容に夢中だったが、終わったあとはいつもどっしりとした疲れを感じ、自室に戻るとすぐに寝入ってしまっていた。慣れない調査で緊張していたからというのも理由の一つだったが、半世紀以上を生きてきた人びとの生活史を受け取ることはそれほどの重みがあったのだ。おそらく語った本人も、相当のエネルギーを費やしながら話してくれたことだろう。その点で、生活史調査は単なる調査法の一つではなく、全身的な体験だったといえる。

4．生活から身体へ――問いの変容

断っておきたいが、わたしは差別問題に関心はあったものの、調査の際に真っ向から差別体験に切り込もうとしていたわけではなかった。それよりもまず、彼らが療養所で送ってきた生活をよく知りたいと考えていた。施設としての楽泉園とそこにおける生活のありかたは、おそらく病院での入院生活とも、また村落社会の暮らしとも異なっている。在園者らは、数十年間の長期療養の中で、様々なかたちで独自の生活様式を築いてきた。社会学者の青山陽子はこれを「患者文化」と称している。わたしはこうした「患者文化」の一つである「作業」（患者作業）に注目した。全国の国立ハンセン病療養所では、療養所の設立初期から昭和40年代まで、職員や予算の不足を補うため、また患者の経済手段、慰安や互助を名目として、看護、木工、洗濯、裁縫、食事運搬などの「作業」を在園者が分担していた。身体的な不調や障害を抱える在園者が、働くということをどのように捉えていたのか、そして作業を取り仕切る立場であった在園者自治会は、制度面からどのように平等性を確保し、なおかつ身体障害の重い在園者への配慮を行っていたのかを描こうとしていた。

しかし、その後のわたしの研究は、次第に在園者の身体やハンセン病医療に着目するようになっていった。療養所内の仕事から身体・医療へ、というと劇的な変化に見えるが、この転換は、彼らの生活史が医療や身体的体験と分かちがたく絡み合っていることへの気づきから得られたものであった。調査の当初、わたしは病気や後遺症といった身体的な事柄には触れてはいけないのではないかと感じていた。病気に対する偏見から社会的に排除され、そして今ではすでに病者ではない相手に対して、わざわざ身体的な事柄に言及するのは失礼なのではないかと気兼ねしていたからだ。実際、こちらから言及することはほとんどなかったのだが、わたしのためらいとは裏腹に、在園者の人びとは自身の身体の変化や、これまで受けた治療、薬剤の種類、検査などについて、時には彼ら自身の身体の部分を指差しながら頻繁に話してくれた。わたしはそれによって、病気や障害、そしてそれに関わる医療実践が、いかに彼らの生に多大な影響を占めてきたかに改めて気づかされたのである。

ハンセン病の歴史をめぐる一般的な歴史記述では、「戦後、特効薬の登場によってハンセン病は「治る病気」となった」という定説がある。もちろんそれは大枠としては真実であり、治療薬はハンセン病患者に光明をもたらしたのだが、わたしは、その時代を生きてきた楽泉園在園者個々人の経験を聞き取るにつれ、戦後のハンセン病患者がたどった過程をより複雑なものとして理解する必要があるのではないかと考えるようになった。戦後に現れた新たな治療法や診断・検査法は、病気からの回復という希望をもたらすだけでなく、患者にとっての「病気」や「治癒」の解釈を揺るがすことにもなったからである。また、ハンセン病自体が治癒してもなお残り続ける手足の障害や感覚麻痺が、「病気」と「治癒」の境界をきわめてあいまいにしていた。

たとえば、症状も落ち着き、特に身体的な不調もなく過ごしていた人は、体内の菌保有量を計測する検査で陽性が出続け、そのために園外への外出をしばらく制限されたという。その逆に、「重病者」としてみなされていた人が検査で「完治」していると診断される場合もあった。可視的な身体の状態や当人の自覚に基づいた「病気」の枠組みと医学的な基準との間のギャップは、「本当に治ったのか」、あるいは「本当に病気なのか」という葛藤を在園者の間に生じさせた。そして、医学的な「治癒」から数十年が経過してもなお、在園者は自身の過去の経験や現在の身体の状態を通して、医学上の病気の定義や処置に対する違和感や判然としない感情を抱くことになった。

在園者の人びとが薬剤や検査の変化に翻弄されながら自らの身体や病気と対峙《たいじ》してきたことを知ってからは、そのような彼らの複雑な生をいかに描くかがわたしの次なる研究課題となった。調査初期の研究計画では全く想定していなかった身体という要素が、いつの間にかわたしの研究の軸となった。こうした転換は、生活史調査を続ける中で、在園者の語りから浮き彫りにならなければ起こり得なかっただろう。わたしの研究関心は、自らの身体や医療に向けられた在園者の関心と連動し、生成的に変化していったのである。

5．文献資料とフィールドワークの往復

文献調査とフィールドワークのどちらを主とするにかかわらず、調査対象の関連資料を収集する作業は背景的な知識を深めるために重要になる。

わたしの場合、ハンセン病、あるいはハンセン病療養所に関する文献が収集対象となった。具体的には、社会学者や歴史学者が著した論文、ハンセン病療養所で取材を行ったジャーナリストが書いた著作物、療養所在園者や社会復帰者へのインタビューをまとめた著作などである。さらに、当事者であるハンセン病療養所在園者、あるいは社会復帰者が自ら書いた文芸作品や手記、各療養所自治体が

発行する機関紙や沿革史も数多く存在する。これらの資料は、楽泉園の図書室や自治会室、東京都東村山市の国立ハンセン病資料館図書室、国立国会図書館で読むことができた。

ハンセン病の関連資料は膨大にあるため全ての資料を網羅《もうら》できたわけではないが、関係すると思われる資料は可能な限り目を通すようにした。多くの資料のうち、調査のために特に役立ったのは、栗生楽泉園の在園者自治会が編纂した園史『風雪の紋』（1982）と『栗生楽泉園入所者証言集』（2009）で、これらは生活史上の出来事の時系列を確認したり、療養所独自の制度や文化について知る助けとなった。さらに、病気を扱うわたしの調査に特有の文献としては医学書や医学論文があるだろう。語りに出た身体的な症状や後遺症、治療、検査法などの身体的・医学的側面を理解するため、比較的最近のものから数十年前のものにいたるまでの医学書や医学雑誌の論文も収集した。

わたしの研究では、フィールドワークから得られたデータと文献資料の往復をひたすら続けながら分析を行っていった。相手の話の内容や文脈を理解し、インタビューを円滑に進めるための手段としても文献は利用できるが、問いを生み出す手段としても文献は非常に役立つ。様々な資料を読み、自身がインタビューで聞いた話とそれらを突き合わせてゆくと、既存の資料から抜け落ちている情報や両者のずれが浮かび上がってくる場合がある。仮にインタビューから得られた話の内容が他の記録と異なっていたとしたら、それはこれまでは見落とされていた重要な点であるかもしれない。同時にそうした「不在」や「ずれ」の発見は、文献の書き手の研究上の立脚点や無意識的な傾向を炙り出すことにもなる。わたしが医療や身体に焦点を当てたのも、ハンセン病元患者の生活史を扱った先行研究ではそれらに関する議論がなく、なおかつ在園者らが語る経験と、ハンセン病医療に関する言説との間にずれがあると気づいたからであった。このように、あらゆる資料との比較は、研究の問いを先鋭化し、その後の調査において自身の研究の独自点をさらに深めていくために重要だった。

6. 過去に踏み込む難しさ

当たり前だが、調査はうまくいくときもいかないときもある。わたしの場合も様々な難しさに直面してきた。まずぶつかった問題は、調査に応じてくれる人に容易に出会えなかったことだった。たいていの民俗学調査がそうだと思うが、わたしの調査協力者の探し方はいわゆる芋づる式というもので、話を聞かせてくれた人に、そのまた知り合いを紹介してもらうというものだった。これに関しては当時の自治会長の藤田三四郎さんに大いに助けていただいた。調査協力者を探していたわたしのために、藤田さんは家の電話から園内のあらゆる人に内線をかけ、こういう学生が来ているが話をすることはできないかと掛け合ってくれた。そして幾人から承諾を受け、その後のインタビューにつながっていった。

しかし、話を聞かせてもらう機会を得ることは簡単ではなく。直接的・間接的にインタビューの依頼を断られることは日常茶飯事だった。「○○さん（他の在園者）が話してくれるから」「わたしはそういうのはいいよ」などと、自分が話し相手になることを遠回しに避けたり、ためらいを示したりする人は少なくなかった。わたしから直接インタビューを申し込んだある男性からは、インタビューをされること自体が怖い、と明らかに拒絶反応を示された。

彼らが断るのも当然だった。どこの者とも知れない学生が唐突に現れて、これまでの人生について話してくれと言われたところで、不信感を覚えたり、気安く自分の人生を話したくないと感じるのは決して不思議なことではない。楽泉園の在園者のみなさんには総じてとても親切にしていただいたし、何度も園に通うなかで多くの人と知り合った。ただし、それでもすんなりと調査に応じてくれる相手はなかなか見つけられなかった。そのため、わたしがインタビューをできた人はそう多くない。結果的には、話を聞かせてくれる人のところに繰り返し通い、生活史を深めていくという調査の仕方に落ち着いた。

インタビューの約束を取り付けたあとでも、インタビューによって相手に不快な思いを与えてしまう失敗もした。調査を始めて2年目の秋、わたしは自治会長から不自由舎に住む盲目の男性を紹介してもらった。さっそく翌日に行ってよいということだったので、次の日その男性の部屋を訪ねた。こたつの前に小さな背を丸めて相手の男性はわたしを待っていた。わたしは彼の真正面に座り、自己紹介をして調査目的を話したあと、いつもどおりノートを広げてインタビューを始めた。だが、そのインタビューは初めから何かぎこちなかった。詩人であり自伝的な著作も出している彼は澱《よど》みなく自分の生い立ちを語り、わたしが途中で質問を挟み込む余裕はほとんど無かった。わたしは療養所の中での彼の過ごし方が気になっていたが、彼が主に語ったのは、生まれ故郷のことや家族のことだった。そうして、どこか噛み合わなさを含んだまま話は進んだ。

そして、開始から1時間ほど経過し、彼にとってつらい思い出である家族の話に差し掛かった頃だった。「もう帰ってください」。もううんざりだといった様子で男性は話を打ち切った。なぜ今さらこんな話をしなければいけないのかと彼は声を震わせ、目元を隠すために付けていた薄い色のサングラスの下からは涙が流れていた。わたしは激しく動揺した。自分の祖父ほどの年齢の男性がそのように感情をあらわにするのを目の当たりにしたのは初めてのことで、しかも泣かせてしまったのはわたし自身だったからだ。わたしは取り乱し、傷つけてしまったことをひたすら謝って、いたたまれない気持ちでその場を後にした。石楠花荘の部屋に戻ってから、わたしは一人泣いた。相手を泣かせてしまったという罪悪感と申しわけなさで、どうしようもない気持ちに襲われたからだった。ただただ申しわけなかった。翌日、このままではいけないと思い、再び男性のもとを訪れて、昨日の失礼を改めて詫びた。男性はおおらかに昨日の出来事を許してくれた。ただし、インタビューはそれきりになった。あのときどうしていればよかったのかは今でもわからない。もう一度インタビューを申し込めばよかったのかもしれないが、そうするにはわたしはあまりに臆病だった。

わたしの落ち度は自分が調査によって相手に精神的な負担を与える可能性を十分に想定していなかった点にあった。自分が相手よりもはるかに年下で、なおかつお願いをして話を聞かせてもらっている立場上、わたしは自分自身を相手よりも弱い立場にあると思っていた。しかし、つらい経験を持つ相手に調査協力を依頼する場合は、わたしが投げかける問いや、場合によっては調査を申し入れる行為そのものが相手に心理的負担を与えうるのだと、この経験を通じて痛いほど自覚したのだった。教訓じみたことをここで述べる資格はわたしにはないのだが、インタビュー相手を泣かせてしまうという取り返しのつかない一件があってから、つらく感じる事柄については無理に話す必要はないこと、精神的負担を感じたらいつでもインタビューを中断してよいことなど、無理のない範囲で話してもらうようにインタビューの冒頭にまず相手に伝えておくよう注意するようになった。もちろん、どんなに注意を払ったとしても、意図せぬかたちで自分の言動が相手を不快にさせたり傷つけたりする可能性は常にあるが、調査者のエゴによっていっそうの傷を相手に与えてしまうことはできる限り避けなければならないだろう。

7. わたしと他者の人生が微かに交差するとき

人類学者レナート・ロサルドとミッシェル・ロサルドのよく知られたエピソードがある。レナート・ロサルドとミッシェル・ロサルドは、１９６０年代と１９７０年代にフィリピンのルソン島に住む狩猟採集民イロンゴットを調査した。フィリピン政府が戒厳令を出すまで、イロンゴットの人びとは首狩りの風習を持っていた。近親者を亡くしたとき、イロンゴットは低地の人間を襲撃して殺害し、その首を投げ捨てるのだ。ロサルド夫妻にとってイロンゴットの首狩りの風習は、いくら現地で重んじられている文化実践とはいえ、到底受け入れられないものだった。彼らはイロンゴットの年配の男性から彼らが首狩りを行う理由を聞いた。その際男性は、死別の悲しみとともに湧き起こる激しい怒りを消し去るためには首狩りをせざるを得ないのだと夫妻に対して答えたが、ロサルド夫妻は他の人を殺さなければならないまでに激しい怒りを理解することができなかった。

だが、ミッシェルが１９８１年のフィールドワーク中に転落事故で亡くなるという悲劇的な事件が起きた。突然妻を失ったレナートは深い悲しみに暮れ、同時にやり場のない強烈な怒りを抱いたという。「そのときはじめて、わたしはイロンゴットたちが悲しみと怒りと首狩りについて、繰り返しわたしに語っていた話の迫力が把握できる立場にたったのである」と、彼はあとで回想している。

ロサルドがイロンゴットの首狩りに対する受容のしかたをあとから変えたように、調査時点では飲み込めなかった他者の経験や感情が、突然リアリティを帯びて感じられる瞬間がある。わたしがインタビューを通して出会った人びとが受けた差別の過酷さがリアリティを帯びて感じられたのは、直接話を聞く場よりも、むしろ日常生活の中の些細《ささい》なことを通してだった。恋人とともに眠るときや、友人と電車で小旅行に出るときなどの小さな幸せや喜びの瞬間、わたしの心には療養所に生きた人びとのことが浮かんだ。わたしにとっては「普通」であるように思われる生活上の出来事が、ハンセン病患者の人びとにとっては決して普通ではなかった事実を改めて思った。わたしが差別というものの重みを本当に考えられるようになったのはそのときからであった。

さらに、調査を行った期間からかなりの年数を経て、解釈にも変化が生じた。それはハンセン病患者に対する断種・堕胎《だたい》の問題に対してだった。ハンセン病療養所では1915年頃から、優生学的思想を根拠に、結婚した男女に対する不妊手術や妊娠した女性への堕胎手術が行われていた。療養所は原則としてハンセン病患者に子どもを作ることを許さなかったのだ。必然的な結果として、療養所に住む人びとの大部分には子どもがいない。断種・堕胎と子孫の不在という繊細な事柄に関して何も語らない人もいた。特に、女性からこの話題を聞くことは一度もなかった。男性の中には、事実として淡々と語る人もいた。またある男性は、結婚と同時に受けざるを得なかった断種手術がいかに苦しく屈辱的であったかを、当時の怒りを蘇らせるかのように語気を強めて生々しく語った。

調査を始めた頃、わたしはまだ20代前半だった。断種・堕胎が許しがたい行為であるとはその当時もわかっていたが、子どもが持てないということが当事者にとってどのような感情を抱かせるかをうまく想像できてはいなかった。もちろん今もわかっているとは言えない。しかしながら、わたし自身が年齢を重ねるにつれ、子どもがいないことがより深刻な問題としてせまってくるようになったことは確かだ。今、わたしに子どもはいないが、30代という、子どもを持つかどうかを意識せざるを得ない年になった。同世代の友人らが次々と出産して子育てするのを横目で見ながら、もしかするとわたしはもう子どもが持てないのかもしれない、という思いが頭をかすめることがある。そのときわたしの心には、自分の人生のどこかが欠けてしまったような、何とも言えない悲しみが込み上げてくる。自分自身が年齢を経たことで、子どもの有無がいかに人を思い悩ませる問題であるかが最近ようやく腑に落ちてくるようになった。子どもを望んでもそれが制度的に許されず、ましてや一生子どもが産めないような手術をされたことは、どれだけ彼らの尊厳を傷つけただろうか。

上記の経験を「共感」という生やさしい言葉に代えるつもりはない。厳密な意味では、他者の差別経験、あるいは生きづらさを追体験することはできない。生きてきた時代も経験も大きく異なるハンセン病元患者の人びとの生と、わたし自身の人生の共通点はほとんど見出せないし、わたしはハンセン病元患者の人びとが受けたような、人生を根底から変えてしまう差別・排除を受けたこともない。ただ、調査対象の人びとと調査者である自己を完全に無関係なものとして解釈・記述することも適切だとは思われない。

再度、レナート・ロサルドの話題に戻ろう。ロサルドは、決してイロンゴットの怒りを「理解した」とは言わずに、自身の怒りとイロンゴットの人びとの怒りの同一視を慎重に避けている。そのうえで彼は、部分的に重なり合う二つの円、あるいは交差点のイメージでこれらを捉えている。かつての彼の目には全く理解不能なものと映っていたイロンゴットの人びとの情動とロサルドの人生の経験は、彼に起きた悲劇を経て、部分的に触れ合うことになった。重なり合う円、あるいは交差点といった彼が提示したイメージは、多くの示唆を含んでいるように思われる。わたしたちは、調査時点から何年、あるいは何十年経過しても、調査を通して見聞きしたものに何度も出会い直すことになる。そしてその過程において、わたしと彼らの思考や経験は、かすかに交わったり、すれ違ったり、時には遠ざかっていったりするのだ。そのようなわたしと彼らとのかすかな重なりに意識を向け続けることが、根源的なわからなさと、それでも他者に接近したいという思いの間に挟まれた、フィールドワークという経験なのかもしれない。

おわりに

本稿の執筆機会を与えられ、久々に楽泉園でのフィールドワークを振り返ることになった。返す返すも反省することばかりで、特に調査経験が浅かった頃にしでかした数々の失態を思い出すと、どうしても苦い顔になってしまう。それでも、フィールドワークが大変だったと感じたことは一度もなかった。フィールドワーク中は、調査ばかりでなく、懇意になった人の家でテレビで大相撲を見ながら夕食をとったり（いつもこれでもかという量のごはんをご馳走になった）、一緒にカラオケをしたり、わたしの車で隣町へ買い物に出かけたり、山菜採りをしたりと、ここには書ききれないほど多くの思い出深い日々を過ごした。

２０２０年、新型コロナウイルス感染症が世界を襲い、栗生楽泉園でも在園者の感染予防のため外部者の面会は禁止された。そしてこの間に、わたしは調査でお世話になった園内の友人を２人亡くした。１人は在園者自治会長の藤田三四郎さん、もう１人は石浦教良《のりよし》さんである。藤田三四郎さんは楽泉園を訪れた者ならば必ず出会う人であり、温かく茶目っ気のある人柄で誰にでも慕われ、彼の居宅には訪問者が絶えなかった。藤田さんは敬虔《けいけん》なキリスト教信者であったが、わたしは彼を通して隣人愛とはどのような態度かを学んだように思う。不思議なことに、藤田さんと話していると、いつもくよくよと悩んでばかりのわたしでも、人生なんでもなるような気になったものだ。石浦教良さんは学部４年生のときに出会い、それ以来わたしの主な調査協力者になってくださった人だった。公私ともにとてもお世話になり、お邪魔するたびに何かご馳走になっていたし、特に花豆の季節になるといつも手製の甘く味付けした煮豆をご馳走になったことが思い出に残っている。彼の記憶力は驚異的で、一度話し出すと止まらなかった。彼からは非常に多くのことを教わった。石浦さんは文章を書く人ではなかったが、わたしは石浦さんのことを楽泉園の歴史家だと思っていたし、彼のハンセン病の歴史に対する探究心を心から尊敬していた。出会った当初から常にいくつもの不調を抱えていた石浦さんは、たまに電話で調子をたずねるたびに「参っちゃったよ」とあっけらかんと笑っていたが、２０２

1年5月、ついに帰らぬ人となってしまった。いつも去り際に握手をしてもらった藤田さんの、あの小さくて冷たい手を二度と握れないこと、石浦さんから二度と話が聞けないことがとても悲しい。わたしに生きる指針を与えてくれた2人にこの原稿を捧げたい。そして、職員の方も含め、これまでに調査に協力してくださった栗生楽泉園の全ての方々に心から感謝している。

楽泉園の人にとって、わたしは大勢の来訪者の1人に過ぎなかっただろうが、わたしにとって楽泉園の人びととの出会いは、その後のわたしの考え方や態度に大きな影響を与えた。偶然で始まったフィールドワークが、これほどまでに自分にとって大きなものとなるとは思いもしていなかった。わたしはハンセン病の研究をこれからも続けてゆくし、人びとに会うために、また何度でも楽泉園を訪ねるだろう。

参考文献

青山陽子『病いの共同体――ハンセン病療養所における患者文化の生成と変容』新曜社、2014年。

桜木真理子「治癒せざる身体？――ハンセン病元患者の生と医療実践の関係から」『文化人類学研究』18、2017年。

桜木真理子「国立ハンセン病療養所栗生楽泉園の患者作業運営に見る制度的交渉」『現代民俗学研究』11、2019年。

藤野豊『ハンセン病と戦後民主主義――なぜ隔離は強化されたのか』岩波書店、2006年。

ロサルド、レナート『文化と真実』椎名美智訳、日本エディタースクール出版部、1998年。

栗生楽泉園入園者自治会編『風雪の紋――栗生楽泉園患者50年史』栗生楽泉園患者自治会、1982年。

谺雄二・福岡安則・黒坂愛衣編『栗生楽泉園入所者証言集』栗生楽泉園入園者自治会、2009年。

コラム5

セクシュアリティ研究の難しさと意義

筆者の立ち位置

第Ⅱ部第3章「ジェンダーとセクシュアリティ」では、民俗学の視点から見たジェンダーとセクシュアリティに関する論点が述べられていた。このコラムでは、これから民俗学の領域のみならず、フィールドワークを要する学問においてセクシュアリティをテーマにしようとしている方向けに、実際にセクシュアリティをテーマに民俗学の卒業論文を執筆したわたしの経験を簡単に述べる。

まずはわたしの自己紹介をしたい。わたしのセクシュアリティはAジェンダー、Aロマンティック（以下Aロマと略す）、アセクシュアル（以下Aセクと略す）であると認識している。Aジェンダーとは、男性、女性という性自認がないことを指す。Aロマ、Aセクは性自認ではなく性的指向におけるセクシュアリティであり、Aロマは他人に恋愛感情を感じない、Aセクは相手に性的欲求を抱かないことを意味する。セクシュアリティに付随して発達障害のASDやADHDがあり、生きづらそうと思われはするが、周囲の人間に恵まれ、生きてこられた身である。

わたしは大学で民俗学を学び、知り合いの研究者の紹介で、大阪府守口市にある寺院を調査することになった。その寺院はトランスジェンダーの住職による真言宗の寺院であり、わたしは卒業論文にて、セクシュアリティにおける生きづらさに関して、仏教を介してどのように救っていくのかを、儀礼や説法、縁日等を通して明らかにした。

筆者の体験

　わたしは性的マイノリティの方々といわゆる「当事者」（ここでは特定の要素に対してマイノリティであると認知している、あるいはそうではないかと悩んでいる者として用いる）として関わるなかで、自身のアイデンティティを揺るがしかねないような経験をした。今後、セクシュアリティをテーマに研究しようとしている方にも起こりうる可能性があるため、参考として共有できればと思う。

性善寺（2019 年 3 月撮影）

　寺院には縁日があり、そこには当事者、非当事者関わらず様々な人が集まる。そこでは仏教だけでなくセクシュアリティに関しても議論されていた。話題の一例として、「三上さん（筆者）はAジェンダーといっているが、本当にそうか？」という筆者のセクシュアリティに対して疑問を投げかける意見、「「おなべ」という言葉は傷つくから止めて欲しい」という座談会に参加していた自身がレズビアンかどうか悩む人の、嫌悪と拒否が入り混じった意見があげられる。ピア・サポートや同じセクシュアルマイノリティが集う集団では出てこない生々しい意見や感情である。

　寺院の場合は、わからないからこそ発せられる会話に対して、何が嫌なのか、自身のあり方はどうなのかについて言葉を尽くし、理解しようとする。しかし当事者からすれば、自身のアイデンティティだと認知していたことが否定されることにも繋がりうる。当事者だからこそ、相手の苦悩がわかるわけではない。相手の話に引き込まれすぎて精神や感情に影響が出ると調査をするどころではなくなる。また、当事者として関わると、セクシュアリティに知識がある分、本人のセクシュアリティのあり方が従来定義されている内容と異なることが気になると思う。特に自身のセクシュアリティに対してだと、定義に沿っているかどうかというこだわりを持つ方もいるだろう。しかし重要なのは、もし従来のセクシュアリティの定義のあり方と異なる発言やふるまいをしていたとしても、それを決して否定しないことである。あくまでも調査している我々は民俗のあり方、変化を言語化していくのであり、セクシュアリティのあり方の「正しさ」を押し付けるわけではない。ましてや本人がそのセクシュアリティに対して自身の救いを見出したのであるならば、相手のあり方を否定するべきではない。

当事者だけでなく、非当事者も自身のアイデンティティを揺るがされかねないということは忘れてはならない。非当事者であるからこそ性的マイノリティが抱えている生きづらさを知ったとき、今までの自分がセクシュアリティに対して、周囲の人間から自動的に受け入れられてきた、いわゆるマジョリティであることの特権を得てきたことを自覚したときのインパクトは大きい。なかには、善意を持ってあるいは目的をもって研究に臨む人もいると思う。しかしその善意の中に、マジョリティであるからこその無自覚な抑圧もあったかもしれないと思い悩む人もいる。アライ(Ally：性的マイノリティに対して非当事者でありながら共感・理解し、支援する人びと）も寺院には訪れる。彼らは常にどのようにして当事者に対して適切な支援ができるのか模索していた。

フィールドワークでこそ得られること

当事者、非当事者関係なく、センシティブな内容をフィールドワークで扱うということは、自身の今までのあり方が崩されかねないというネガティブな面はある。しかし、それは同時にフィールドワークを通して、改めて揺れた自己を見つめなおし、他者との関わりを通じて、自己を再定義することに繋がる。再定義した自己を通じて、改めて新たな視点からフィールドを捉えることができる。筆者も、同じようにセクシュアリティで悩む来寺者と話し、それが自己を見つめる契機となった。また、筆者の経験やセクシュアリティについて、来寺者に共有する際に、相互的に相手も衝撃を受けたり、自己の変容の契機となったりすることがある。この自他を巻き込む相互的な変容も含め、フィールドを捉えていくことは、魅力の一つであるともいえる。

生きづらさを民俗学で扱うためには、社会学のように特定の要素を持つ人びと全体を対象とするマクロな視点よりは、より個人にフォーカスしたミクロな視点から取り組んでいく必要があるだろう。それは生きづらさという言葉に内包された複雑で多様なあり方を一つひとつ紐解いていくことであり、ゆくゆくは社会の中にある差別や偏見の構造を明らかにしていくことに繋がるだろう。だからこそ、改めて個人を認める、理解するというスタンスを忘れないでほしい。重要なのはセクシュアリティの定義に沿っているかどうかではなく、性のあり方というのは多様であり、一般的に語られる定義は不変ではないということである。

《三上真央》

第3章　旧産炭地へのフィールドワーク

川松あかり

はじめに

わたしは、福岡県の筑豊炭田について、炭鉱に生きた人びとの歴史が現在まで誰によっていかに語り継がれているのか、というテーマで調査・研究を行っている。筑豊はかつて日本最大の石炭産出地だった。しかし、今や「筑豊」と言われても福岡県や筑豊の周辺に住んでいる人以外は、ピンとこないかもしれない。かくいうわたしも、稼働している炭鉱を一度も見たことがないし、現役の炭鉱労働者には一人もお会いしたことがない。というのも、筑豊の炭鉱はもう半世紀近く前になる1976年には、一つ残らず閉山（採掘を終了すること）してしまったからだ。現在の筑豊に行ったところで、事前知識がなければ炭鉱町らしさにはあまり気が付けない。実際、2013年3月末に初めて筑豊に行ったわたしが強烈に印象付けられたのは、いたるところに咲き誇っている黄色い菜の花とピンク色の桜、そして炭鉱時代以前から現在にいたるまで筑豊の母なる川であり続ける遠賀川《おんががわ》の風景であった。

春の遠賀川（2013 年 3 月撮影）

1.「筑豊」の語りやすさと語りがたさ

むしろ、炭鉱町筑豊に関する様々な「イメージ」は、筑豊から遠く離れた東京の大学でのほうが、豊かに描くことができた。筑豊については著名な写真家・土門拳による写真集『筑豊のこどもたち』が有名だ。ここには、閉山後のがらんどうになった炭鉱町の姿や、零細炭鉱で細々と働く人びと、ぼろぼろの家屋に住む子どもたち、親を失って施設で過ごす子どもの姿などが、モノクロで切り取られている。一方、たとえば一炭鉱労働者の山口勲による写真集『ボタ山のあるぼくの町』では、それはそれはやさしい人だったという彼が写した故郷の人びとのリラックスした表情や真剣な表情――そして炭鉱事故による死に顔さえ――見ることができる。ユネスコ「世界の記憶」に登録された山本作兵衛の炭坑記録画にも、彼の生きた明治・大正・昭和の筑豊が生き生きと描かれる。紙の余白にところ狭しと添えられた説明文は、当時の生活や仕事の方法、唄に託される坑夫たちの精神世界までをもうかがわせる。筑豊とその炭鉱に関わる表象作品や著作物は、探せば探すだけ次々と見つかり、筑豊に生きた多様な人びとのたくましさと弱さ、悲しさと可笑《おか》しさ、豊かさと貧しさ、栄光と挫折、きらびやかさとみじめさ、やさしさと厳しさ等々、時に相矛盾するようにさえ思われる生の重層的なさまを、豊かに饒舌に語ってくれる。実際筑豊は、特に1950年代末の炭鉱閉山期を中心として、今日まで運動家・活動家の視点で、文学者の視点で、あるいは行政や福祉担当者、地域住民の視点で……等々と、これまた多様な視点で語られ描かれてきた地域なのである。近代エネルギー産業の中心地であった筑豊は、様々な問題関心に結びつけてきわめて語りやすい地域なのだ。

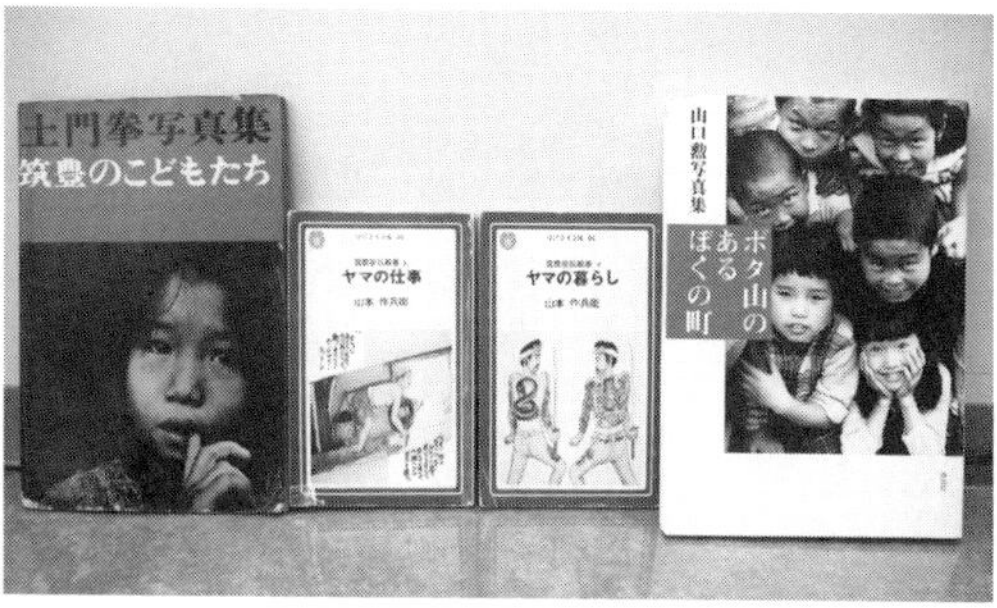

東京で手にした筑豊に関する出版物の一部：左から土門拳『筑豊のこどもたち』（パトリア書店、1960）、山本作兵衛『筑豊炭坑絵巻上　ヤマの仕事』『筑豊炭坑絵巻下　ヤマの暮らし』（葦書房、1977）、山口勲『ボタ山のあるぼくの町』（海鳥社、2006）。

　さて、こうした筑豊に関する様々な表象と言説の中でわたしが最初に手に取ったのは、炭鉱労働者として働いた経験を持つ記録文学作家、上野英信によるルポルタージュ・記録文学の数々であった。そこに描かれる筑豊の零細炭鉱の労働は、奴隷的なものである。上野は多くの炭鉱が不況にあえいでいた1950年代末、そんな奴隷的労働の場からさえ『追われゆく坑夫たち』を記録した。この本に出てくるある老坑夫は、上野がいくら質問をさし向けても「わしのげな下罪人が……」「おいどんげ亡者が……」と言って、それっきり口をつぐんでしまう。「下罪人」とは、元は坑内労働を強いられた囚人の呼称だったが、いつからか坑夫全体の自虐的な自己認識となってしまったのだと、上野は言う。自分には話す資格もないとばかりに沈黙のまま廃人化していく坑夫たち。その古ぼけた本を読んだ東京の大学図書館の、蛍光灯に照らされた地下階の灰色が、今でも妙に忘れられない。上野が沈黙のまま朽ち果てていったという老坑夫たちの存在すらよく知らないままに、誰がどうやって生産したか知りもしない電球に照らされた鉄筋の建物の中でただ本を読んでいるだけの自分を、とても罪深く感じた。

先ほどまでわたしは、筑豊がいかに語りやすいかを論じてきた。しかしこれは厳密に言うならば、筑豊の「語られやすさ」を紹介したにすぎない。わたしは、上野の著作を通して、日本のエネルギー生産の文字通り最も深部で働いた炭坑夫自身は、自分自身について極めて語り難い立場にいたということを知った。自分も小炭鉱で働いた経験を持つ上野は、炭鉱や筑豊が社会的注目を集めても少しもその言葉を拾い上げられることのない零細炭鉱の労働者たちの、声にならない声を記録しようとしたのだ。

ところが、上野はその7年後、坑夫たちが常日頃盛んに語り合っていたという「笑い話」をまとめた著作『地の底の笑い話』を出版する。『追われゆく坑夫たち』から続けざまにこの本を読んだわたしは困惑した。なぜなら、さっき読んだ本には沈黙のまま朽ち果てていくと書かれていたのと同じ坑夫たちが、今度の本では何とも饒舌に身の上話を「笑い話」にしていたからだ。結局、坑夫たちは沈黙だったのか、饒舌だったのか。もちろん、一口に坑夫と言っても個人によって違えば時と場合によっても異なるということはあろう。しかし、社会的に発信する言葉を構築していくという側面から考えると、わたしはそれを、坑夫たちの話に耳を傾けようとした上野の聴き方の変化のせいなのかもしれない、と考えた。『追われゆく坑夫たち』出版の後に廃坑地域に一家で住み着いた上野は、坑夫たちと生活をともにする。そんな日々の中で、坑夫たちの生きざまを坑夫たち自身の話し方で最も生き生きと伝えるのは「笑い話」に他ならないと、彼は気が付いたのではないだろうか。

そしてわたしは、「笑い話」によって炭鉱の閉山というあまりに残酷な出来事による「沈黙」から救われたのは、元坑夫たち以上に聴いて書く側の上野だったのではないか、と感じた。だが、もし話す側も聞き書きする側も救われるような聞き書きが本当に行えたのなら、何と幸せなことだろうか。民俗学もわたしが専攻していた文化人類学も、他者の話を聞き、書くということから逃れられない学問である。ならばわたしもそんな聞き書きをしてみたいと、強烈な憧れを抱いてしまった。

2. 今、筑豊に炭鉱のはなしを聞きに行くことの楽しさと厳しさ

こうして上野の作品の世界だけに浸りきったわたしが初めて行った筑豊で目にしたのが、冒頭で紹介した菜の花の黄色と桜のピンクに彩られた筑豊であった。博物館やわずかな遺構にしか炭鉱の面影を感じることのできない筑豊で、わたしは筑豊の炭鉱がいかに多様な姿をしていたかを知っていった。そもそも、「筑豊の炭鉱」と一括りにまとめて語ろうとすること自体があまりに乱暴だったのだ。筑豊炭田の特徴は、三井・三菱のような中央財閥や地場大手資本の大炭鉱（大ヤマという）を取り囲むように、小ヤマと呼ばれる中小零細炭鉱が数多く誕生しては消えていったところにある（正田誠一『九州石炭産業史論』）。大ヤマと小ヤマでは、会社のあり方も賃金も、採掘方法や労働、家族の生活のあり方も、全く違った。しばしばこの違いを混同したり見過ごしたりしたまま筑豊とその炭鉱が語られてきたことは、大ヤマ・小ヤマ双方の出身者にとって許しがたいことであったに違いない。わたしもまたそのような勘違いをしていたうちの一人だった。さらに、当時は九州・山口地方の「近代化産業遺産群」が世界遺産登録を目指している時期であり、２０１１年には冒頭で紹介した炭坑絵師山本作兵衛の記録画と記録文書が、ユネスコ「世界の記憶」に登録されて、広く一般に炭鉱が日本の近代化を支えた「文化遺産」として見直されつつある時期だった。わたしが筑豊へ通い出した２０１３年頃は、筆者同様筑豊でフィールドワークを行ったマシュー・アレンの言葉を借りれば、ちょっとし

た「炭鉱ルネサンス」が起きていたのである。

これと関係してかは未だにわからないが、筑豊ではちょうど炭鉱の「語り部」と呼ぶべき方々が来訪者を待っていた。田川市石炭・歴史博物館で偶然出会った「炭坑節の語り部」原田巖さんは、これから団体客の案内があるというにもかかわらず、初対面のわたしをご自身の車に乗せ、道中では炭鉱に由来する歌を歌い、地域の現状を語りながら、炭鉱関連の史跡を案内してくださった。直方市石炭記念館に行くと、ここに来るまで地元にこんなにすごい歴史があるとは知らなかったという職員（現在は名物館長である）の八尋孝司さんが、閉館後まで熱心に炭鉱の歴史を教えてくださった。この２名を筆頭に、自身は炭鉱労働経験が（あまり）ないと言いながらも、来訪者を気前よく、温かく迎え入れ、熱心に炭鉱について語ってくれた人びとに、すっかり魅せられてしまったが、同時に狐につままれたような不思議さも覚えた。

というのもわたしは、こうしたことを学べると期待して筑豊に行ったのでは全くなかったからだ。愚かにもわたしは、筑豊に行けば上野の本に書いてあった「笑い話」の続きを、元小ヤマの炭鉱労働者たちから直接うかがえるのではないかと期待していたのだ。しかし、２日ちょっとの滞在の間に対応してくださった幾人かの方々の話から、どうやら炭鉱は閉山以来長い間地域にとっては消し去りたい「負の遺産」であったこと、現在少し再評価が進んでいるものの、未だに若者さえ筑豊出身を隠したがることもわかった。そして他方で、原田さんや八尋さんのような、そんななかでこそ熱心に炭鉱を語り継ごうとする人びとがいる。筑豊の人びとが自らの地域を語り継ぐこととは、今どのような意味を持ち、それはどのような人びとによって行われているのか。そこにおいて、炭鉱労働者自身の体験はどのように表れ、また消えてしまっているのか。そんな問いが生まれてきたのである。

こうしてわたしは、筑豊を「フィールド」とした研究を志すようになった。長期休業期間などを利用して2回、3回と足を運ぶようになると、どうも「東京の大学院生」というわたしの属性は、筑豊の方々にものすごく歓迎されるか、ものすごく嫌われるかのどちらかだということに気が付いた。やはり気になるのは、わたしに嫌悪感を示す方々であった。「我々筑豊の心も知り得ぬ東京の学生なんぞに、研究材料にされてはたまらない」というようなことは、はっきり言われなくてもいろいろな人から感じた。名刺を渡した途端「ああ、東京はきらいなんよ」などと言われたこともある。それは無理もないことであった。冒頭から論じてきたとおり、これまでにも筑豊について語りたがるわたしのような人たちがたくさんいて、それは、たとえどんなに主観的には真面目な志に基礎づけられていたとしても、筑豊の方々自身による自分についての語りとは一致せず、むしろ人びとにとっては許しがたい語り口になっていることが多々あったに違いないからだ。

今にしてみると、人類学でも繰り返されてきた表象の権力性の問題を考えれば、「東京」の「大学院生」のわたしはそこで調査を辞める方が賢明だったのではないかとも思われる。一方で、初対面の際の当たりが厳しい人ほど、実は痛切に何かを伝えたがっているように感じられた。簡単には話せないし、すぐにわかった気になられてはたまらない。だが、本当は誰かに話したい、わかって欲しいことが、これらの人にあるのではないか。たとえば、元地場大手資本の鉱員だった当時89歳のある方には、初めて話を聞きに行った際には録音を頼むと厳しく拒否され、終始怒ったかのような口調で話された。そして、自宅から面会場所の公民館までリヤカーに積んでこられたという沢山の本から、数冊を読んでくるようにと渡された。数週間後、そのうち1冊だけを読み、恐る恐るもう一度訪ねると、態度は一変していた。今度は、「こんなに頑張っているんだから」と言って、周囲の炭鉱跡に案内してくださり、何時間もご自身が炭鉱に来るまでの経緯を話してくださった。最後に、再び大量の本の中から労働組合関係の書籍を選んで――次に来るのは1年後だと言っているのに――わたしに貸してくださり「あんたみたいな人は、〝生の話《なま》〟を集める人なんだから」と、耳元でこっそり激励のことばを送ってくださった。あまりに分厚く、当時なかなか興味も持てなかった労働組合の本が読み進まないうちに1年どころか2年近く経ってしまった後、わたしをその人の元に案内してくださった方に連絡をすると、その方はもう亡くなって、遺骨もすべて遠く離れた親戚が持って行ってしまったから、お参りもできないと言われた。その本は形見に貰いなさいと言われたが、今でも労働組合についてどんな「生の話」を聞いて欲しいと思っていたのか、どうしてもっと早く会いに行かなかったのか、悔やまれてならない。

こんな経験があってから、もうすでにここに片足を突っ込んでしまった以上、決してそのまま通り過ぎることはできない、わたしに話し始めてくださった人たちを裏切ってはならない、と感じるようになった。相手を怒らせてまでその人生・地域の歴史を掘り始めてしまった以上は、もう途中で投げ出すことはできないのである。次節で紹介する井手川さんが女坑夫から聞いた言葉を借りるなら、「堀った石炭は積まななならん、産んだ子は育てななならん」のだ。こうして、研究うんぬん以上に、わたしを疑い嫌悪しながらも愛情深く受け入れてくださった筑豊の人びとの思いになんらかのかたちでこたえることこそが、わたしの第一の目標になってしまった。この目的はまだ微塵も果たされておらず、重く重く肩にのしかかったままなのだが、以下では、これまでの間でわたしにとって特に大切な「現場」となっている二つの場と、そこで出会った人との関係について、かいつまんで紹介する。

3．話し合いの場をつくる

「地べたにおれば大丈夫よ」。2015年8月末。その人は玄関先で、明日にも飛行機に乗って東京へ帰ろうというわたしに、そう言った。それから何年もの間、福岡を経つ飛行機が空へと飛び出して、ぐんぐん地上を引き離して上っていくとき、いつもとてつもなく不安な気持ちになった。どう考えても、「炭鉱の歴史を現在誰がどのように語り継いでいるのか」を「研究テーマ」とするわたしは、ふわふわと東京と筑豊の間を漂う、危うい存在だった。

この言葉をわたしにかけてくださったのは、筑豊の鞍手町《くらてまち》に住む、井手川泰子さんである。井手川さんは「女坑夫」と呼ばれた女性坑内労働者約80人に聞き書きをしてきた女性で、新聞等での連載の他、『火を産んだ母たち――女坑夫からの聞き書』や、『新　火を産んだ母たち』などの著作もある方だ。元女坑夫のおばあさんたちの語り口をそのままに書かれた聞き書き作品で、どのようにしてそれほどの深い話を聞いてきたのか、それをいかに語りなおしてきたのかを、詳しく知りたいと思った。

２０１５年8月16日、筑豊にいたわたしは、井手川さんの講演があると聞いて、田川市美術館に出かけた。女坑夫の方言や炭鉱用語そのままの聞き書き本は、当時のわたしの頭にはなかなか入ってこなかったが、井手川さんが静かに語る女坑夫への聞き書きの話に惹きつけられた。一番印象的だったのは、井手川さんがおばあさんたちの集まりの場に話を聞きに行くと、こちらでつらい身の上話をするうちに泣き出す人がいれば、あちらでは誰かが歌い出す、そんな歌の中には「それでも歌かい」「泣くよりゃましだよ」という合いの手もあった、という話である。井手川さんは、聞き書きをした元女坑夫のおばあさんたちは、まさにそんな突き抜けた明るさをもって生きておられた、と話してくださった。そんな強くて深い人間性を持ったおばあさんたちの話を聞くうちに、わたしは悶々とし始めた。暑くて、かがまなければ歩けないほどの狭い坑内を、時に60キロにもなる石炭かごを担って運び出したりするという女坑夫の労働は、わたしにとっては想像を絶する過酷さである。それでも貧しく、多くは遊び人の夫を持って本当に苦労しながら子育てや家事をもこなして生きてきていた。そんな毎日をどうして彼女たちはそんなにたくましく生きていけたのだろうか。対するわたしたちはこの女性たちとは比べ物にならないほど豊かで楽な生活をしているはずなのに、人間関係や恋愛、就活の失敗くらいのことで、どうしてこんなにも「生きづらさ」を抱えてしまっているんだろう――当時わたしはそんなことでずいぶんと生きづらく、わたしのまわりにいる友達の中にも様々な生きづらさを抱えた人がいると感じていた――。でも、女坑夫さんたちと比べたらわたしの小さな躓《つまず》きぐらい大したことはないと思ってみたところで、今のわたしのこの生きづらさが消えるわけではない。自分のつらさなんて大したことはないと思うほどに、そんな自分がますます情けなく思えてきた。現代の東京の恵まれた環境で育ってきて、大学院まで行かせてもらっているのに生きづらいなどと言っている自分はやっぱりダメな人間なのだろうか――。そのとき、突然司会者が「今日は東京の大学院生が来ているので、代表して彼女に質問してもらいましょう！」と言って、わたしを指名した。びっくりして立ち上がったが、気の利いた質問など思いつかず、悶々と考えていたことの続きを聞くしかなかった。「炭鉱の女性たちの話を聞いていらして、今、恵まれた生活をしているはずなのに、つらくなってしまったり、うまく生きていけなくて悩んだりしているわたしたち若者にメッセージはあるでしょうか」。井手川さんは、きっぱりとこう答えた。「もうね、自分で考えなしょうがないと思う」。会場からは笑い声とともに「そのとおり！」と言わんばかりの拍手が起こった。井手川さんは続けて、女坑夫さんたちは学校教育を全然受けていないけれど、いや、むしろ受けていないからこそ、人間らしい人たちだった。彼女たちはみんな自分で乗り越えてきて、自分たちが生きるためのかけ声も自分で生み出してきた。だからあなたたちも乗り越えられるんですよ、とおっしゃった。励まされているような叱られているような、とにかく穴があったら入りたい気持ちで、わたしは再び席に着いた。

その後、井手川さんからじっくりとお話を聞く機会をいただき、翌年1年間住まわせていただくことになる方も、井手川さんに紹介していただいた。そして、その年の夏休みが終わって東京に戻ろうというとき、挨拶に訪れた玄関先で井手川さんがわたしにかけてくださったことばが、本節の最初に紹介したことばであった。「地べたにおれば大丈夫よ」。おそらく井手川さんはわたしを励まそうとして言ったのだと思うが、東京から「研究」目的のために筑豊にやってきて他者の目線で筑豊を語ろうとしているわたしは、到底自分を「地べたにおる」とは思えなかった。でも、ところで、井手川さんの言う地べたとは何であろうか。どういう状態になれば「地べたにおる」と言えるのだろうか。背中に重たい宿題を負わされて、わたしは東京に帰った。

こうして、翌2016年に再び筑豊にやってきたわたしは、井手川さんのお宅にもほど近い一家の離れに間借りさせていただき、1年間ここに暮らしてフィールドワークを行うことにした。これは、所属していた文化人類学の大学院では普通の研究方法である。文化人類学では、参与観察といい、調査対象の人びとが暮らす場所に調査者が丸腰で飛び込んでいって、現地の人とともに生活しながら自分自身の体験を通して他者を理解しようと試みる。わたしは前年までの短い調査で、もし筑豊について何か書こうとするなら、自分の身をここに捧げるくらいの気持ちで臨んでもらわないと困る、という人びとの気迫を感じていた。1年では短すぎるという不安はあったものの、人類学のフィールドワークの方法は、筑豊で聞き書きをするには合っているような気もしていた。

筑豊に来てやや生活が整うと、わたしは改めて井手川さんのもとを訪れた。そして、井手川さんに女坑夫からの聞き書きについて調査させてほしいと頼んだ。ところが、この申し出は「あんた聞いてもわからんよ」とあっさりと断られてしまった。代わりに井手川さんは、「みんなで学習会でもできたらいいんだけど」と付け足しのようにおっしゃった。ひとつきに1回でもいい、少人数でもいい。集まって話し合いたいのだと。

間借りしている家の息子さんは、井手川さんとも親しい学校の先生で、井手川さんのつぶやきについて相談すると、「あなたが主催してその学習会をすればいい」と言ってくださった。そして、会場の確保やチラシの作り方からこの先生の手ほどきを受け、先生の知り合いや、わたしがこれまで筑豊で出会った人の中で、井手川さんのお話に関心を持ちそうな方々に声をかけていった。こうして、2016年7月末、地域住民の多大なる支援のもと、今に続く「地べたの声を聴く会〜井手川泰子さんの聞き書きに学ぼう〜」（略称「地べたの会」）が始まった。

大雑把に言えば、地べたの会は、井手川さんに自身が行った女坑夫からの聞き書きについてお話ししていただき、その感想を参加者同士で自由に話し合うという会である。以上で述べたように、この会は当初わたしにとっては、女坑夫の生きざまを語り継ぐことについて研究させていただくための前段階としての勉強会でもあり、井手川さんのお話を他の人と一緒に聴くことで、参加者の方々から話の聴き方を学びたいと考えていた。おそらく井手川さんは、自分が一人で聴いてきた女坑夫の方々についてしっかりと伝えたいという思いがあったのではないかと思う。さらに、呼びかけに応じて参加してくださった筑豊内外の方々にも、それぞれ別々の思惑があったようである。このように、わたしだけでも井手川さんだけでもなく、多様な人のそれぞれの問題意識が複雑に混ざり合い均衡がとれたところで成立してきたのが、これまでの地べたの会であるといえよう（２０２３年４月現在で27回実施している）。当然自分の思いどおりには進まないため、わたしはだんだん何のために会をやっているのかよくわからなくなっていった。とはいえ、会を重ねるにつれ２か月に１回普段は会わない人たちが一堂に会して、好き勝手話していく場として、幾人かの人たちにとって、地べたの会は意義のある場となっていったように思う。実際、わたし自身にとってこそこの会は一番重要で、２か月

ある日の地べたの声を聴く会の様子
（2018 年 1 月、参加者撮影）

に1回会をやるためにずっと筑豊に通い続けなくてはならなくなった結果、物理的にも心理的にも筑豊と一定以上の距離は生まれなくなったし、また、何より、元来わたし自身の地元でも居場所でもない筑豊に帰るべき場所ができたことは、わたしにとってたいへん励みになった。地べたの会は、ここから「フィールド」の人びととつながり、関心や問題を共有してともに考え、さらに話を聴きにいったり行動したりしていく、わたしにとっての足場になっていったのである。会の方向性はこれでよいのかという批判は、井手川さんを含め複数の参加者から何度も投げかけられたが、結局会をやめたいという人は今まで誰も現れていない。

一度、学術研究会で地べたの会について発表をしようということになったときに、いつもいらしてくださる何人かの参加者に、なぜこの会に来てくださるのかを聞いてみたことがある。すると、異口同音に「この会には目的も結論もない、それが良い」と言われた。会の場で、この会は「ぐだぐだしているが、それが良い」と言われたこともある。今日、「対話」を掲げて様々な語り合いや話し合いの場が生まれている。そういったところでは、ファシリテーションの方法なども非常に良く練られている。一方、地べたの会でわたしが意識しているのは、どんな話でも一度みなで耳を傾けようと呼びかけることと、なるべく人の話を遮らないことくらいである。これは、実のところわたしがうまく場を仕切れないからそうなっているだけでもあり、ほとんど毎回予定している時間をオーバーする結果となっている。ただ、この世の中で大勢の人を前にして、言いたいことを話し切ることが許容されている場は、あまり多くない。そして、他者の話を最後まで聴き切るのには、意外と根気がいる。地べたの会には、多様な人が来ていて、なかにはお互いに許容しがたい考えを持っている人がいることもある。普段なら、気が合わない人の話は聞かずに離れていればよい。そうすれば聞き捨てならない話を聞いてイライラしたり悲しんだりすることもない。しかし、筑豊について学ぶなかで立場の違う様々な人びとの話を聞くうちに、わたしは、一般的に対立した立場にあると考えられる人たちでも、実は筑豊という地域で似たような問題意識を共有している場合も多いことに気が付いた。井手川さんの稀有な仕事や深みのあるお話はどのような立場の人たちからも尊敬されていたので、井手川さんの話を一緒に聴くことでいろいろな人の話を互いに聴き合えたらいいなとも思った。

最近気が付いたことだが、このわたしがわたし自身の個人的なポリシーだと思っていた地べたの会のやり方も、結局井手川さんの活動とお話の中から生まれてきたものなのかもしれない。そして、井手川さんの活動やお話は、井手川さん自身が強調するように、井手川さんが彼女の生き方を変えたという元女坑夫のおばあさんたち等との対話を通して、自然と身に付けてきたものである。おそらく、このような生き方の創造と伝達の過程を表現するものこそが、「地べた」ということばだ。地べたを大切にするという考え方は、一見自分の足下や身のまわりの狭い範囲だけを大切にする、保守的な考え方のようにも思われる。しかし、地べたの会を通して「地べたとは何か」と問い続けてきたわたしたち会への参加者は、最近、「地べたはどこまでも続く」ということに気が付き始めた。わたしたちは、この一見狭い自分の生活の場で、現実には多種多様な人びとに出会う。そのとき、異質な人も変わった人も無視して触れ合わずに行き過ぎるのではなく、同じ地べたに生きる者同士として話し合い、体験を共有し、必要とあらば助け合って暮らしていく。そうすることで、わたしたちは地べたを通してどこまでも広がっていけるし、わたし自身の地べたをどこまででも広げていけるのである。

これが、わたしが直接触れ合ったことのない女坑夫の方々に、井手川さんと地べたの会で場をともにしてきた人たちから、ゆっくりと骨身に染みるかたちで教えていただいてきたことだ。それは、毎日を生きている自分自身を見失うことのないままに、自分とは異なる多様な人びとと経験を共有するための方法であった。わたしは今もしょっちゅう飛行機に乗って福岡と東京を行き来しているが、そういえば、最近は以前ほど飛行機の浮遊感に酔わなくなった。

4．黙って草を刈る

みなさんなら、自分がある場で役割を持たないよそ者だと感じた場合、どうやって打ち解けようとするだろうか。現地で労働者の一人として働いたり、調査対象の人に弟子入りしたり、調査する団体のしたっぱになってみたり、先人のフィールドワーカーたちも様々な方法で自分の立ち位置を築いてきた。この方法として筑豊でわたしが重視してきたのは、「草刈り・掃除に加わること」である。そんなのフィールドワーカーでなくても誰にでもできるじゃないか、と思われるかもしれないが、まさにそれこそが草刈りのすばらしさである。掃除や草刈りは一般に手が多いほどよく進むものであり、掃除をしている間は難しい議論などは脇に置かれて、みながその場をきれいにするという共通の目標に向かって打ち込むことができる。草刈り作業には、筆者のようなフィールドワーカーでも受け入れられやすく、おまけに、曲がりなりにもその瞬間は現場に貢献しているような気持ちになれるのだ。

わたしが最初に草刈りに参加させていただいたのは、炭鉱犠牲者の供養塔、松岩菩提供養塔での参与観察においてだった。松岩菩提供養塔は、１９９４年に筑豊のある炭鉱の共同墓地跡に完成した、納骨式無縁仏供養塔である。ここには、日本人の他に、この炭鉱で働いていたコリアンの遺骨も含まれている。第Ⅱ部2章でも触れたとおり、日本は１９１０年から１９４５年まで朝鮮半島を植民地として支配した。そしてこの間、数多くの人びとが炭鉱で酷使された。炭鉱におけるコリアンの差別的処遇については多数の証言が残されているが、この中に、墓をつくれなかったために山中や墓地の一角に松岩（石炭層に含まれる桂化木で、商品にならないため採掘されると「ボタ」と呼ばれる捨て石として捨てられる）を墓標として埋葬した、という証言がある。実際筑豊の炭鉱があった地域では、共同墓地周辺に松岩が並べられた墓石らしきものが見られる場所がいくつもある。現在松岩菩提供養塔が建っている場所もこのような墓地の一つだったのである。

フィールドワークのきっかけは、あるテレビ番組の取材に関わるなかで、松岩菩提供養塔の墓守り

松岩菩提供養塔（2018年9月撮影）

を続けてきた木村政男（鄭守尚）さんに聞き書きする機会を得たことだった。木村さんは在日コリアン2世で、この無縁仏供養塔が建立される際、自分の親族をここに埋葬したことがあると名乗り出て建立に尽力した人である。それからわたしは松岩菩提供養塔管理組合の事務局会に出席させていただくかたわら、事務局の方々の取り計らいによって木村さんの送り迎えをしたり、自宅に話を聞きにいったりして、聞き書きや参与観察をさせていただくようになった。1年間の松岩菩提供養塔に関する参与観察でわたしに最もメインの活動と感じられたことこそ、草刈りだった。松岩菩提供養塔では、管理組合のメンバーに呼び掛けられて年4回「整備活動」と名付けられた草刈りが行われる。松岩菩提供養塔は、住宅街から落ち葉の降り積もった山道を登っていった丘の上にある。山道を3分ほど登ると、突如ポッと丸く空が開け、松岩菩提供養塔が現れる。この小さな広場では、草木が風にそよぐ音や鳥の鳴く声がよく聞こえた。春に行くと松岩菩提供養塔の紹介パンフレットのタイトルにもなっている「野あざみ」が咲き誇り、夏には韓国の国花であるムグンファ（むくげ）、秋にはヒガンバナが咲いて、とても心地良い場所であった。このような松岩菩提供養塔の環境維持のためには草刈りが欠かせないのである。

草刈りなどという億劫な作業はできれば避けたいと思うのが普通ではないかと思うが、草刈りの日は、8時半開始という連絡が来るにもかかわらず、わたしの観察した限り、早い人では7時半過ぎには現地にやってきて黙々と草刈機を動かしていたりする。参加者はみなどこからか湧くように現れて増えていく。いつもわたし自身が集中してしまうので厳密に数を数えてみたことがないが、20人くらいにはなるように思う。9時半頃になると、誰かが終わりを宣言し始める。それでも、大抵すぐには手を止めない人もいるが、徐々に収束し、最後に供養塔の前で近況報告や自身の活動に関する宣伝などが行われ、みな三々五々再び散っていく。全然ことばを発さない人もいるような気がするし、わたし自身大抵いつの間にかそこをきれいにすることに夢中になってしまう。不思議な雰囲気である。しかしわたしは、たまたま濡れ雑巾で供養塔を拭く担当になった際、そこに収められた遺骨と触れ合っているような気持ちになり、この場に集まっている人もさることながら、なくなってここに埋葬されている人たちに存在を承認されたような気持ちになった。

松岩菩提供養塔の建つ広場が持つ優しい雰囲気は、こうやって年4回の草刈りを欠かさない人たちが創り出し、守ってきたものだったのだ。さらに、松岩菩提供養塔建立の背景について考えると、実は草刈りは松岩菩提供養塔の不思議を解く極めて重要な活動だということがわかってきた。

筑豊には、遺骨を故郷の朝鮮半島に戻すことのできぬまま、無縁仏として残されたままの遺骨も多くある。こうした遺骨は、在日コリアンや日本人が中心の市民団体などが長年かけて調査し、納骨堂や慰霊碑を建てて供養が行われるようになった場所もある。初めわたしは、松岩菩提供養塔もこのようなコリアン犠牲者の供養の場の一つだと捉えていた。しかし、参与観察を行ううちに、あるときここには日本人も数多く埋葬されていて、在日コリアンの遺骨がどのくらい含まれているのかはわからないのだと教えられたのである。そこで、関係者の方々にさらに詳しく松岩菩提供養塔について話を聴いていくと、さらに、この場所は複雑な歴史を持つこともわかってきた。

かつてここはある炭鉱の共同墓地であったが、1992年、ゴルフ場建設のために墓地は破壊され、遺骨は近くの寺に移された。これに対し、炭鉱で亡くなりこの土地に埋葬されていた人びとの遺骨を掘り返して移動させたことに、地元の人びとや市民団体に加え、韓国民団、朝鮮総連も一丸となって怒りを表明し、再びここに遺骨を戻すことに成功したのである。そしてこの地に、1994年に納骨式供養塔松岩菩提が完成した。供養塔の建立時には、反対派から「どうせ草深い山の中に供養塔を作っても草ぼうぼうになってしまう」と言われたこともあったという。当時の管理組合長は、このことばをしっかり胸に刻んでおり、「だから何が何でも草刈りだけは続けるのだ」と話した。ここに関わる人にとって、草刈りをすることは、わたしが最初思っていた以上に、核心的な意味を持っていたのである。

筑豊でフィールドワークをするようになってから草刈りや掃除が大好きになった。汗を流して体を動かすと、すがすがしい気持ちになる。炭鉱の歴史と草刈りの間に一体何の関係があるのかと思われるかもしれない。わたし自身、当初は草刈りに研究的な意義があるとは思っていなかった。しかし、草刈りに参加するなかで、松岩菩提供養塔は今でも日本人と在日コリアンが立場を超えてともに供養を行う場になっていること、その中心に「草刈り」があることがわかってきたのであった。

おわりに――ことばによってことばにならないものを共有するために

本章では、炭鉱労働者の身の上話の聞き書きに興味を持ったわたしが、ずるずると筑豊に惹き込まれていくなかで、語る人に出会えなかったり、思いがけない語り手に出会ったり、語ることを拒否されたり、調査以上に話し合う場を作ることに熱心になったり、口よりもまず体を動かして草刈りしたりすることによって、「旧産炭地筑豊で炭鉱の歴史を語り継ぐ」というテーマを深めようとしてきたさまを記述してきた。様々な研究成果の発表方法が生み出されてきているとはいえ、未だその基本はことばである。場をともにして話し合えば直ちにすべてを理解し合えるということはない。しかし、地べたの会のように、同じ場で互いの話に耳を傾け話し合うことで、実際に音声として現れたことば以上の何かが伝わり共有されることがある。また、松岩菩提供養塔の人びとが教えてくれたように、ひたすら黙って体を動かす経験によってその場所をめぐって語られる歴史の意義が、初めて深く骨身に染みて理解できることがある。かつて国内のみならず植民地朝鮮や連合国軍の捕虜など、世界各地から多様な人びとを集めて石炭採掘に従事させた筑豊。多様な人びとがここに生き、死に、あるいは閉山後生活の糧を求めて離れざるを得なかった筑豊。そんな旧産炭地筑豊という場とそこで出会ってきた人たちは、わたしたちが自分の生きる地べたにおいてこそ多様な人びととつながり、経験を他者と分け合いながらともに生きていけることに気づかせてくれた人びとである。

参考文献

Allen, Matthew. *Undermining the Japanese Miracle: Work and Conflict in a Coalmining Community*, Cambridge University Press, 1994.

井手川泰子『火を産んだ女たち――女坑夫からの聞き書』葦書房、１９８４年。

井手川泰子『新 火を産んだ女たち』海鳥社、２０２１年。

上野英信『追われゆく坑夫たち』岩波書店、１９６０年。

上野英信『地の底の笑い話』岩波書店、１９６７年。

川松あかり「語り継ぐことと文化創造運動のあいだ――旧産炭地筑豊における試み」大塚英志編『運動としての大衆文化――協働・ファン・文化工作』水声社、２０２１年。

川松あかり「炭鉱犠牲者の供養と日・韓・朝の友好――日本の旧産炭地筑豊における住民実践を事例に」『日常と文化』９、２０２１年。

川松あかり「「地べたの声を聴く会」を始めるまでのこと」『福岡　女たちの戦後』４、２０１９年。

正田誠一『九州石炭産業史論』九州大学出版会、１９８７年。

第4章　被災地のフィールドワーク

辻本侑生・及川祥平

1．正反対のフィールドワーク体験から考える

突如襲い掛かる自然災害は、何気ない一日を突然寸断し、住居、さらには大切な人の命までを奪いとるものである。日常は常に災害のような非日常と表裏一体であり、そういった意味では日常の暮らしや文化を対象とする民俗学も、災害とは無縁ではいられない。

しかし、「生きづらさ」というにはあまりに過酷な災害という現実について、民俗学的調査を行うことは、生半可なことではない。では、民俗学を学ぶ我々は、被災地でフィールドワークを行うことについて、どのように考えればよいのだろうか。本章では、東日本大震災被災地でのフィールドワークを行う辻本侑生と及川祥平がそれぞれの調査体験を紹介する。辻本と及川の被災地でのフィールドワークの姿勢は、一見すると全く正反対に見えるものであろう。辻本は、災害というリアルタイムの社会課題に対して反応することを試み、被災地で出会った人びととの協働で調査研究を展開してきた。他方で及川は、震災を記述するのではなく、むしろ民俗学が被災地以外で積み重ねてきた地道な

報告書作成に、地域に貢献する道筋を見出している。

被災地ではないフィールドにおいてそうであるように、被災地のフィールドワーク自体に「どうすればよい」という正解は無い。先回りして述べておくならば、一見すれば相反する辻本と及川のエピソードに共通する姿勢は、「悩み続けながら、フィールドと関わり続けること」である。では、どのように悩み、どのように関わり続けることができるのだろうか。

2．通い続け、関わり続ける被災地調査

まず、辻本の調査体験を紹介したい。辻本が大学で学び始める直前の2011年3月に、あの東日本大震災が発生した。このときは、大学に入学して民俗学や地理学を学ぶことが決まっていたため、おぼろげながら人文・社会科学の視点から何か役に立てないかという問題意識を持っていただけだったが、大学入学後、以下の二つの著作に出会う。一つは、1933年の昭和三陸津波を受けて書かれた、民俗学的災害研究の名著である、山口弥一郎の『津浪と村』、そしてもう一つは、中越地震の経験を踏まえ、安易に被災地に入る研究者を批判した、菅豊『「新しい野の学問」の時代へ』である。この2冊を読み比べながら被災地に行くかどうか悩んだうえ、大学3年生の夏から、二つのプロジェクトに参画することとなった。一つは、いわゆる行政調査である「陸前高田市文化財等保存活用計画

策定調査」というプロジェクトであり、これは民俗学者のみによって構成されるチームへの参画であった。もう一つは大船渡市三陸町綾里《りょうり》における復興まちづくり支援であり、これは都市計画や建築史学のチームと連携したプロジェクトであった。

これらのプロジェクトにおいて採用されたフィールドワークの方法は、基本的にはその他のフィールドと変わらず、人びとの日常的な暮らしの視点に立ち、聞き取り調査や参与観察を行うものであった。参与観察については、実際に祭礼等の場に参加させていただいたり、時には一緒にお酒を飲んだりすることもあった。ただし、津波被災地におけるフィールドワークは、通常の民俗学におけるそれと比べ、技術的に難易度が高い部分がある。たとえば、通常の民俗学における集落調査であれば、住宅地図を入手し、それを見ながら有力なインフォーマントに話を聞きに行くことができる。しかし、津波被災地の場合、被災前の住宅地図は現状を全く反映していないことが多く、インフォーマントを探し出し、その家にたどり着くのも簡単ではない。

また、調査にあたっては、事前に災害復興等に関する制度的な面を理解しておくことも必須であった。たとえば、聞き取りの中では、「ボウシュウ」という言葉がよく出てきたが、これは「防集」、つまり国による防災集団移転促進事業のことである。聞き取り内容を理解するためには、国土交通省のウェブサイトにある防災集団移転促進事業を事前にチェックしたうえで、国や地方自治体がどのようなフローの中で事業を運用しているのかを理解しておかなければならないのである。さらに、どのようなフィールドであっても、地域社会を一枚岩に捉えることはできないが、特に津波被災地の場合、津波が到達して全壊した家もあれば、そうではない家もあり、それを分けるのはわずか1メートルの差だった場合もある。一見被害を受けていない内陸の地域であっても、沿岸部に通勤していた家族を津波で亡くしているケースもある。「被災者」という言葉で一律にくくることはできず、通常のフィールドワーク以上の視点の繊細さが要求されると言えよう。

この他、激甚被災地へのフィールドワークの場合、学部学生や大学院生が単独で調査に入ることはあまり多くなく、大学や研究機関によるプロジェクトの助手のようなかたちで入ることも多いだろう。もし卒業論文や修士論文をそのフィールドで書きたいと思うならば、あくまでもプロジェクトの目的に沿った調査に従事しつつも、他方で自身の問題意識を醸成させていくという、両にらみで動く必要があることも指摘しておきたい。辻本の場合は、学際的なプロジェクトに参画していたため、都市計画や防災学、建築学などの研究者や学生と調査をともにすることも多く、出会ったばかりの異分野の研究者や学生と一緒にインタビューをする、というような状況も少なくなかった。こうした状況の中では、自分の学んでいる分野にこだわり過ぎずに、相手の分野の「流儀」に合わせたりしながら、関心をすり合わせていく柔軟さも求められる。辻本は現在もこのとき知り合った同年代の学生とSNSでつながったり、一緒に調査をした研究者と別のフィールドでも共同研究をしたりしているが、フィールドで出会った縁はその後に活きるものとなりうるだろう。

　このような試行錯誤をしながら調査を行っていくなかで、着目したことを二つあげておきたい。一つは、「三陸地方は数十年に一度津波が来る地域である」ことの重要性である。三陸地方は、直近約１００年間においても明治三陸津波（１８９６年）、昭和三陸津波（１９３３年）、チリ地震津波（１９６０年）など数度の津波に襲われていたが、山口弥一郎の本を読んだり、また必ずしも当てにならない住宅地図を片手に現地をさまよい歩いたりするなかで、過去の津波にともない、集落が移動してきた歴史があることに気づいた。そして、陸前高田市のプロジェクトの報告書では、過去の集落移動の歴史が、これからの防災を考えるうえで重要な意義を持つことを行政に提言するにいたった。さらに筆者の調査をきっかけに、１９３３年の昭和三陸津波以前にどの家がどこにあったのか、ということに関心を持った地域住民・戸羽清次さんと協働で調査研究を実施し、集落景観の復元図を作成する、というところまでたどり着くことができた。

　もう一つの注目した点は、調査を行っていくなかで、三陸地方の地域社会の有している日常的な「仕組み」が防災につながっていることである。岩手県大船渡市三陸町綾里では、プロジェクト代表者の都市計画学者・饗庭伸が言うように、明治三陸津波では１２９６名、昭和三陸津波では１８１名、東日本大震災では27名というように、一桁ずつ、津波による犠牲者数を減らしてきた。饗庭らは、なぜ犠牲者数を減らすことができたのかという問題意識のもと、津波と津波の「あいだ」の歴史に着目し、都市計画・防災・建築史・文化人類学・民俗学の視点から詳細な調査を行うプロジェクトを立ち上げたのだった。学際的な調査チームの一員として筆者ができたことはわずかであったが、地域社会に注目したフィールドワークからは、人びとのまとまり（契約会など）、生業（漁業、林業など）、信仰（オマツリなど）のそれぞれの仕組みが組み合わさって地域社会が成り立ち、その仕組みの中で「津波のあいだ」を過ごし、津波による犠牲者を減らしてきたことが見えてきた。こうした成果は、チームでまとめた『津波のあいだ、生きられた村』という本に、その一端を反映させることができた。

以上のように書くと、非常に順調なフィールドワークであったかのように思われるかもしれないが、実際は悩んだり、立ち止まったりの連続であった。そもそもフィールドワークは、学問的にとても有意義な方法であるが、「調査される」地域の人の立場からすれば、日常生活に立ち入られ、それを書かれてしまうということでもある。このことは、文化人類学で「ライティング・カルチャー・ショック」と呼ばれる議論とも関連するが、特に被災地のような場所では、フィールドワークの目的や方法が厳しく問われることになる。では、そこまでして行うフィールドワークは「誰のため」で「何のため」のものなのか？　どう取り組めばよいのか？　こうした疑問にさいなまれることになるだろう。通常のフィールドワークであっても「地域の方に迷惑をかけているのではないか」「お世話になるだけで何も返せないのではないか」という罪悪感が生じるところ、被災地では一層そういった内的葛藤に悩まされることも多いだろう。筆者自身、常に自問自答せざるを得ず、いったん被災地で卒業論文を書いた後、自身に研究を続ける資格がないと思い、大学院に進学するのをやめてしまったくらいである。こうした罪悪感や葛藤に対して、決まった対処法はない。ただ、筆者の場合は、恩師がふと「まあ、関わり続けるしかないんじゃない？」と言葉をかけてくれたのが、その後の大きな指針となり、民間企業に就職した後も、フィールドに通い続けることとなった。

実は先ほど言及した、地域住民との協働での景観復元地図作成も、民間企業就職後、土日を使ってフィールドを訪ねているときに始めたものである。あるとき、一緒に作業をしている戸羽清次さんは、「この地図を作っても、それ自体に、何も意味はないですよ」と語った。しかし続けて、「でも、地図を作るために、いろいろ話聞いて歩いていくと、色々な目線から集落を見ることができる」とも語った。自然科学系や工学系の学問と違って、人文・社会科学のフィールドワークの成果はすぐに「役に立つ」ものとはなりにくい。だからこそ民俗学は、行政も含めた様々な立場の人びとや、他の学問分野の研究者と連携しながらも、復興工事で新しい街が完成したら忘れ去られてしまうような歴史や伝承を拾い上げ、違った見方や仕方の可能性を提示できるのではないだろうか。辻本の協働作業を受け止めてくださった戸羽さんからは、そんな可能性を教えられたのである。

もちろん、戸羽さんの「何も意味はないですよ」という言葉をそのまま受け止める必要もあり、協働作業自体に何か特別な意味があるように考えるのは、研究者の自己満足にすぎない。さらにいえば、戸羽さんは就職しながらも、プライベートでフィールドワークを続ける辻本を心配し、「20代のうちは仕事の方も大事ですよ」とも投げかけてくれた。この話も辻本はそのまま受け止めることになり、仕事として携わっていた自治体向けの課題解決支援と、プライベートで実施していた民俗学的フィールドワークとをどう融合させるか、という新たな問題と向き合うことになった。それは、フィールドにいたからこそ創出された問題であった。こうした問題に何とか応えようと、現在筆者は青森県内の地域と大学とをつなぐ立場から、被災地調査のフィールドを青森県沿岸部にまで広げている。青森県は岩手県や宮城県と違って被災した自治体の数が多くなく、また被害も相対的に少なかったため、今後、震災の記憶継承に力を入れていくことが強く求められている。そうしたなかで、岩手県のフィールドワークで得た知見を、青森県においても活かすことができないか、試行錯誤を始めたばかりである。

答えが出せなくても継続的にフィールドに通い続けること、そしてフィールドからの声を真剣に受け取ること。これらをきちんと実践できているか自信はないが、今後も継続していていきたいと考えている。

3.「震災の調査をしない」被災地調査

続いて、もう一方の、及川の調査体験を紹介しよう。及川は東日本大震災の被災地である宮城県気仙沼市の旧小泉村で、研究仲間の加藤秀雄とともに、2016年から調査を続けている。小泉村は1

８８９年から１９５５年まで村制を敷き、合併によって本吉町となり、２００９年からは気仙沼市に編入された地域である。この調査の経過は拙稿で紹介したことがあるので、ここでは筆者が調査をめぐってあれこれと悩んできたことに話題を絞って述べてみたい。したがって、以下の節では個人的な事柄や筆者の内面の問題を多く示すことになる。

確認しておきたい前提として、この共同調査において、筆者はある制約を自身に課している。それは、民俗調査の報告書を作成し、地域の方々に手渡すまでは調査成果を理論化したり分析したりして「論文」を書かないこと、である。今のところ、筆者は加藤との共同名義での祭礼の調査報告と、調査地における自己に関する小文を書いているが、論文を書く予定はない。実は、この２本を書いたことにも内心忸怩《じくじ》たるものがあるが、調査を継続するために費用の補助を受けた関係で書かざるを得なかった。この制約は、つまるところ、業績主義的な、研究者本意の調査はしたくないという趣旨によるものである。そのように思うにいたった経緯を、以下で詳しく述べてみたい。

実は、筆者は被災地で調査をすることに抵抗があった。事実として、筆者が被災地に関わり始めたのは震災後ある程度の時間が経過した、２０１６年からとなった。では、どうして筆者は被災地での調査に抵抗感をもっていたのだろうか。もともと、筆者は震災以前から三陸沿岸地方に関心をもっていたが、行きがかりから、ずっと調査を実現できずにいた人間であった。三陸沿岸地方への関心は、説明すると恥ずかしいようであるが、どうやら筆者の先祖があのあたりの土地から出たらしいことと関わっている。筆者は北海道出身だが、曾祖父は現在の岩手県奥州市の出であり、さかのぼると葛西氏の家臣だったと伝わる。岩手県南部から宮城県北部の及川姓の集中するエリアが、おそらくは我が家のおおもとの土地なのだろうと家族と話していた。民俗学を学ぶ身でもあり、いつかは調査で関わってみたいルーツの地域として当該エリアを捉えていたわけである。

２００７年に大谷大学で開催された日本民俗学会第59回年会の際に、東北学院大学の政岡伸洋氏とお話をしたことがあった。有名な先生と初めてお話しする機会だったので、そのときのことをよく覚えている。東北で調査をしてみたいことや筆者の研究関心をお話ししたところ、三陸沿岸の災害伝承をやってみてはどうかとアドバイスをいただいた。津波到達地点の碑の話などもうかがったと記憶している。その頃から少しずつ関連の資料や論文に目を通し始めたが、博士論文に向けて別地域での調査を開始することになった筆者は、個人的なルーツへのこだわりよりも、目の前の研究をかたちにすることに集中してしまった。だから、漠然とした関心を抱いたまま、三陸沿岸での調査は先送りにされてきた。

そんななか、２０１１年の東日本大震災が発生した。当時、筆者は東京にいた。東京においても日常生活には様々な混乱が生じたが、それが落ち着いていく過程で、民俗学や隣接分野の震災対応が始まった。

筆者は被災地への調査には向かわなかった。学問の社会貢献ということは意識した。だから、何かをしなくてはとも思っていた。しかし、そのことを意識し始めた頃には、ある土地を「被災地」として分節して、そこに研究者として踏み込むことを、心のどこかで拒絶するような気持ちになっていた。そのような気持ちに、明確なかたちを与えたのは鈴木岩弓の文章だった。鈴木は『日本民俗学』270号の「いま、震災被災地で民俗学者ができること」で、被災地を研究対象としてしか見ない研究者を厳しく批判していた。鈴木の文章を読んで気持ちがザワザワしたのを覚えている。また、鈴木は民俗学の聞き書きが、地域の人びとの役に立ちうることにも言及している。性急な成果主義や学術的インパクトにとらわれず、「5年後、10年後に民俗誌がまとめられれば良い」という姿勢で、関わるべきだと述べていた。自分が研究者として被災地に赴くなら、そういうかたちをとろうと思った。

鈴木の文章を念頭に震災後の研究者たちの動向を眺めていると、いろいろな思いが胸にこみあげてきた。要は、当時の筆者は、惨事便乗型の研究への忌避感と、学問を行う人間としての意識の間で引き裂かれていたのだと思う。もちろん、各研究者は、様々な経緯で、様々に悩みながら、学問による社会貢献を真剣に為そうとしていったのだと思う。そのような成果には、心からの敬意を持っていた。しかし、被災地における研究者という問題は、筆者の心のもやもやを一層濃くしていった。

そもそも、筆者の心のもやもやは、声にしづらいものだった。それが研究者としての義憤ではなかったからだと思う。それに、被災地にとって、筆者は部外者でしかなかった。筆者はその時点で、被災地に住んでいたわけでもなく、また調査をしていたわけでもなく、まったくの他人でしかない。

自分の先祖と関わる土地らしく、いつかは調査をしてみようと考えていた、それだけのことだった。だから、そのザワザワする気持ちを人に話す気にもなれなかった。

２０１５年、研究仲間である加藤秀雄が、国立歴史民俗博物館の機関研究員の任期を終えた。加藤は長らく被災地で文化財レスキューに従事していた。筆者の意識が変わったのは加藤との会話を通してであった。加藤は今後も被災地に関わり続けたいという希望をことあるごとに筆者に漏らしていた。依然として筆者は研究者たちに起こった震災ブームに複雑な感情を抱いていたが、加藤の話をきくうちに、訪れるだけでも訪れようという気持ちになった。調査をする、ということについても、加藤との会話の中で、少しずつ前向きに考えられるようになった。行かないことには何も始まらないと思ったし、年月が経過するなかで被災地を離れていく研究者が多いという話にも、突き動かされるところがあった。そのようなわけで、被災地にこれからも通うなら、一緒に何かしてみようかという話になったのである。

任期中にお世話になった人たちにお礼と挨拶にまわりたいという加藤とともに、宮城県気仙沼市、陸前高田市、南三陸町を巡見したのが２０１６年の８月であった。復興の進む町の景観や震災遺構を見学し、語り部活動をなさっている方にもお会いした。そうしたなかで、特に筆者たちの印象に残ったのが小泉という土地だった。小泉を訪れた筆者たちの手元には『小泉の民俗』という資料があった。東洋大学民俗研究会が１９８２年に刊行した民俗調査報告書である。同書の存在が、小泉を調査地とする決め手の一つとなった。『小泉の民俗』をゼロポイントとし、それ以降の変化を、震災を関連づけつつ把握する「追跡調査」が可能なのではないかと考えたわけである。ただし、ほどなく、「それは違うのではないか」と筆者は思うようになる。結局のところ、それは小泉という土地に「被災地として」関心を持つことになる。やがて、この方針は放棄されることになった。率直にいえば、筆者はずっと迷っていたのだと思う。その地域に関わることについて、わかりやすい目的や意味づけを求めていたのかもしれないし、ふんぎりがつかなかった。

悶々と悩みつつも、まごまごしていると時間ばかりが過ぎてしまう。とにかく動いてみよう、地域の人と少しずつ話してみよう、ということで、さしあたり追跡調査に取り組む前提で、筆者と加藤は２０１７年から地域への挨拶まわりを開始した。市役所、公民館をはじめ、地域の顔役の方々に調査の経緯と目的を説明し、協力をお願いしていったのである。フィールドワークでは、個人的なツテを頼ったり、飛び込みで聞書きをする場合もあるが、関係機関や地域で重要な役割を担う方々に話を通し、少しずつ関係の輪を広げていくのがもっとも丁寧な手段となる。筆者と加藤にとって、これは同時に感触を確かめるようなプロセスであったと思う。いろいろな人とお話をした。それを通して、そもそも調査すべきか否かを考えようとしていた。

筆者が調査の方針を根本的に変更すべきことを認識した契機は、挨拶まわりを開始してすぐに訪れた。挨拶に際しては、必ず『小泉の民俗』を持参してお見せし、こういうものを作りたいと説明していた。民俗学という分野をわかりやすく説明するためであった。そこで筆者が驚いたのは『小泉の民俗』への地域の方々のリアクションであった。『小泉の民俗』は地域の記録として存在が認知され、時として参照されていたのである。「またこういうものをつくってください」などという励ましの言葉もいただいた。もちろんこれは地域のかたが気を遣ってかけてくれた言葉でしかなく、また、調査に際してはこういう言葉をかけていただくことはよくある。しかし、悶々と悩みながら小泉を訪れていた筆者には、重い意味を持った。筆者の心がある方針に振り切れるきっかけになったのである。

民俗学内部では、民俗学者が作成する調査報告書について批判的議論が重ねられていた。そうした議論の文脈では、記録でしかないような仕事への評価は低く、理論的な先端性が求められる傾向にあった。しかし、学術的なインパクトは研究者が執筆する論文において意味を持つものであり、研究者の業界の問題でしかない。研究とはどこまでも研究者の自己都合で行われるものだという事実を、言い繕うべきではないとも思った。そのうえで、事実の記録をつくることは、民俗学者という職業の人間が持つ興味と地域のニーズが出会うことのできる作業なのではないかと考えるにいたった。つまり、調査記録は調査記録として意味が見出されうることを再認識したのである。そう考えたとき、筆者がすべきことは「震災」を論じることではないことになる。後日、自身も被災者である川島秀一氏と小泉の話をしたところ、「記録をつくってほしいんだね」とぽつりとおっしゃられたことがあった。そうしよう、それでいいと筆者は思った。

このように地域の方々との交流を広げていく過程で、筆者は調査地を「被災地」として捉えることを放棄した。つまり、震災を記述する調査から、オーソドックスな民俗調査に徹することに意味を見出すようになった。テーマに特化したフィールドワークではなく、その他の多くの土地でも行ってきたような地域生活の過去と現在を把握することに徹するべきではないかと考えるにいたったわけである。そして、目新しい手法や特殊な問題意識を軸とする記述ではないということを強調する意味をこめて、筆者と加藤は、学術的な言い回しではないが、今回の調査を「ふつうの民俗調査」と呼称するようになる。

では、地域の人びとはどのような記録を求めているのだろうか。小泉で出会った方々の発言にいくつかの手がかりがある。たとえば、話者Aさんは、筆者たちとの会話の中で「何気ないことほど記録に残っていない」と述べたことがあった。これは民俗学者が調査研究に際してしばしば立脚点とする事実である。ありふれたことや些末なことは、わたしたちの暮らしを圧倒的に占有しているはずであるのに、ありふれており、些末であるがために、記録に残されることはない。SNS全盛の誰もが自己を発信できる現代社会においても、日常の瑣事は記録に残されない。Aさんは、スマートフォンに保存された何枚かの写真を見せてくれた。一見するだけではなんの写真かわからないそれは、電球の切れてしまった街灯や舗装が傷んでしまった道路を撮影したものであった。そこに、はからずも震災前の地域の様子が写しとられているのだとAさんは語った。そういう景観は、景色を撮影しようとすると写しとられることはない。わたしたちは、写真を撮影するとき、被写体とするに値するものを撮影しているのであり、当然ながら、記録しようとも思わないものは記録には残さない。Aさんが教えてくれたのは、ありふれたことや当たり前なものが、常に一貫して無価値なわけではないという、平凡だが重要な事実であった。ありふれたことは、実は大切なものの部分を構成していたものとして、再発見されることもあるのである。

「ふつうの民俗調査」は多義的であいまいな言葉だが、そのような日常を書き留めるものとしての願いをこめている。震災との関係で地域を捉えようとする自分の眼差しを常にキャンセルし続けるための言葉であるともいえるかもしれない。もちろん、震災は語り継がねばならない。その意味で、震災を論じることは重要な仕事だと思う。しかし、将来に「これがあってよかった」と思ってもらえる研究者の仕事には、「もう一つ」のあり方がある。被災地の人びとと触れ合うことで筆者が選択した調査方針とは、その「もう一つ」を目指すものだった。それは、被災地に身をおいたことで得た感覚と、震災前に抱いていた三陸への感情と、震災時に感じた研究者の営みへの違和感とをすり合わせることで、選び取られたものであったと、今になっては思う。それは震災という深刻な出来事と正面から向き合うことから退避しているのかもしれない。それに、これは震災から時間の経過したフィールドだから選び得たことでもあると思う。調査者である自分に開き直りきることができないのは、筆者が気弱で未熟だからなのかもしれない。「ふつうの民俗調査」を続けることに筆者は迷いを持ってはいない。しかし、調査をしている自分という者については、実は今でも悩み続けているのである。

4．「自己」を問い直しながら「調査」をする、ということ

前節まで、東日本大震災の被災地で調査をする筆者らが、いろいろなことを悩みながら調査地に関わる自身のスタンスを決定していく、そして実は今でも決め切れずにあるプロセスを簡単に紹介した。本節では、辻本と及川の２人のエピソードにおいて、通底する重要なポイントを掘り下げて考えてみたい。

まず一点目は、フィールドワークに際しては、研究倫理を十分に理解して調査に臨む必要がある、ということである。これは調査地が被災地であろうとそうでなかろうと、必ず考慮すべきものである。率直に言えば、被災地を調査するからこそ意識すべき研究倫理は存在しない、と筆者らは思う。民俗学の調査対象は、本書の読者の家族・親族や同僚、友人、そして読者ら自身であると考えてほしい。したがって、研究者に何をされたら不愉快であるかを考えてみれば、自身が調査者として何をしてはいけないかは、おのずと明らかだろう。災害に直面し、困難な状況下にあるからこそわきまえるべき問題があることはいうまでもないが、根本は、人を相手どる研究をする際のモラルの問題になる。このようにぼんやりとした表現を用いるのは、民俗学のフィールドワークは規格化できないため

である。民俗学の調査は誰がしても同じ結果にはならない。調査者がどのような人間で、相手とどのような関係を取り結ぶかによって可能な調査は変わっていく。そこで最低限共有されるべきものは、社会に通有するモラルと、モラルへのセンスであるということができるだろう。

とりわけ、民俗学の調査は、同時代の、自身の帰属する社会を対象に行うことが多い。したがって、民俗学者の調査対象となる人びとは、少なくない頻度で、調査者が研究者として、または生活者として有している社会関係の中で行われる。または、そのような社会関係の延長線上の、さほど遠くない位置にある人びとを対象に行われる。比喩的な表現ではなく世間は狭い。調査先で出会った人が、友人や仕事で世話になった人の友人であったり、出身大学の先輩・後輩であったりすることは珍しくない。研究者の書いたものは、謹呈するまでもなく調査対象の人びとの目に触れる可能性がある。それらの人びとは、研究者の暮らす社会において通用する社会的属性のもとで日々を生きており、また、研究者も自身の帯びている社会的属性のもとで、調査先の人びとと接することになる。

そして二点目は、フィールドに関与する自分の立ち位置について、常に自覚し、自分自身を再点検しつづける必要がある、ということである。たとえば、辻本は陸前高田市でフィールドワークを進めるなかで、カウンターパートとなった地域住民の戸羽さんから関心を持つテーマを投げかけられ、それについてともに探求することを試みた。自分が調査し、論文化したい項目だけをたずねてデータを集めるのではなく、フィールドから投げかけられる問いに応答し、ともに探求することを試みたのである。及川も調査地の人びととの対話を経て、当初の調査構想を放棄し、日々の生活を書き留める調査報告書の作成を目指すにいたる。いずれも、地域のニーズに自分たちなりに応えようとしたものであった。しかし、フィールドとの「協働」や「共同作業」、地域のニーズや思いに「寄り添う」姿勢は、研究者がアカデミックな世界に閉じこもらず、地域や社会の課題に応答していくうえで重要であるものの、ともすれば研究者の自己都合を覆い隠す、美辞麗句《びじれいく》のように用いられてしまう危険性もある。いくら「協働」や「共同作業」という言葉を用いようとも、「調査」とは、日々の暮らしで忙しいフィールドの人びとに手を止めてもらい、わからないことを教えてもらいにいく行為であり、かつ、それは研究者の自己都合で行われるものである。だからこそ、調査者は一方的に教えを乞いにいくことへの「申しわけなさ」から自由ではないし、感謝の気持ちを持つことを忘れてはならない。こうした気持ちを忘れて自らの行為を「協働」と称するのであれば、それは「思い上がり」に基づく「押し売り」にもなりかねない。調査地の人びとは、他所からやって来る見ず知らずの研究者に「寄り添われる」ことなど、求めていないかもしれない。

ブリギッタ・シュミットーラウバーが、調査に際してもっとも重要なツールは「自分自身」であると述べているとおり、民俗学のあらゆる調査は、自己を通して、異なる人びとが創り出す現実に働きかけ、相互行為を通してデータを産出する営みである。そのため、どのような調査地であれ「自己」を無視することはできず、調査をすることは常に自省をともなう。特に被災地では、菅豊が言うように、時として研究者の利得に過ぎないようなプロジェクトが乱立し、対応する地域の人びとを疲弊させるような現実もみられる。こうした「搾取」を防ぐためには、被災地ではないフィールド以上に、厳しく自分自身をモニタリングすることが要求されるのである。

東日本大震災の78年前、1933年に発生した昭和三陸津波の約3年後に被災地調査を開始し、後に津波研究を博士論文とした山口弥一郎が被災地調査に取り組んだきっかけは、単なる恩師による声がけに過ぎなかった。しかし、フィールドを訪問して津波の被害を思い出して涙する人びとの言葉を聴き、他方では被害を忘れて元の土地に再建されていく住宅景観を目の当たりにするなかで、そうした状況をなんとかしようという思いに駆られて、長年にわたる三陸沿岸のフィールドワークを続けていったのであった。そして山口弥一郎による調査成果は、先述したとおり東日本大震災後に復刊され、防災に取り組む関係者に読み継がれている。気候変動によってこれまでと全く異なるような自然災害が頻発するなか、民俗学として被災地に向き合っていくことは、これからも求められていくだろう。性急な「協働」や「共同作業」ではなく、常に自分自身を厳しくモニタリングしながら、眼前にあらわれるフィールドに向き合い続けることこそ、民俗学の示すことのできる一つの姿勢ではないかと、筆者らは考えている。

参考文献

内山大介・辻本侑生『山口弥一郎のみた東北――津波研究から危機のフィールド学へ』文化書房博文社、2022年。

饗庭伸・青井哲人・池田浩敬・石榑督和・岡村健太郎・木村周平・辻本侑生・山岸剛『津波のあいだ、生きられた村』鹿島出版会、2019年。

及川祥平「災禍と『日常の記録』――宮城県気仙沼市旧小泉村での調査から」標葉隆馬編『災禍をめぐる「記憶」と「語り」』ナカニシヤ出版、2021年。

及川祥平・加藤秀雄「小泉八幡神社秋祭の変化と現状」岩田一正編『「環境資源」に見られるグローカル現象の動態』成城大学グローカル研究センター・民俗学研究所、2021年。

シュミット－ラウバー、ブリギッタ「民俗学の方法としてのフィールドワーク――参与観察による文化分析」（及川祥平、クリスチャン・ゲーラット訳）『成城文藝』251、2020年。

菅豊『「新しい野の学問」の時代へ――知識生産と社会実践をつなぐために』岩波書店、2013年。

鈴木岩弓「いま、震災被災地で民俗学者ができること」『日本民俗学』270、2012年。

辻本侑生・中野泰「生活空間の特徴と変化」陸前高田市教育委員会編『陸前高田市文化財等保存計画策定調査業務報告書資料』2014年。

辻本侑生・戸羽清次「地域住民と外部調査者の協同作業による景観復原の実践　小友町只出集落における取

り組み」中野泰編『川と海の民俗誌：陸前高田市横田・小友地区民俗調査報告書：気仙地域の歴史・考古・民俗学的総合研究・民俗学部門報告書』（科研費基盤研究B報告書）、２０１７年。

東洋大学民俗研究会『小泉の民俗』１９８２年。

山口弥一郎『津波と村』恒春閣書房、１９４３年（２０１１年に石井正己・川島秀一の校訂により三弥井書店から再版）。

コラム6

地域コミュニティを取り巻く生きづらさ

地域コミュニティが機能しない生きづらさ

生活スタイルの多様化を背景として、自治会・町内会といった地域コミュニティの加入率の低下が指摘されて久しい。実際、このような地域コミュニティの活動は各々の地域住民の生活を抑圧する面もあることから批判的な報道がなされることも多い。たとえば、2022年11月23日の山陰放送の報道では「自治会は「入ったもん負け」?」と題し、定期的に回ってくる自治会役員の業務や、参加が義務づけられている共同作業への負担を口にする住民の声が取り上げられている。

一方で、地縁に基づくコミュニティが機能することで、高齢者の孤独死防止、災害時の助け合い、防犯上の安全などが保障されていた側面もある。市町村もこのような機能を持つ自治会に期待し、下請け業務への協力を求めたり、住民に自治会への加入を推進したりするケースも多い。だが、住民自身が自治会活動に意義を感じていなければ、自治会への加入や活動への参加を負担に感じて当然であろう。そもそも、市町村が求める役割を果たすことが自治会の本来の姿だろうか。以前わたしが調査を行った東京都のとある自治会を例に考えてみたい。

この自治会は戦前、「●●組」という名称であった。「組」という組織は信仰を含んだ組織であり、近隣の組とともに氏神を祀《まつ》る神社の運営を支えていた。また、この「組」を単位として道普《みちぶ》請《しん》をはじめとする環境整備や用水路の掃除などの活動が行われていた。戦後に宅地化が進み新しく流入してくる人が増える一方で、そのような人たちは組の活動に関心を持たなかったという。しかし神社の運営は継続して行わなければならないため、地域の親睦を図ることを第一の目的とし、新住民も参加しやすい組織へと変わることを意図して1950年代に「●●会」という名称に変更した。その後は神社の運営だけでなく会員での親睦旅行や自治会主催のイベントを開催し、コミュニティの維持に努めたものの、次第に自治会活動に関心を持つ住民がいなくなり、現在は活動を休止している。

この自治会のように、地域社会が変化していくなかでもコミュニティとしての活動を大切にし、住民同士の人付き合いを保つための努力がなされていた時代もあった。それは住民自身が地域への所属意識を持ち、地域の環境を住みよくすることに繋がる活動に意義を見出していたためである。これらの活動を通して人付き合いが維持されることの延長に、今日の市町村が求めるような自治会単位での防犯、災害時の相互扶助、地域福祉などの機能があった。生き方が多様化する中で住んでいる地域への所属意識を持たない人が多くなった今日の地域社会は、非常時に周囲の助けを得ることが難しくなっているという点で生きづらさを抱えていると言える。

地域コミュニティの拘束性による生きづらさ

一方で地域コミュニティが機能することを手放しに評価できるわけでもない。わたしが初めてフィールドワークを行い、現在も調査を続けている沖縄県のある自治会では、所属する住民から年間数百万円の自治会費を集めている。この自治会費は様々な用途に使われるが、最も多い支出は自治会役員への報酬である。この自治会では住民の中から選ばれる2人の自治会役員が自治会事務所に常勤で在駐しており、事務仕事を行うほか、住民から相談があればすぐに対応できるようにしている。そのため住民は他県と比べて高額な自治会費を毎月支払わなければならないが、住民自身もこの体制に納得し、当たり前のこととして自治会費を支払っている。

住民がこの自治会の体制に納得している背景には、地域への所属意識の強さがある。たとえば以前大型の台風が直撃した影響で地域内の後片付けが必要になった際、自治会役員の急な呼びかけにもかかわらず１００人以上の住民が集まり、迅速に処理を済ませることができたという。当時の自治会役員はこのときのことについて「自分たちが住んでいる所はまず自分たちで努力して、手に余るものは行政にお願いする。これが普通のあり方ではないかと思う」と述べていた。

これは地域コミュニティが機能することのメリットがわかる事例であるが、地域コミュニティが機能する背景には住民に対する拘束性がある。この地域に10年ほど前に引っ越してきた住民は、普段周囲とそれほど付き合いがあるわけではなく、こちらから積極的に関わろうとしているわけでもない。以前住んでいた地域でも同じような感じだったため、特に不都合は感じていないという。ただこの自治会に所属する住民に義務付けられた毎月の区費の納入と、年に数回ある地域の清掃活動に参加することは守っている。普段地域コミュニティの恩恵を受けているわけではなくても、自治会が求める最低限の義務は果たすことで周囲から干渉されずに生活することができるのである。前述した自治会加入率の低下の原因や山陰放送の報道にも繋がる事柄であるが、地域コミュニティが機能するということは、所属する住民に義務が課されるという点で生きづらさをはらんでいるとも言える。

自治会員の参加（1世帯1人）が義務付けられている
地域の清掃活動　（2022年撮影）

地域コミュニティを研究する意義

地域コミュニティの活動について調査をしていると、そのコミュニティが成り立たないことによって生じる苦悩も、一方で地域コミュニティに拘束されることによって生じる大変さもあり、どのように評価するべきか悩むこともある。ただ、わたしが地域コミュニティに関心を持ったきっかけを振り返ってみると、地域コミュニティの一員として活動することの大変さはありつつも、それを「地域を守るための当たり前」のこととして受け入れている人びとの姿が思い浮かぶ。冒頭で触れたように、地域コミュニティが活動への負担・拘束性を理由に否定的な評価がなされる傾向があるなかで、なぜ自らが暮らす地域を守るための努力を続けることができるのだろうか。聞き取り調査や活動への参与観察を通して見えてくる、人びととの「地域コミュニティの一員としての生活」を描き出すことを通して明らかにする必要があるだろう。

否定的な評価がある一方で地域コミュニティの重要性が再評価されている今日この問題について考えることは、今後地域コミュニティがどうあるべきか、そこに住む住民がいかに生活するべきか、そして彼らやコミュニティの活動を周囲（基礎自治体など）がいかにサポートするべきかを考えることにも繋がるのである。

《藤崎綾香》

参考文献

山陰放送「自治会は「入ったもん負け？」結局ゴミは捨てられる…行政の自治会依存が増し「不公平感」も」２０２２年11月23日（https://newsdig.tbs.co.jp/articles/bss/211039?page=2）。

第5章　生きづらさへ資料からアプローチする

性的マイノリティのリアリティを資料から描くには

辻本侑生

1．生きづらさを資料から捉えるには

民俗学における調査研究の特徴の一つに、現地を訪れ、インタビューや参与観察を行う「フィールドワーク」があることは間違いない。しかし、民俗学の特徴はそれだけではない。フィールドワークだけではなく、多様な資料や調査手法を縦横無尽に駆使することもまた民俗学の強みである。

特に、本書が主な対象としているようなマイノリティを研究する場合、調査対象地域を区切った一般的なフィールドワークでは、そもそも調査対象としたい人びとに会うことができないケースすら珍しくないだろう。本章で扱う性的マイノリティもその代表例である。たとえば筆者が研究している男性同性愛者の多くは、自身が性的マイノリティであることを、暮らしている近所の人や職場の人、そしてなにより家族に開示していないケースが多い。そうしたなかで、いきなり外部から訪れたフィー

ルドワーカーが、誰が当事者であるか、もちろんわかるはずはない。また、もしも何かの機会に知ってしまったとしても、それを論文はもちろん、フィールドノートに書き留めることには極めて慎重になるべきである。意図しない性的指向の開示、すなわち「アウティング」につながってしまう可能性があるからだ。

また、研究者自身も性的マイノリティの当事者である場合には、知り合い経由で芋づる式にインタビューを依頼するいわゆる「スノーボールサンプリング」の他、たとえば同性愛者専用のアプリを用いて調査協力を依頼することもできるかもしれない。ただし、プライベートで用いているアプリで学術的な調査を依頼することについては、研究倫理上、問題が生じかねない。溝口彰子らが2014年にまとめた「クィア領域における調査研究にまつわる倫理や手続きを考える：フィールドワーク経験にもとづくガイドライン試案」には、「クィア領域でなされる調査研究や取材では、研究・取材をする側が当事者性を有していることが要因となって、基本的な配慮がおろそかになることが懸念されます」という指摘もある。こうしたマイノリティの調査研究にまつわる倫理的問題については、日本民俗学会をはじめ、多くの学会の倫理綱領においても、2023年現在明示的なガイドラインは定められておらず、卒業論文や修士論文でチャレンジするうえでは十分な留意が必要である（フィールドワークにチャレンジするうえでは、三上真央による本書コラム5「セクシュアリティ研究の難しさと意義」を参照のこと）。

しかし、フィールドワークが難しいからといって、それが民俗学の研究対象にならないわけではないし、諦める必要はない。むしろ、文字で記された資料を丹念に分析するほうが、むやみに現場に出るよりも良い研究となることは珍しくない。筆者は、2021年に出版された『民俗学の思考法』という民俗学の入門書の中で、差別について民俗学からアプローチするために、「フィールドワークにおいて、多様さや繊細さに目を凝らす」ことと、「多様な資料や複数の調査手法を活用し、差別の動態的な側面を捉えること」の2点が必要であると述べたことがある。このうち、筆者は主に後者の視点に即し、性格の異なる複数の資料や手法を使って、男性同性愛の民俗学的研究を試みている。具体的には、近現代期の鹿児島における「男性同性愛」をめぐる認識変化の分析、政治家の性的マイノリティへの差別発言に対するSNS上での反応の分析、ゲイスポーツサークルに関する男性同性愛者向け雑誌を使った分析など、扱う時代も素材とする資料も様々である。本章では、こうした筆者のささやかな経験をもとに、「生きづらさ」に資料からアプローチするための技術的な方法について紹介したい。

なお、菊地暁が『民俗学入門』で述べているとおり、民俗学はわたしたちの日常の経験自体を「資料」とする学問であり、そういった点では、民俗学における「資料」とは狭義の文字テクストにとどまらない意味合いを有するが、本章では狭義の文字テクスト（リアルタイムで話されたり、観察されたりするデータ以外）の取り扱い方を詳述することとし、それ以外の幅広い「資料」の集め方・扱い方については、他の章を参照していただきたい。

2. 地域を限定した歴史民俗学的研究――鹿児島の「男性同性愛」研究の例

現地に行く前に資料を集める

筆者は、2015年頃から男性同性愛について民俗学の視点から研究ができないか、悶々と考えていた。当初は、すでに別のテーマでフィールドワークを行っている国内の山村や漁村で同性愛のテーマについてもデータを集めることを想定したが、前述したとおりフィールドで当事者に会うことは難しく、また仮に会うことができたとしても、データ収集やアウトプットの段階での倫理的課題が大きすぎることが想定された。そのため、文字資料を扱った研究手法に切り換えることにしたのである。

とはいえ、男性同性愛について、民俗学的視点で正面から向き合った研究は非常に少なかった。そこで、社会学や歴史学など、すでに研究蓄積が多い分野の先行研究を片っ端から読み漁っていった。すると、明治～大正期の「男性同性愛」観念の変化について、全国的な視点から明らかにした研究が多く見つかり、その中で鹿児島に関する資料がしばしば引用されていることに気づいた。ただし、社会学や歴史学の研究は、あくまで「全国」的な動向を対象としたものであり、鹿児島という「地域」の中でどのように男性同性愛に関する観念が変化したかは、詳しく追究されていなかった。そこで、筆者は鹿児島という地域に絞って、男性同性愛について書かれた資料を集めていくことを思いついた。

文献資料を集める調査研究の手始めには、公共図書館や大学図書館で資料を集めるのが一番である。先行研究でどのような資料が用いられているかを参考にしつつ、国立国会図書館サーチや国立国会図書館デジタルライブラリー、「ざっさくプラス」（皓星社）など、歴史的研究を行ううえでの基本的データベースで検索をかけていくと、主要な資料に目星を付けることができよう。また、『異性装・同性愛書誌目録』のように、先行する研究者たちが作成した文献目録を通覧することも、大きな参考となった。

なお、筆者が扱っている性的マイノリティの歴史研究の場合、たとえば、アメリカの歴史学者グレゴリー・フルークフェルダーによる『欲望のカルトグラフィ』（原題：*Cartographies of Desire: Male-Male Sexuality in Japanese Discourse, 1600-1950*）など、海外の研究者による英文での優れた研究も複数存在した。マイノリティに関する問題などは、日本人研究者にとっては「当たり前」を相対化できず盲点となっており、かえって海外の研究者が先んじて着手して新たな成果を生み出していることも珍しくない。先行研究渉猟においては、英文でしか公表されていない研究が存在する、という前提を持っておく必要性は強く指摘しておきたい。

現地の図書館に行ってみる

このように、筆者が当時居住していた東京にいながらして、様々な資料をリストアップする作業を進めることはできたものの、より地域に分け入って資料を集めていきたい場合には、実際に現地の資料所蔵機関に足を運ぶ必要がでてくる。実際、上記のデータベースで検索しても、先行研究が引用していない、目新しい資料に関する情報はほとんど得られなかった。

このままいたずらにウェブ検索を続けていても仕方がないと思い、ほとんど手がかりがないまま、まずは２０１８年、（当時勤めていた民間企業は年度末が繁忙期だったので）４月に４泊５日の連続休暇をとって鹿児島市内のホテルに連泊し、朝から夕方まで、鹿児島県立図書館の郷土資料コーナーに陣取った。とにかく開架の郷土資料を片っ端からパラパラめくったのである。はじめにめくったのは、地域の研究者が著した民俗誌や民俗調査報告書であったが、ここからは結果的に男性同士の性的関係性については全く記述が見出せなかった。ただし、県内の地名や、また鹿児島のジェンダー事情について何となく感触がつかめたのはめくったことによる収穫であった。このように、当てがなくても図書館で時間を過ごし、様々な資料を手あたり次第手に取ってみることも、その地域を文字上でフィールドワークするような感覚を味わうことができ、有用であると言えるだろう。

なかなか手がかりが得られない時間が続いたが、ふと民俗学関連の書棚の近くにあった「教育」関係のコーナーで偶然ひらいた旧制高校同窓会誌に、大正年間、男子学生間の性暴力事件が検挙されたという記述を見つけることができた。同窓会誌にはこの「事件」の日付が大まかに記されていたため、鹿児島県立図書館に所蔵されている大正期の地元紙「鹿児島新聞」の縮刷版をめくり、その「事件」が報道されている1920年の新聞記事を入手することができた。この「事件」は、鹿児島において男性同士の性的関係性への認識が転換している過渡期を示すもので、調査結果を論文化するうえでも重要な資料となった。当てもなく郷土資料コーナーにこもっていた成果の一つである。

なお、一つの図書館にこもるのに少し飽きたら、別の図書館（鹿児島であれば鹿児島市立図書館や鹿児島大学附属図書館）を訪れるのもよいし、建物の外に出て古本屋がないか、まちを歩いてみるのもよいだろう。特に地域に関する資料については、図書館等に所蔵されていない資料が、古書店で販売されていることもあり、地元の古本屋こそ貴重な一級資料の宝庫である。「日本の古本屋」というウェブサイトを用いれば、全国の古書店の在庫を検索することもできるが、やはり実際に現地の古本屋を訪れると、「こんな資料があったのか！」という、思いもよらない資料との出会いがあるだろう。時にはその値段に尻込みすることもあるかもしれない。筆者の経験上、「これは」と思った資料はぜひ思い切って購入し、手元に置いておくことをお勧めする。手元に貴重な資料があることそれ自体が研究のモチベーションになるし、仮に今使わなくても、何かの機会に読み返した際、思わぬ発見をもたらすこともあるかもしれない。

さらに、地域の郷土史や民俗学関係の学会に出て、自分の研究テーマについて自己紹介してみると、親切な先輩方から文献等の情報を得られることが多い。たとえば筆者の場合は、鹿児島をフィールドとしている研究者の紹介で、「鹿児島民俗学会」に入会している。地域の学会に入っておくことで、情報を得られるだけでなく、研究成果の発表や刊行のチャンスにつながることもあるだろう。

過去の研究者の旧蔵資料を参考にする

公立図書館で読むことのできる資料を丹念に集めるだけでも水準の高い研究となりうるが、活字化されていない資料や、あまり一般的に所在の知られていない資料にアクセスすることは、研究のオリジナリティを高めるうえで有効な手段である。

こうした資料の例として、ややトリッキーに思えるかもしれないが、筆者は、先行研究を著した研究者がすでに亡くなっている場合、その研究者のコレクション（いわゆる「旧蔵資料」）がどこかに保管されていないかをチェックするようにしている。近年では、著名研究者の旧蔵資料が、出身地の博物館や資料館に寄贈されて、公開されているケースが増えている。活用にあたって倫理的配慮には細心の注意が必要であるが、過去の研究者がそのテーマについて向き合い、活字にしなかったことからは、様々なヒントが得られるのである。

たとえば、男性同性愛のテーマについて論述した民俗学者として、南方熊楠（1867〜1941）がいる。南方の資料に関心を持ったのは、前節で述べた鹿児島県立図書館で開架図書を眺めていて見つけた宮武省三『鹿児島風土記』に、男色について南方熊楠と書簡のやりとりをしているとの記述があったためである。南方熊楠の旧蔵資料は、多くの南方熊楠研究者が長い時間と手間をかけて整理・

目録化し、現在和歌山県田辺市の南方熊楠顕彰館に保管されている。実際に田辺市まで資料を見に行ったときは（2019年1月）、ちょうどこの資料整理等に関わった南方熊楠研究者が田辺市に集まっているときで、たまたま宴席にも混ぜていただき、南方熊楠について多くの教示を得ることにつながった。原資料にアクセスすることは、その資料を大切にしてきた研究者のコミュニティとつながるチャンスでもある。

なお、このような原資料を資料館などに閲覧に行く際は、日本史学の調査手法やマナーを学んでおくことが不可欠である。たとえば、原資料の閲覧はいきなり当日連絡せずに施設に行っても対応してもらえないことが多く、当該施設のウェブサイトを見て手続きを確認するか、それでもわからなければ事前に電話で確認する必要がある。また、当日、閲覧しながらメモを取る際にボールペンを使うのは資料を汚損する可能性があるためご法度《はっと》であり、ボールペンを取り出そうものなら、下手をすれば信頼を失って二度と資料を見せてもらえなくなる危険性もある。必ず、コンビニに売られているものでよいので鉛筆を複数本用意しておこう。この他、撮影の可否、論文発表の際の引用や画像掲載の際のルールなども、施設によって取りきめがあるので、丁寧な確認が重要である。

集めた資料をストーリー化し、思い切ってまとめる

資料集めはなかなかゴールが見えない作業であるが、ある程度資料が集まったと思ったら、思い

表1　「いかにして「男性同性愛」は「当たり前」でなくなったのか」で用いた主な資料

資料名	資料を閲覧した所蔵機関
本富安四郎 1987『薩摩見聞記』	国立国会図書館デジタルライブラリー
「東京朝日新聞」1898年2月13日	東京都立中央図書館（新聞記事データベースを利用）
東禾鳥 1915『鹿児島自慢』	鹿児島県立図書館
「鹿児島新聞」1920年9月18日	鹿児島県立図書館
宮武省三 1953『鹿児島風物誌』	鹿児島県立図書館
安田尚義編 1964『鹿児島一中記』	鹿児島県立図書館
五代夏夫 1983「薩摩の男色」『九州文学』46（8）	国立国会図書館
執筆者不明 1985「鹿児島空港周辺を流す「おいどんはおかまでごわす」」『週刊朝日』1985年6月14日号	国立国会図書館
鹿児島県 2019『平成30年度「人権についての県民意識調査」報告書』	鹿児島県ウェブサイト

切って集めた資料からわかったことをストーリー化してみるとよいだろう。筆者の場合、先行研究でわかっていることと、自分が集めた資料からわかったことを、一つのワードファイルに分けて打ち込んだうえでレポートとしてまとめて仲間の研究会で発表し、さらにそれを学会での発表、そして論文化へとつなげていった。

試行錯誤の結果、筆者は2020年3月に論文「いかにして「男性同性愛」は「当たり前」でなくなったのか――近現代鹿児島の事例分析」を『現代民俗学研究』12号に発表した。論文で活用できたのは、表1にある資料である（南方熊楠の書簡も結果的にこの論文では引用しなかった）。やはり地域を限定したうえで、さらにセクシュアリティ／クィア史に関する資料となるとかなり少なく、まだもっと資料があるかもしれないのに論文化してしまったという反省はぬぐえない。しかしながら、民俗学の視点から同性愛研究に取り組んだことへの反響は思った以上に大きく、実はこの『生きづらさの民俗学』も、鹿児島に関する論文を読んでくださった編集者からのお声がけに端を発している。どこかでいったん区切りをつけてまとめていく必要があることは、フィールドワークによる研究も、文字資料による研究も実は同じであり、思い切って発表することが、次なる研究へとつながっていくのである。

3．リアルタイムに出現する資料を活用する
——性的マイノリティの現代民俗学的研究の試み

行政資料の活用

前節では地域を限定し、歴史的な資料を収集して論文にまとめるプロセスについて紹介したが、現在筆者は、比較的最近の１９８０年代から現在進行形の男性同性愛に関する事項について、資料をもとに民俗学的研究を行うことを試みている。民俗学では、図書館や資料館に所蔵されている資料以外にも、使える資料はなんでも使う。ここでは、特に性的マイノリティを捉えるうえで、いわばリアルタイムに移ろっていく社会の中で出現する資料を捉えていく方法を紹介したい。

まず、リアルタイムに出現する資料の中で、比較的収集しやすく、また権利上、論文等にも使いや

すいのは、国・県・市区町村などの行政機関が作成・公表した資料である。たとえば、先に述べた鹿児島に関する論文では、現代における鹿児島での同性愛認識を探るための資料として、鹿児島県『平成30年度「人権についての県民意識調査」報告書』のデータを引用した。アンケート調査報告書は分厚くて読みにくく、無味乾燥に思われがちであるが、思わぬところにヒントが隠れている可能性もあるので、目を通しておくとよい。なお、行政による調査報告書は、ウェブ上に公開されているものも多く、ＰＤＦの検索機能を使えば効率的に探したいデータのみをチェックできるが、アンケート調査の場合、報告書冒頭の調査概要等をきちんと確認し、どのような方法（紙での配布／ウェブ調査）で、どのような対象に実施された調査であるか、きちんと理解したうえで引用する必要があることも付け加えておきたい。

また、行政による資料としては、調査報告書や計画書の他、審議会議事録やパブリックコメントの記録も貴重な資料となる。たとえば、現在多くの自治体で同性パートナーシップが導入されつつあるが、自治体における制度の導入に際しては、各自治体で設置されている男女共同参画審議会といった名称の審議会で議論が行われ、さらにパブリックコメントというかたちで数週間程度、住民から意見を募る場合がみられる。この審議会でどのような議論がなされたのかは、自治体のウェブサイトで議事録を閲覧できることも多いし、パブリックコメントで寄せられた意見の内容が公開されていることもある。たとえば、筆者が居住している青森県弘前市では、２０２０年12月にパートナーシップ宣誓制度をめぐるパブリックコメントが実施されたが、実施後には市民から寄せられた意見がそのまま公表され、同性愛に対する否定的な「生の意見」が多く含まれていたことが話題を呼んだ。

行政資料をみていくと、どの自治体も一見同じような体裁で作っているようにみえる計画書の微細な文言についても、実は非常に細かい議論がなされていることが実感できる。2022年2月に公表された青森県の『第5次あおもり男女共同参画プラン』を例にみてみよう。このプラン冒頭の「青森県の男女共同参画をとりまく状況」をまとめた部分のうち、「頻発する災害の影響」の箇所には、「大規模災害の発生は、すべての人の生活を脅かしますが、とくに女性や子ども、また、高齢者、性的マイノリティ、障害者、外国人などの脆弱な状況におかれがちな人々がより大きな影響を受けやすい」、という記述がなされている。一見何気ない記述にみえるが、この文言にいたるまでには、審議会の中で濃密な議論がなされている。青森県庁のウェブサイトに掲載されている、プラン公表3か月前の2021年12月に開催された青森県男女共同参画審議会の議事録によると、当初、事務局（県庁）が案として提示した文章においては「とくに女性や子ども、脆弱な状況にある人びとがより大きな影響を受けやす」い、という表現であった。しかし、審議会での議論においては、災害に関する海外のガイドラインや最新の調査研究成果を踏まえると、性的マイノリティ・障害者・外国人なども災害時に脆弱な状況に置かれやすいことを明示するべきであるとの意見が複数の審議会委員から提示された。その結果、「とくに女性や子ども、また、高齢者、性的マイノリティ、障害者、外国人など」

と、文言として明示されることになったのである。県の施策を規定するプランにおいて、災害時に脆弱性を有するマイノリティの存在が具体的に明示された意義は大きく、限られた審議の時間の中で、審議会委員と事務局との協働により、プラン発行のギリギリまでより良いものとするための調整が図られたことが、議事録から読み取れる。

なお、行政の資料は、一定期間は少なくともウェブサイトに掲載されていることが多いが、イベントの開催チラシ等は、開催が終わればすぐにウェブサイトからも削除され、入手不可能になることも多い。リアルタイムの資料のほうが、すぐに入手不可能になることもあるのである。気になった資料は、ダウンロードして保管するか、プリントアウトしておくとよいだろう。

ソーシャルメディア上の資料の活用

現代の性的マイノリティの姿を捉えるうえで、SNS、動画共有サイト、ブログ、ネット掲示板、ウェブアプリといった、多様なソーシャルメディアから得られる情報は欠かすことができない。特に、筆者が調査対象としている男性同性愛者の場合、対面で出会っても双方がカミングアウトしない限りは、お互いが当事者であるとわからないため、出会いの場として、ネット掲示板やSNS、ウェブアプリ等が活用されてきた。

こうした男性同性愛当事者たちがインターネット上で発信する情報をみていると、自分が男性同性愛者であることや、自分の身長・体重、性行為におけるポジション等を示す用語など、当事者以外には通用しない独特な表現が多くみられる。これらは男性同性愛者たちによるヴァナキュラーな表現であると言え、筆者はこれらを収集して研究することも考えた。ただし、こうした調査研究成果を悪用すれば、誰が同性愛者であるか特定することもできてしまう可能性があるなど、倫理的な問題につきあたる悩みがあった。

こうしたことを考えていた２０２０年10月、とある自治体の政治家が議会で「同性愛が広まると、この自治体が滅んでしまう」という旨の発言をし、それが差別発言であると報じたニュースを目にした。このニュースについてツイッターで情報を集めていると、政治家の発言を「笑い話」のように逆手にとった短歌を投稿したツイートが話題となり、このツイートに付されていた「#足立区短歌」というハッシュタグを用いて、多くのアカウントが同性愛差別を批判する自作の「短歌」を投稿していった。この現象をリアルタイムで見ていた筆者は、２０１３年10月にアメリカ民俗学会年次大会（於：ロードアイランド州・プロビデンス）を訪れた際、社会批判的なハッシュタグが付されたジョークを収集・分析した民俗学者アンドリュー・ペックの発表（２０１５年に論文化）を聴いたことを思い出し、「#足立区短歌」で同様の分析を行うことを思いついた。そして、すぐさまオンライン上でデータ収集・分析を行い、２か月後の２０２０年12月に開催された京都民俗学会年次大会で「性的マイノリティは差別を「笑い話」に変えるのか？――差別発言をめぐるオンライン空間上の発話を事例として」と題する口頭発表を行った（分析結果については、辻本侑生・島村恭則編『クィアの民俗学』を参照されたい）。

ソーシャルメディアの分析となると、高度な手法や有料のクローリングサービスを用いる必要があると構えてしまうかもしれないが、たとえば災害情報学においては、2017年7月九州北部豪雨災害後に「#救助」というハッシュタグのついたツイートを収集・分析した佐藤翔輔らの研究など、無料で用いることができる検索機能を用いてデータ収集を行った研究も複数ある。他分野の研究論文の記載例を参考にしながら、たとえば「20●●年●月●日〜●月●日までのツイートについて、「●●」および「××」を含む投稿を、検索機能を用いて抽出した」等と記載しておけば、網羅性までは得られないが、一定の客観性は担保されるであろう。ただし、たとえば1週間程度、特定のハッシュタグの付されたツイートを網羅的・悉皆《しっかい》的に収集したいのであれば、API（Application Programming Interface）を用いることが求められる。この場合は、プログラミング技術を習得するか、あるいは知識のある知人等に依頼する必要があるだろう。

以上のような研究であれば、発信元は男性同性愛当事者とは限らないため、アウティングにつながるなどのリスクは回避できる。ただし、やはりデータ収集・活用については、倫理的問題に突き当たる。たとえばSNSでの投稿は、非公開設定にしている場合を除き、基本的にはアカウント名を含めて公開情報と捉え、「引用」してよいと考えることができる。他方で、データ収集後に投稿主の気が変わって投稿が削除されたり、アカウント自体が削除もしくは非公開設定にされたりすることもありえる。この場合、半永久的に残る学術論文に引用するのは、倫理的に躊躇せざるを得ない部分があるだろう。方策の一つとしては、アカウント名は秘匿したり、検索しても特定されないように投稿内容の文言を変更したりするといった対策が考えられるだろう。さらに、数百〜千程度のツイートが得られていたとしたら、エクセル等を用いて投稿内容を分類し、量的な分析に持ち込むことで、個別の投稿内容を論文に引用しなくても分析ができるようにするという方策も考えられる。

なお、2023年に入ってからツイッター（現X［エックス］）の機能は急速に変化しており、今後も本章で述べた方法で同じデータを得ることのできる保証はない。この点は、ソーシャルメディアを用いた研究の課題として、今後議論されていく必要があるだろう。

専門雑誌・ミニコミ誌・ZINE等の活用

行政資料やソーシャルメディアの投稿等の調査は、今やインターネット上で全て完結することも少なくないが、リアルタイムで進行する現象を理解するうえでは、やはり紙の「現物」の資料の存在も欠かすことはできない。

たとえば筆者は、男性同性愛者たちがインターネット上で、バレーボールサークルのメンバー募集をしている投稿を複数目にし、なぜバレーボールなのか、いつ頃からそのようなサークル活動が行われるようになったのか、興味を持つようになった。男性同性愛者たちがバレーボールサークルで活動しているのは、まさに現在進行形の現象であるが、その背景を知るために非常に参考となるのは、男性同性愛者向けの専門雑誌『薔薇族』（1971年創刊）である。この『薔薇族』には、インターネットが普及していない時代に当事者同士が出会うための読者投稿欄があり、その中でスポーツ等のサークルのメンバー募集も行われていたのである。『薔薇族』は毎月号が国立国会図書館に所蔵されているため、筆者は現在も時間があれば国立国会図書館に通い、『薔薇族』を毎月分ずつ、閲覧調査を進めているところである。

『薔薇族』は国立国会図書館に所蔵されているが、当事者団体や支援団体等の刊行する様々な媒体――かつてはミニコミ誌、今ではZINE《ジン》などと呼ばれる――は、国立国会図書館に所蔵されていないものも多い。そのような資料の存在を知るためには、当事者・支援団体のウェブサイトをみたり、時には問い合わせたりする必要もあるが、たとえば東京都新宿区のプライドハウス東京レガシー内に開設されている「LGBTQコミュニティ・アーカイブ&ライブラリー」といった専門ライブラリーに足を運んでみることも、非常に有益であろう。

なお近年の研究をみると、たとえば廣江咲奈のように、雑誌の「読み手」に着目して、雑誌メディアの受け取り方をインタビューによって明らかにする試みもみられ、狭義の「資料」を用いた研究と、フィールドワークによる研究とをつなぎ合わせる方法論として参考になるだろう。

4. 資料から描く「生きづらさ」のリアリティに向けて

本章では、狭義の「(文字) 資料」から生きづらさを捉える手法について、性的マイノリティに関する筆者の研究例から紹介してきた。国内外の先行研究、地域の図書館や古書店にある郷土資料、過去の研究者の残した旧蔵資料、行政の計画書や審議会議事録、ソーシャルメディア上の投稿、専門雑誌やZINEなど、活用可能性のある資料は多岐にわたるし、本章で紹介しきれなかった種類の資料もまだまだある。

本章で紹介したのは、筆者による現在進行形の拙《つたな》い研究例に過ぎないが、上記のような多様な「資料」の存在を知り、閲覧・入手するためには、机の上で作業をするだけではなく、時には部屋を飛び出して各地の図書館や資料館に足を運んだり、そこに集う研究者や関係者と会話をしながら情報をさらに集めたりしていく必要がある。そういう意味において、狭義の文字資料の収集も、実は「フィールドワーク」であると言えるだろう。たとえばゲイバレーボールサークルに関する研究についていえば、ゲイの当事者ですら、いつ頃、どのようにバレーボールサークルが始まったのか、知っている人は極めて少ない。資料を用いた研究は、時には当事者ですら記録に残さず忘れてしまった事象を追跡し、マイノリティが生きづらさに立ち向かってきた軌跡を明らかにしうる力を持っているのである。

そして最後に強調しておきたいことは、たとえ直接現地に行かない研究だからといって、当事者の生きづらさという「切実さ」と無縁というわけではない、という点である。資料の読解を通して、現在や過去の人びとの苦しみに共鳴してしまうこともあるかもしれないし、逆に資料を自分の速度でゆっくりと読解していくことで、自分自身の当事者性から距離をとったり俯瞰したりして分析を進めることができるかもしれない。資料を用いて生きづらさにアプローチすることとは、過去および現在の人びとが書き記したリアリティを、自分の仕方で集めて読み、自分自身というフィルターを通して分析することで、新たなリアリティを生み出す営為に他ならないのである。

参考文献

青森県『第5次あおもり男女共同参画プラン』、２０２２年。

菊地暁『民俗学入門』岩波書店、２０２２年。

佐藤翔輔・今村文彦「２０１７年７月九州北部豪雨災害における「#救助」ツイートの実態分析」『自然災害科学』37（1）、２０１８年。

中央大学社会科学研究所研究チーム「セクシュアリティの歴史と現在」編『異性装・同性愛書誌目録』中央大学社会科学研究所、２００４年。

辻本侑生「いかにして「男性同性愛」は「当たり前」でなくなったのか――近現代鹿児島の事例分析」『現代民俗学研究』12、２０２０年。

辻本侑生「「差別」岩本通弥・門田岳久・及川祥平・田村和彦・川松あかり編『民俗学の思考法――〈いま・ここ〉の日常と文化を捉える』慶應義塾大学出版会、２０２１年。

辻本侑生「性的マイノリティは差別を「笑い話」に変えるのか？」辻本侑生・島村恭則編『クィアの民俗学』実生社、２０２３年。

廣江咲奈「女性雑誌の民俗学的考察：『それいゆ』読者のライフストーリーを事例に」『常民文化』45、２０２２年。

溝口彰子・岩橋恒太・大江千束・杉浦郁子・若林苗子「クィア領域における調査研究にまつわる倫理や手続きを考える：フィールドワーク経験にもとづくガイドライン試案」『Gender and Sexuality』9、２０１４年。

Peck, Andrew. "Jokin' in the First World: Appropriate Incongruity and the #firstworldproblems Controversy" (Nathan Rambukkana ed. *Hashtag Publics: The Power and Politics of Discursive Networks*. Peter Lang Pub Inc, 2015.

Pflugfelder, Gregory. *Cartographies of Desire: Male-Male Sexuality in Japanese Discourse, 1600-1950*. University of California Press, 1999.

第6章　民俗資料から生きづらさにせまる

ハンセン病と民俗学を結びつける一つの試み

今野大輔

1. 柳田文庫のこと

東京にある成城大学のキャンパス内に、民俗学研究所と名付けられた施設がある。かつて図書館として利用されていた建物の中にその研究所はあり、レトロな閉架書庫には研究所の蔵書が現図書館のそれと書棚をシェアしている。民俗学研究所は現在約12万冊の図書・雑誌を蔵しており、在籍する学生はもちろん、学外からの訪問者もこうした蔵書を手にし、目にすることができる。この蔵書の中核をなしているのが「柳田文庫」、日本における民俗学の創始者である柳田國男の旧蔵書約3万7000冊である。蔵書の分野は民俗学に限らず、歴史学や伝説学、地理学などの隣接諸学の文献もあり、英独仏各言語の洋書も1000冊を超えている。

民俗学に対して抱かれるイメージとはどのようなものだろうか。そもそも聞いたことがないという回答も覚悟しなければならないが、妖怪や昔話であるとか、祭であるとか、そういった内容のことを調べる分野である、と言われれば御の字だろう。一方で、積極的に現地調査（フィールドワーク）を行う分野としてのイメージを持つ人もいるかと思う。太古の歴史やロマンを掘る考古学や、自然の中に分け入っていくような人類学のイメージとは少し異なって、いくらか素朴、悪くいえば少しダサいのが、民俗学のフィールドワークのイメージではないだろうか。いずれにしても、民俗学は過去も現在も、フィールドワークを抜きにしては語れない学問分野であることは間違いない。

フィールドワークはそこへ行かない限りわからない、知り得ない情報に接することのできる機会である。どれだけ情報通信技術が発達した時代であっても、そこへ行くことでしか体験できないことはある。わたしたちは、たとい意識していなくても、五感すべてを活用して様々な情報を得ている。匂いや温度、手触りなどは、まだまだリモートで実感することはできない。とはいえ、フィールドワークはあくまで一つの方法であり、それをすればすべてが解決するというものではないことは注意しなければならない。

柳田國男は民俗学における現地での採集（フィールドワーク）を重視し、昭和10年代以降は全国規模の民俗調査プロジェクトも実施している。柳田本人も、日本全国様々な土地を訪れた経験を持っているが、それは民俗学の調査というより、官僚時代の出張や個人的な旅行が中心であった。日本の民俗学を確立し始めた頃には中高年といって差し支えない年齢になっていた柳田は、自分自身で民俗学のためのフィールドワークを実践する機会には恵まれなかった。むしろ彼のもとに集った若手の研究者たちが積極的にフィールドワークを行い、そこで得られた情報を柳田や民俗学の世界全体にフィードバックしていったのである。

柳田の頭の中には、そうした情報や自身のかつての経験などとともに、文献から得た情報が蓄積していた。彼は文献から知り得ない歴史を知るためにフィールドワークを重視したが、決して文献の存在を蔑ろにしたわけではなかったのである。柳田文庫に含まれる大量の蔵書をみれば、柳田がいかに書物を大切にしていたかがわかるだろう。民俗学は文献を否定する学問ではないということをここで強調しておきたい。

さて、わたしはかねてよりハンセン病問題を民俗学からアプローチする試みを続けているが、そのごく初めに直面したのが調査方法の問題である。冒頭で述べたような、フィールドワークと文献資料のジレンマと言い換えてもよい。ここからは個人的な話題になるが、民俗学からハンセン病問題にアプローチしようとしたわたしの経験を一つの手がかりに、差別・排除や生きづらさに民俗学からせまる可能性を考えてみたい。

2. フィールドワークの難しさ

わたしがハンセン病問題に関心を持ったきっかけは、2003年に熊本県で起きたハンセン病療養所入所者に対する宿泊拒否事件であった。当時の日本では、ハンセン病はすでに拡大していない病気であり、わたし自身もはや過去の病気であると認識していた。事件当時、療養所入所者もすでに「患者」ではなく回復者であったが、国家のハンセン病政策によって苦しめられていた人びとが全国の療養所で生活しており、しかも進行形で差別されているという事実は、そのようなわたしにとって大きな衝撃を与えるものだった。当時のわたしがハンセン病と聞いて思い浮かべるのは、マザーテレサによるインドでの支援か、あるいは大学で学んでいた文献に表れた、白い覆面や柿色帷子の中世社会における「癩者（らいじゃ）」たちの姿であった。民俗学は過去ばかりみるものではなく、常に現代社会の問題を扱う学問であると学んだわたしにとって、このハンセン病問題も民俗学が取り扱うことのできるものとみえて、これを研究テーマとしたのである。

民俗学に限った話ではないが、何かの研究をする際には、そのテーマがそれまでどのように研究されてきたのか、研究史を押さえる必要がある。この場合、わたしは民俗学におけるハンセン病研究の研究史を知るところがスタートラインとなった。その結果は、ほぼないといってよい程度のものであった。最初に探したのは研究の基準となる参考文献である。先行研究を精査することにより、どのような問題が研究するべき課題として残されているかがみえてくるのだが、民俗学研究者によって著されたハンセン病に関する著作は存在しなかった。

一方、民俗学の強みであるフィールドワークを行い、現地をみることで問題を発見するという方法もある。ハンセン病の場合は全国に国立療養所があり、それらはフィールドの候補地たりえた。当時すでに社会学者の蘭由岐子によるハンセン病療養所をフィールドとした研究が存在したが、民俗社会におけるハンセン病を研究対象と考えていたわたしにとっては、療養所はベストな選択肢ではなかった。かといって、ハンセン病の民俗学的研究にふさわしい村落や都市なども想像できなかった。ハンセン病療養所を除いて、日本史においてハンセン病と深い関係を持つ場所として、かつて癩者が多くいたところなどもあるが、現代のその土地の生活との連続性があるわけではなく、フィールドワークによる成果も期待できなかった。なにより、差別や排除に関係するがゆえに繊細さを要求される話題を、フィールドにおいて調査するノウハウをわたしは持っておらず、消極的な代案として文献資料を中心にした調査研究を目指すことになったのである。

なお、現在では原田寿真や本書執筆者の桜木真理子のような民俗学を学んだ研究者によって、ハンセン病療養所をフィールドとした実証的研究が行われている。彼らの仕事により、ハンセン病の民俗学的研究がフィールドワークの対象になるということもまた実証されたといってよい。

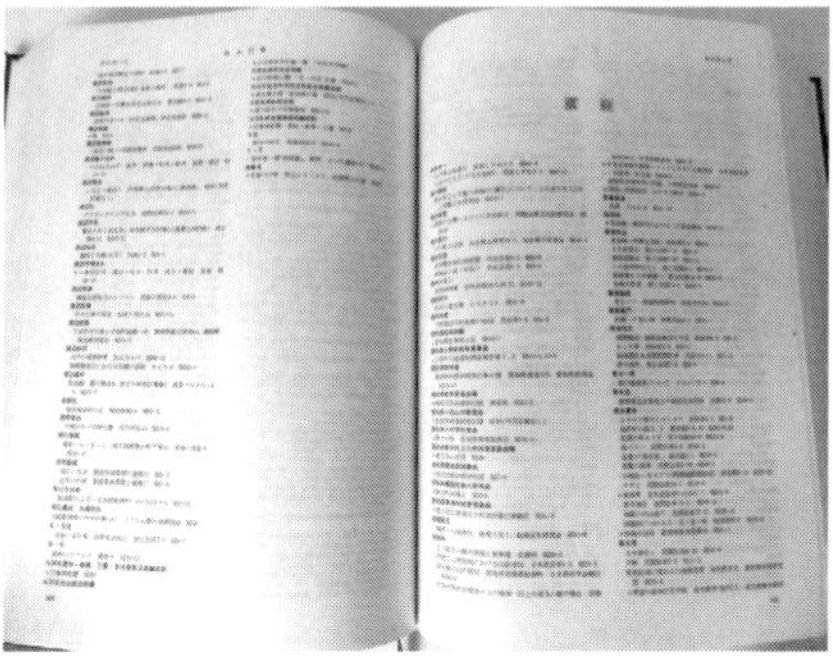

写真１　『日本民俗学文献総目録』

3. 文献を求める

それでは、ハンセン病の民俗学的研究を文献資料からアプローチするにあたり、どのような資料にあたったかを参考として提示していきたい。すでに述べたように、ハンセン病を民俗学的に研究した著作は存在しなかった。これは他のテーマにもいえることだが、図書はなくてもそのテーマに触れた論文が存在することはある。現在では学術論文の検索ができるデータベースが整備されており、各学会や大学などの研究機関が発行する学術雑誌に載せられた論文を探すことができる。また、すべてではないが論文の中にはＰＤＦファイルをダウンロードできるものもあり、図書館を訪問したり雑誌を取り寄せたりしなくてもその場で読むことができる。民俗学の論文もそうしたデータベースを用いて検索することができ、現在ではこの方法がポピュラーになっているといえる。

こうした検索サイトが整備される前に編纂された、民俗学に限定した論文検索のための代表的な媒体として『日本民俗学文献総目録』（写真１）と『民俗学関係雑誌文献総覧』（写真２）があげられる。

前者は１９８０年に日本民俗学会によって編纂されたものであり、「総論」「社会組織」「通過儀礼」「衣食住」「生業」「年中行事」「信仰」「芸能」「口承文芸」「民俗誌」といったテーマ別の論文を検索することができる。後者は１９７８年に竹田旦によって編纂されたもので、『郷土研究』や『民間伝承』といった戦前のものを含む、民俗学関係の雑誌に掲載された論文のタイトルと著者名を、雑誌の巻号ごとに列挙したものである。いずれも今から40年以上も前に刊行されたものであるが、特に後者は検索データベースにヒットしない小さな報告も含まれており、民俗学における情報収集ツールとしては十分現役であるといえる。

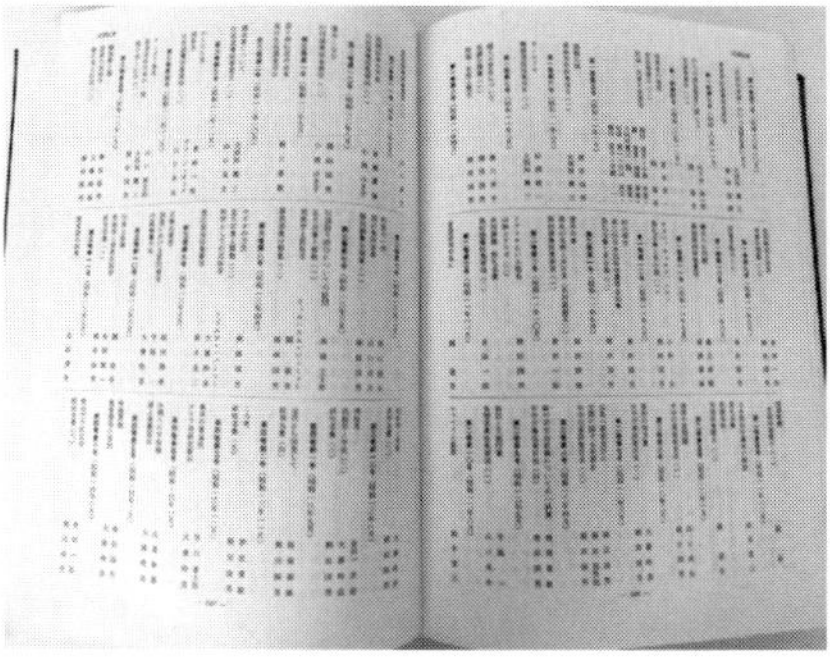
写真２『民俗学関係雑誌文献総覧』

以上の２冊をみたうえでわたしが見つけたのが、１９３５年の『旅と伝説』誌上に橘正一によって書かれた「乞食の方言」という小報告である。この中で、各地で用いられていたハンセン病についての方言が収集され、その傾向に対する分析がなされていた。これが、その時点でハンセン病の民俗学的研究の先行研究としては最も古いといえるものであった。

4. 民俗資料を探す

さて、小さな報告を論文検索ツールによって入手することはできたが、研究の可能性と課題の指標となりうる参考文献を依然として欠いていたわたしは、分野の異なる2人の人物からハンセン病の民俗学的研究へのアドバイスを受けた。1人は大学におけるわたしの指導教授であり、もう1人は、当時東京のハンセン病療養所である多磨全生園にあったハンセン病図書館主任の山下道輔氏である。経歴も専門も異なる2人であるが、ハンセン病の民俗学的研究を考えていたわたしに対してまったく同じアドバイスをしてくださった。それは「資料を徹底的に集めること」であった。ここで意味する資料は、図書や論文ではなく、事例や民俗資料というべきものであり、その研究をするうえで役に立つ情報のことである。つまり、先行研究の検討からではなく、収集した資料を比較し分析することで方向性を見出すというアプローチであった。これは確固とした先行研究のないこのテーマでは、考えられる唯一の手段であったといえるが、それが民俗学とハンセン病問題という専門の異なる2人から提案されたことで、わたしのするべきことは固まったといえる。

それでは、そうした資料をどのように集めるべきか。参考文献があれば、本文の内容や引用されている図書・論文にあたることで必要となる資料を得ることができるが、ハンセン病の民俗学的研究においてはその対象となる文献に恵まれなかった。その際にまず参考となったのは、前節で触れた橘正一の「乞食の方言」であった。これはごく小さな報告であるが、ハンセン病の方言を収集するきっかけとなった。柳田國男は言葉の地域差にその変遷史を指し示す可能性を見出し、常に語彙に注目しており、その収集と分類を熱心に行った。各地方の出身者にはその土地の方言集作成を後押しし、自身でも収集した各分野の民俗語彙を整理し、『分類食物習俗語彙』や『分類児童語彙』といった、民俗語彙集を10冊刊行した。そしてそれら分野別の民俗語彙を統合・配列したものを、１９５５年から『綜合日本民俗語彙』全5巻として刊行している。ハンセン病に限らず、こうした語彙集から対象となる物事がどの土地でどのように呼ばれていたかを知ることができるのである。また、各地方の方言集からも、「ドス」や「ナリ」といったハンセン病の方言を、多くはないが収集することができる。言葉の地域差が縮小しつつある現在、民俗学において方言への着目はかつてほど重視されなくなっているものの、今でも民俗語彙の収集と整理から新たな発見があるかもしれない。各地の方言集は戦前に出版されたものが多いが、戦後、国書刊行会から復刻されたものもあり、現在でも手に取ることができる。

『綜合日本民俗語彙』を編纂するにあたって参照されたものの一つに、１９３５年から刊行された『民間伝承』という雑誌がある。これは今日の学会にあたる「民間伝承の会」という団体の機関誌だが、現在の学術雑誌とは少々テイストの異なるものであった。論文というべきある程度の長さの文章はほとんどなく、誌面の大半を埋めるのは各地の会員から届けられた「会員通信」という短い報告である。ここに載せられた報告は、どの土地にこういった習俗がある、こういったことについて他所の情報を求めているといったような短文であり、一つひとつの報告だけでは意味をなさないようにみえるが、語彙や事例を収集するのには向いており、今から100年近く前の雑誌であるものの民俗資料を豊富に蔵したものとして、民俗学を学ぶ人には一見の価値があるものであろう。たとえばハンセン病については、1937年の同誌に「ドスで死んだ者に鍋を冠せてやるとあとをひかないといってゐる」という短文がある。非常に簡潔なものだが、ここからも青森県ではハンセン病を「ドス」と呼んでいた、その死者を葬る際には鍋をかぶせていた、そしてその理由が「あとをひかない」ためであったという情報が得られるのである。

5. 地域研究にあたる

『民間伝承』や民俗語彙集のように日本全体を網羅したものとしては、民俗学専門の辞典類も有効である。1951年に初版が出版された『民俗学辞典』（写真3）は現在でも刊行が続けられており、他にも大塚民俗学会による『日本民俗事典』（1972年）、そして『日本民俗

写真3『民俗学辞典』

大辞典』(2000年)なども参考となる情報を得る有効なツールである。『日本民俗大辞典』にはハンセン病の項目も設けられており、主に日本の歴史におけるハンセン病の説明がなされている。

これらの総合的な文献資料とは別に、よりミクロなレベルで民俗資料を収集するためのツールとして「民俗誌」と呼ばれるモノグラフィーがある。民俗誌は民俗学の基礎的な資料で、ある地方ないしはより小さな地域を対象にし、そこの民俗を全般的に詳しく記録したものである。記述のしかたは著者それぞれであるが、多くは初めにその地域の概要や歴史を記し、それから年中行事や生業、口承文芸などの章をたてて、フィールドワークを通じて得られた情報を記述するのが一般的である。著者も様々で、その地域をフィールドとする民俗学研究者をはじめ、その土地の出身者や地元自治体などの場合もある。民俗誌作成の取り組みは戦前から進められており、そうした民俗誌を集めた『全国民俗誌叢書』や『日本民俗誌大系』といったシリーズもので合わせて読むことができる。

このような独立した民俗誌とは異なるが、都道府県や市町村といった地方自治体が編纂・発行した自治体史と呼ばれる資料がある。「○○県史」や「△△町史」といったタイトルがつけられたもので、翻刻されたその地域の史料や、古代から現代にいたるまでの歴史を通史的に知ることができるものである。こうした自治体史には、別冊として「民俗編」が設けられることもあり、そうしたものも民俗誌的な記述となっており民俗資料を収集するためには目を通すべきものである。

では、こうした民俗誌からどのようにしてハンセン病に関係する資料を収集するべきか。もちろん、どの民俗誌をみても独立した章を設けられているわけではない。民間療法の項目がたてられているることもあるが、ハンセン病自体が珍しい病気であるため、期待した情報を確実に得ることができるわけではない。わたしはむしろ、人生儀礼や口承文芸などの章でまれにハンセン病に言及した記録にめぐりあっている。前者で顕著なものとしては、葬送儀礼である。前述した鍋かぶりのように、ハンセン病患者が死亡した際に施した特殊な葬法がまれに記録されており、地域社会においてハンセン病患者が通常とは異なる方法で葬られていたことがわかる。また、婚姻に関する項目では、ハンセン病患者を出したとされる家筋が、周囲から結婚を避けられていたという報告を見出すこともある。これはハンセン病に限った話ではなく、肺結核や精神病も同じように婚姻忌避の対象としてあげられている場合もあることから、地域社会においてそれらの病気がどのように受け止められていたかの一端を知ることができるのである。

口承文芸も時に有用な資料を提供してくれる。昔話や伝説を真実と混同してはならないが、そうした口承文芸の中にハンセン病が語られているものもある。主に病気の原因を語るもので、旅の宗教者や落ち武者のような外部からの来訪者を殺したこと、あるいは神聖なものを汚損したことの報いによるものと語られている。ハンセン病はらい菌という病原菌を原因とするれっきとした感染症であるが、そうした口承文芸の世界では、あたかも罰であるかのように捉えられていたことがみえてくるのである。他には俗信があげられる。今でも多くの人びとにとっては「迷信」の語のほうが馴染み深いかもしれないが、この語にはネガティブな意味が込められているため、民俗学では俗信という語を用いてきた。これにはまじないや禁忌などが含まれる。ハンセン病に関する俗信としては、冬至すぎにカボチャを食べるとハンセン病になる、囲炉裏の火に爪や髪の毛を投げ入れるとハンセン病になるといった類の報告がよくみられた。読者のみなさんにとってはいずれも非科学的で荒唐無稽なものと映るだろう。しかし、民俗学ではこのような一見荒唐無稽な昔話や伝説、俗信などであっても、そこにはその対象（この場合はハンセン病）をどのように捉えていたかが反映されている資料としている。この場合、何かやってはいけないとされていることをしたら、その報いとしてハンセン病が設定されている。つまり、ハンセン病は人に何かを禁じる際の強力な拘束力となるほど恐れられた病気だったことがわかる。

6. 歴史資料に触れる

これまでは、当たり前だが民俗学に直接関係する資料を取り上げてきたが、民俗学の研究をするからといって、民俗学の資料しか用いてはならないということはない。たとえば民俗学で農耕儀礼を研究する場合、農業に関する知識を持っているに越したことはないし、婚姻儀礼について研究するならば、現代のブライダル雑誌も豊富な情報を提供してくれるだろう。わたしがハンセン病の民俗学的研究を目指した際に、そもそも民俗学のまとまった資料がなかったことは述べている。そのため、前述した方言集や民俗誌の他、歴史学で用いるような資料にもあたる必要があった。古代や中世のものであれば『記紀』はもとより、『令義解』や『令集解』といった法令集をみることで、当時のハンセン病がどのような扱いであったかを、現代も含めた後の時代と比較することが可能となる。また、『日本霊異記』や『今昔物語集』などの説話集は、ハンセン病がかつて前世や現世で犯した罪に対する罰とされていたことを物語っている。

医学に関する資料も重要である。中世や近世の医書をみると、仏教思想から影響を受けたハンセン病を罰とする認識から、当時の医師たちがわりと早い段階で脱却していったことがわかる。中世・近世医学は中国医学の影響を受けていて理論も難解であるが、彼ら医師たちは次第にハンセン病を遺伝性疾患のようにみなすようになっていったことが医書から確認することができる。

医師たちとは別に、かつて一般の人びとがどのようにハンセン病を理解していたのかを知る資料としてわたしが参考にしたものに、近世の随筆類がある。そこには真偽不明の噂話も含まれているが、ハンセン病をあたかも遺伝性疾患であるかのように語るものがあるなど、当時の人びとのハンセン病に対する様々な理解を知ることができる。『日本随筆大成』は続集も含めると大部なものだが、民俗学に関心を持つ人が参考にして損はない資料集である。また、日常生活に関係する便利な知識をまとめた「重宝記」と呼ばれる書物も、随筆と同じように近世の人びとの考え方を知るうえでまさに重宝できる資料である。こちらも『重宝記資料集成』という大部の資料集があり、民俗学でも有用な資料である。他にも中世の絵巻物類や江戸時代後期の『守貞謾稿』のような図像資料も、それぞれの時代の風俗を視覚的に理解するのに役立つのでここに補足しておく。

ただし、こうした歴史資料を参考にする際には、それらを読む力が要求されることは注意しなければならない。理論の難解な医書もさることながら、随筆や重宝記を読むにあたっては当然ながら近世の文体を理解できなければならない。また、先に紹介した資料集の類には活字化されているものもあるが、影印といって原資料を撮影したものも含まれている。それらは当時書かれた姿のままであるため、ものによってはいわゆるくずし字で書かれていたり、漢字も現在のかたちと違っていたり異体字や変体仮名も頻繁に使われている。したがって、歴史資料を読む力は民俗学を学ぶ場合でもおろそかにできないのである。

7. 専門資料を求める

以上のような民俗学や歴史学の資料の他に、ハンセン病を研究対象とするならば、そもそもハンセン病に関する資料を参照することは欠かせない。わたしがこの問題に関心を持った頃は、ハンセン病患者に対する強制隔離政策が違憲であったとの判決が下されたことをうけ、厚生労働省の委託によって「ハンセン病問題に関する検証会議」が発足していた。検証会議は2年半におよぶ調査・検討の末、合計1500ページの大部となった『ハンセン病問題に関する検証会議最終報告書』(2005年)を作成した。同報告書には日本におけるハンセン病問題の歴史だけでなく、ハンセン病回復者やその家族に対する聞き取り調査なども含まれており、そこには差別など彼らが実際に受けた人生被害が克明に記録されている。また、2002年からは『近現代日本ハンセン病問題資料集成』という資料集が刊行されており、近代以降の国家や関係官庁、医師や宗教者、そして患者の記した資料が収録されている。個人による業績としては、藤野豊の『「いのち」の近代史』があげられる。同書は開化以降の日本におけるハンセン病問題を、かつての占領地での実態をも含めて記述したものである。ハンセン病の民俗学的研究を行うにしても、前提として、そもそもハンセン病とはどのような病気であるか、そしてそれをめぐってどのような問題が存在したのかを知らないままではいられない。そのためには、こうした専門資料にも目を通す必要がある。前述したハンセン病図書館はこうした専門資料を閲覧するのには最適な施設であったが、ハンセン病問題に限らずとも、特定の分野に特化した専門図書館は国内にいくつもある。東京都内にも「人権ライブラリー」という専門図書館があり、「生きづらさ」を課題にする人であればそうした専門図書館で資料収集を行うのも効果的な手段であろう。

日本におけるハンセン病問題においては、当事者たちによる積極的な活動が特筆される。各地の国立療養所には入所者による自治会が設置されており、そうした自治会の全国組織も存在する。入所者自治会の活動は多岐にわたるが、その一つが各園で編纂された歴史書である。それらには療養所の始まりや自治会の歩みなどの歴史的記述の他、園内における入所者の生活も記録されており、さながら国立療養所民俗誌といえるほど豊富な資料を提供してくれるものである。こうした自治会の横断的組織による『全患協運動史』は「ハンセン氏病患者のたたかいの記録」という副題が指し示すように、日本におけるハンセン病問題を当事者の視点から追った労作である。また、入所者による文化活動の成果である、「ハンセン病文学」と呼ばれる文芸作品をまとめた『ハンセン病文学全集』（全10巻）も刊行されており、こうした文学からハンセン病をめぐる日常を知ることも可能である。

8．生きづらさと向き合う学問

ハンセン病を民俗学的に研究するにあたって、わたしが参考にした資料の代表的なものを紹介した。もちろん、ここに掲載されているものがすべてではなく、活用されたものもあればやや期待外れであったものも少なくない。民俗誌や方言集などであっても、活用できた資料は閲覧したもの全体の数パーセント以下に過ぎないものであったろう。労多くして益少なしといってしまえばそれまでであるが、未開拓のテーマに取り組むにあたっては避けて通れぬ結果ではないかと思う。フィールドワークを欠いた不十分な研究であるが、民俗誌や歴史資料などにみられる断片的な民俗などは、加害と被害の実態に焦点が当てられがちであったこれまでのハンセン病問題研究では、積極的に取り上げられることのなかったハンセン病をめぐる歴史の一部分であるのも確かである。

以上のような文献資料に頼ることで、わたしが試みたハンセン病の民俗学的研究はなんとか形作られた。だが、次に直面したのは、そもそもこの研究を「民俗学」と称してよろしいのだろうかという問題であった。先行研究がなかったのも、なによりこのテーマが民俗学の取り扱う範囲と捉えられていなかったからこそで、当たり前の結果だったのではないか。そうした疑念や、民俗学の「らしさ」ともいえるフィールドワークを欠くこの研究に対する後ろめたさを拭い去ることは容易ではなく、「ご研究のテーマは何ですか」という業界恒例の挨拶にも堂々とした言葉を返せなかった覚えがある。わたしの答えを聞いた相手はなおさら返答に困ったことだろう。研究発表会などでこのテーマを話しても、質疑応答は他のテーマと比べて明らかに盛り上がりに欠けるものであった。今にして思えば、このテーマを携えたわたしは、民俗学の世界の中で生きづらさを感じていたといえる。現在でも、こうしたテーマが民俗学的ではないと捉える人がおられても不思議はないと考えている。

差別を民俗学で取り扱うことは可能だろうか。わたしは可能だと考えており、その一つの実践としてハンセン病をテーマとして選択した。過去の民俗学も決してそれを不可能とはしなかったが、広く議論されるまでにはいたらなかった。いま、本書を読み進めたみなさんは、各執筆者の経験を追体験することにより、それが可能であることを疑ってはいないだろうと思う。

ひるがえって、本書のタイトルでもある「生きづらさ」はどうであろう。差別は生きづらさの一因となりうるが、生きづらさと差別はイコールではない。経済的困窮や障害、性的指向など生きづらさの原因は多様であるため、すべてが民俗学の扱いうる範囲に入るだろうか。

わたしは生きづらさもまた、民俗学が十分に取り扱えるものだと考えている。というよりも、むしろ積極的に扱うべきものだと思っている。1935年、前述した柳田國男は『郷土生活の研究法』という民俗学の概説書を刊行した。同書の「眼前の疑問への解答」という小見出しが付けられた箇所に、当時の柳田が問題としていたものの一つとして、「何ゆえに農民は貧なりや」というフレーズが出てくる。若い頃の柳田は官僚として、日本の産業を担当する農商務省という省庁で勤務しており、各地の農民を取り巻いていた実態をつぶさにみている。この国からいかにして貧困をなくすか、それが彼の学問への原動力の一部をなしていた。民俗学は「古き良き」といった言葉に代表されるような過去美を慕う学問ではなく、常に眼の前の課題に取り組むものとして構想された学問なのである。極端ないい方をすれば、日本の民俗学は生きづらさを主題にしてスタートしたともいえる。柳田が農村をみてまわった頃からは100年以上が経ち、高度経済成長期も経験したこの国では「一億総中流」や「経済大国」といった語が生み出され、すでに貧困の二文字は制圧されたと信じられていた時代が長く続いてきた。しかし、貧困の問題はひたひたと拡大している。終戦直後のような絶対的貧困状態ではないにしても、いわゆる相対的貧困の割合は先進国の中でも高い方であり、経済格差は明らかに広がってきていることを実感する場面も増えてきているといえよう。遠くない将来、わたしたちは「何ゆえに「国民」は貧なりや」も議論しなければならない時代が来るかもしれない。そのときに、民俗学は真っ先に立ち上がらなくてはならないだろう。

かつて柳田と旅をともにした松本信広という人物は、柳田が平素から「民俗学は人間に対する同情に立脚しておる学問である」と語っていたと述べている。ここでいう同情とは、単純に相手を憐れみ、かわいそうだと思う一方的な感情ではなく、相手の側に立ってその境遇を理解しようとする態度を指している。生きづらさが民俗学の研究対象となるか否かは、まだこれからの課題である。しかし、対象を独占できる学問はない。誰もが生きづらさを感じうる時代にあって、たとい自分のことではなくても、生きづらさを抱いている相手の側に立つことを忘れず、民俗資料やその収集方法としてのフィールドワークを通じて生きづらさと向き合えば、そこに生きづらさの民俗学が表われるだろう。

参考文献

蘭由岐子『「病いの経験」を聞き取る——ハンセン病者のライフヒストリー』皓星社、２００４年。

今野大輔『ハンセン病と民俗学——内在する差別論理を読み解くために』皓星社、２０１４年。

桜木真理子「国立ハンセン病療養所栗生楽泉園の患者作業運営に見る制度的交渉」『現代民俗学研究』11、2019年。

全国ハンセン氏病患者協議会編『全患協運動史――ハンセン氏病患者のたたかいの記録』一光社、1977年。

原田寿真「縁を結ぶ人々――国立ハンセン病療養所菊池恵楓園の弔い慣行から」『日本民俗学』296、2018年。

藤野豊『「いのち」の近代史――「民族浄化」の名のもとに迫害されたハンセン病患者』かもがわ出版、2001年。

あとがき

本書を通読いただいた皆様にはおわかりいただけたと思うが、本書の執筆者は、それぞれ何らかの「生きづらさ」と向き合いながら研究を積み重ねてきた。そして、「生きづらさ」と向き合いながら研究を続ける経験は、それ自体がさらなる別の「生きづらさ」を生み出すことでもあった。フィールドやテクストを通じて出会う現実に対して、どうふるまったらよいかわからず、悩み、立ちすくんでしまうこと、そうした経験を乗り越えてなんとか成果を発表した学会や研究会で、オーディエンスから理解のない発言を投げかけられることは、本書の複数の執筆者が経験してきたことである。

さらにいえば、本書の取り上げた内容の多くは、既存の民俗学においてほとんど取り上げられてこなかったテーマであり、そのため執筆者の多くは、まず自身のテーマを民俗学の議論の俎上に載せること――より端的に言ってしまえば、卒業論文や修士論文、雑誌論文のテーマとして、認めさせること――について、何らかの苦労を経験してきた。こうした苦労を振出しに戻って未来の研究者が経験しないように、本書が何らかの役に立てばと心から願っている。

本書の扱った多様なテーマ――部落差別、多文化共生、ジェンダーとセクシュアリティ、エイジズム、病気、障害、災害――に関心を持つ若手研究者が、同時代においてともに一つの書籍を編むことができたのは、偶然の出会いが重なった幸運であると同時に、これまでの価値観が大きく揺らぎ分断されつつある21世紀前半の社会的背景、そして本書でも繰り返し触れてきた民俗学の日常学化に向けたパラダイム転換とは無関係ではないだろう。本書の執筆陣は、２０１５年から断続的に有志で運営してきた研究会（通称「差別研」）を通じてゆるやかにつながっているメンバーであるが、民俗学に接した場所や職業、関心のあり方、実践への関わり方なども それぞれ異なっている。本書で取り上げられなかったものの、取り上げていくべきテーマも、まだまだ多くある。粗削りな1冊であったかもしれないが、本書を読んで関心を持ってくださった方、批判点や不満点を感じてくださった方、もっと取り上げるべき問題があると感じてくださった方は、ぜひ執筆者にご連絡をいただき、一緒に探究の輪に加わっていただきたいと考えている。

最後に、自身の研究や実践に「生きづらさ」の視点から向き合うという、過酷な要望に応えてくださった執筆者の皆様、そして編集者キャリアにおける最初の1冊という重要な選択において、わたしたちのことを見つけ出し、鋭く的確なコメントと辛抱強いディレクションで完成まで導いてくださった明石書店の富澤晃さんに、心より感謝申し上げます。本当にありがとうございました。

編者一同

ち

つ

て

と

な

に

ぬ

ね

の

は

索引

グラム博士前期課程修了（文学）。研究分野は民俗学。特に、民間宗教者と家族のライフヒストリー、民俗社会にあらわれる障害に関心がある。

藤崎 綾香（ふじさき・あやか）
筑波大学大学院人文社会科学研究科歴史・人類学専攻一貫制博士課程。研究分野は民俗学。自治会・町内会を始めとする地域コミュニティの自治の問題に関心がある。

三上 真央（みかみ・まお）
民間企業所属。筑波大学人文・文化学群人文学類卒業（学士・人文学）。そのまま現職（組織・人事コンサル）。研究分野は民俗学。筑波大学の「LGBT 等に関する筑波大学の基本理念と対応ガイドライン」の策定に少し関わったことを契機に、DE & I 推進、多様な人びとが個々の能力を活かして働ける組織形成に関心がある。共著書に『クィアの民俗学』（実生社、2023 年）。

士課程単位取得退学。研究分野は、民俗学・文化人類学。主要業績に、『民俗学の思考法』（共編著、2021年、慶應義塾大学出版会）、「「語り部」生成の民俗誌にむけて：「語り部」の死と誕生、そして継承」（『超域文化科学紀要』23、2018年）。

今野 大輔（こんの・だいすけ）
1982年、東京都生まれ。成城大学大学院文学研究科日本常民文化専攻博士課程後期修了（博士・文学）。専門は民俗学。著書に『ハンセン病と民俗学』（皓星社、2014年）。

桜木 真理子（さくらぎ・まりこ）
大阪大学大学院人間科学研究科博士後期課程、慶應義塾大学理工学部非常勤研究員。研究分野は、文化人類学、科学技術社会論（STS）。特に、市民による草の根的な科学技術の改変、病気／健康の境界構築にかかわる医療技術・薬剤に関心がある。主要業績に、「治癒せざる身体？——ハンセン病元患者の生と医療実践の関係から」（『文化人類学研究』18巻、112-134頁、2017年）。

＊**辻本 侑生**（つじもと・ゆうき）
静岡大学学術院融合・グローバル領域講師。民間シンクタンク勤務を経て現職。研究分野は現代民俗学、地域社会・政策論。共著書に『津波のあいだ、生きられた村』（鹿島出版会、2019年）、『山口弥一郎のみた東北』（文化書房博文社、2022年）、『焼畑が地域を豊かにする』（実生社、2022年）、『クィアの民俗学』（実生社、2023年）。

奈良場 春輝（ならば・はるき）
民間シンクタンク勤務。筑波大学大学院人文社会ビジネス科学学術院人文社会科学研究群人文学学位プログラム歴史・人類学サブプロ

執筆者紹介（50音順、＊は編著者）

入山 頌（いりやま・しょう）
障害をこえてともに自立する会会員。首都大学東京大学院人文科学研究科博士前期課程修了（社会人類学）。以降在野研究。研究分野は、社会学、民俗学、社会教育。特に、生きづらさや当事者論に関心がある。主要業績に、「訴訟と共生：東京都国立市公民館コーヒーハウスにおける「障害」」『現代民俗学研究（12）』2020年。

＊及川 祥平（おいかわ・しょうへい）
成城大学文芸学部および同大学院准教授。成城大学大学院文学研究科博士後期課程単位取得退学。博士（文学）。研究分野は民俗学。主要な著書に『偉人崇拝の民俗学』（勉誠出版、2017年）、『心霊スポット考』（アーツアンドクラフツ、2023年）、『民俗学の思考法』（共編著、慶應義塾大学出版会、2021年）。主要な論文に「「害」という視座からの民俗学」（『現在学研究』9、2022年）ほか多数。

岡田 伊代（おかだ・いよ）
公立博物館学芸員、日本民俗学会会員。成城大学大学院文学研究科日本常民文化専攻前期課程修了（民俗学）。研究分野は民俗学で、なかでも生業研究として都市における近代工業の技術伝承、同業者における地域自治、地方における農家副業としての家内制手工業の発展など。主な業績に「「部落産業」を取り巻く変化：東京都墨田区の皮鞣し業を事例に」（『現代民俗学研究』12号、2020年）がある。

＊川松 あかり（かわまつ・あかり）
九州産業大学国際文化学部講師。東京大学大学院総合文化研究科博

生きづらさの民俗学——日常の中の差別・排除を捉える

2023年10月15日　初版第1刷発行
2024年 6 月30日　初版第2刷発行

編著者　及川　祥平
川松　あかり
辻本　侑生

発行者　大江　道雅
発行所　株式会社 明石書店
101-0021
東京都千代田区外神田 6-9-5
電話 03-5818-1171
FAX 03-5818-1174
振替 00100-7-24505
https://www.akashi.co.jp/

装　丁　明石書店デザイン室
印　刷　株式会社文化カラー印刷
製　本　協栄製本株式会社

ISBN 978-4-7503-5653-2
（定価はカバーに表示してあります）